En un grand papie

MÉMOIRE

SUR

LA SITUATION ACTUELLE

DE LA COMPAGNIE

DES INDES.

Juin 1769.

Par M. l'Abbé MORELLET.

MÉMOIRE

SUR

LA SITUATION ACTUELLE

DE LA COMPAGNIE

DES INDES.

AVERTISSEMENT.

Occupé depuis plusieurs années de l'étude des matiéres économiques, j'avois porté mes réflexions & mes recherches sur les questions générales de la liberté du commerce, des effets des Priviléges exclusifs, des avantages & des inconvéniens des Compagnies de commerce. J'avois en même tems suivi l'histoire de la plus grande partie des Compagnies commerçantes qui, depuis plus d'un siécle & demi, ont paru & disparu successivement dans les divers États politiques de l'Europe. Comme François, la Compagnie des Indes de France, objet plus voisin de moi & qu'il m'étoit plus facile d'étudier, avoit attiré plus souvent & plus fortement mon attention ; cependant, distrait par d'autres occupations, je n'avois encore formé mon opinion que d'après cette espece de pressentiment qui conduit à la vérité l'homme sans passion & sans intérêt, pour peu qu'il ait l'esprit exercé à la reconnoître ; mais je ne m'étois pas rendu un compte exact des raisons qui me faisoient pencher vers ce sentiment, & je n'avois ni recherché toutes les preuves, ni discuté toutes les objections. Dans ces circonstances un ami m'a en-

A 2   gagé

gagé à raffembler mes idées fur cette matiere & à les lui communiquer, pour guider, m'a-t-il dit, fes opinions & diffiper fes doutes ; c'eft à lui que je devrois propofer les miens ; mais, outre le defir que j'ai eu de l'obliger, la fituation actuelle de la Compagnie eft un objet fi intéreffant pour beaucoup de perfonnes, & les partis qu'on peut prendre à fon égard, peuvent avoir tant d'influence fur le commerce du Royaume & fur la fortune d'un très-grand nombre de Citoyens, que j'ai cru faire une chofe utile en mettant, pour la premiere fois, cette queftion & les moyens de la décider, fous les yeux du Public.

Je dis pour la premiere fois. En effet la véritable fituation des affaires de la Compagnie eft fort difficile à bien connoître aux fimples Actionnaires. Ceux qui n'en font inftruits que par les lectures & les difcuffions dont on s'eft occupé aux Affemblées générales, n'en peuvent avoir qu'une idée très-fuperficielle.

L'efprit le plus attentif, fecouru par la mémoire la plus vive & la plus fûre, eft abfolument hors d'état de faifir l'enfemble d'une multitude de tableaux de dépenfes, de recettes, de créances, de dettes, de pertes, de bénéfices, fur-tout dans une affaire où les articles particuliers

particuliers s'énoncent par millions. Il faut donc ou s'abandonner au hazard, ou se mettre à portée de discuter soi-même les différens relevés qui ont été faits des regiftres de la Compagnie. Ainsi on ne feroit pas étonné qu'un grand nombre d'Actionnaires fussent fortis des dernieres Affemblées avec la conviction que dans trois ans ils auroient un fonds libre de plus de cinquante millions, & plus de quinze millions de bénéfices, sur lesquels ils auront pu fonder l'espérance d'une augmentation prochaine de leur dividende.

On ne peut bien juger de ce qu'il y a à gagner ou à perdre pour les Actionnaires, à continuer ou à cesser le commerce, que d'après un examen & des calculs auxquels peu de personnes ont la volonté ou la facilité de se livrer. J'ai fait cet examen & ces calculs sur des pieces que je me suis procurées, & qui ne peuvent être suspectes. Ces pieces font des états authentiques, les uns extraits des livres de la Compagnie, les autres dreffés par les Députés, Syndics & Directeurs; & on fait que la plupart attachés à cet établissement par toutes fortes de liens, ont toujours défiré la continuation de l'exercice du Privilége. C'est avec cette difposition

qu'ils

qu'ils ont envifagé la pofition des Actionnaires, & les efpérances que pouvoit donner le commerce de l'Inde. Ils ont cherché à les préfenter du côté le plus favorable. Ainfi j'ai l'avantage de partir de principes certains, & avoués par ceux mêmes qui pourroient n'en avoir pas jufques ici connu les conféquences. Si je me fuis trompé dans les inductions que j'en ai tirées, les mêmes piéces fourniront à toutes les perfonnes inté-reffées *à la chofe*, les moyens de faire connoître la vérité. C'eft l'unique but que je me propofe en fai-fant imprimer & mes réflexions, & les piéces qui me les ont fournies.

MÉMOIRE

MÉMOIRE

SUR

LA SITUATION ACTUELLE

DE LA COMPAGNIE DES INDES.

Sɪ nous voulions examiner la queſtion qui va nous occuper, d'après les principes généraux de la liberté du commerce, elle feroit bientôt décidée. Après avoir prouvé l'inutilité & les vices des Compagnies en général, il ne nous reſteroit pas beaucoup à faire pour combattre avec fuccès le Privilége excluſif de la Compagnie des Indes en particulier. Car un grand nombre des plus zelés défenſeurs de la Compagnie conviennent qu'à parler généralement, les Priviléges excluſifs, accordés aux Compagnies de commerce, font contraires au bien du commerce & à l'intérêt de la Nation ; mais ils croyent être en droit de faire une exception en faveur de la Compagnie des Indes.

Ce feroit donc à eux à produire les titres de cette exception, & à nous à les combattre. Notre rôle feroit dès-lors beaucoup plus aifé à foutenir. Nous ferions fur la défenſive, & il ne nous feroit pas difficile de prouver qu'au moins les raifons d'excepter la Compagnie des Indes de la condamnation générale des Compagnies, ne font pas bien démonſtratives.

Mais

MÉMOIRE

Mais plufieurs motifs nous déterminent à renoncer à cet avantage.

1° La difcuffion de l'utilité générale des Compagnies feroit néceffairement d'une grande étendue, & feroit perdre de vue au public l'objet particulier qui l'intéreffe plus fortement au moment où nous fommes.

2° Par la raifon même que la queftion générale eft décidée contre les Compagnies par le plus grand nombre des défenfeurs de la Compagnie des Indes, & nous ofons ajouter par prefque toutes les perfonnes inftruites des véritables intérêts du commerce, il eft moins néceffaire de la traiter ici.

3° Nous voulons écarter tous les reproches qu'on pourroit nous faire de raifonner d'après des fyftêmes, d'après des généralités qu'on ne peut appliquer aux détails, d'abandonner les faits, & autres imputations vagues qu'on prodigue ordinairement contre ceux qui connoiffent & qui font valoir la force des raifons contre les préjugés ou l'intérêt; & puifqu'il faut raifonner d'après des faits, nous raifonnerons d'après des faits, nous ofons le dire, mieux conftatés & mieux examinés que ceux qu'on oppofe à la liberté du commerce.

4° Enfin nous voulons donner aux défenfeurs de la Compagnie tous les avantages qu'ils peuvent avoir pour leur caufe, & nous placer nous-mêmes dans le pofte où ils peuvent s'imaginer qu'ils nous forceront avec plus de facilité.

L'OBJET

L'OBJET qui nous occupe ici, intéreffe l'État & les Actionnaires de la Compagnie.

L'État qui peut fouffrir de la ceffation du Privilége excluſif s'il lui eſt utile, ou de fa continuation s'il lui eſt onéreux.

Les Actionnaires qui peuvent défirer la continuation de leur commerce dans l'efpérance de voir augmenter leur fortune, ou craindre d'y confommer le refte de leur capital.

Il me paroît fuivre de là que toutes les queſtions qu'on agite relativement à la Compagnie des Indes, peuvent fe réduire aux fuivantes.

1° Eſt-il de l'intérêt des Actionnaires de continuer l'exploitation de leur Privilége excluſif?

2° Les Actionnaires peuvent-ils continuer l'exploitation de leur Privilége excluſif?

3° Eſt-il de l'intérêt de l'État de conferver à la Compagnie fon Privilége excluſif?

Je ferai précéder l'examen de ces trois queſtions d'une Hiſtoire fuccinte du commerce de l'Inde par les Compagnies Françoifes, depuis fon origine jufqu'à l'entier établiffement de la Compagnie des Indes actuelle; ce récit fera une introduction naturelle aux difcuffions dans lefquelles je me propofe d'entrer. J'accompagnerai les principaux faits de quelques réflexions qui ne feront point étrangeres à mon objet.

B   HISTOIRE

HISTOIRE SUCCINCTE
DU COMMERCE DE L'INDE,

PAR LES COMPAGNIES FRANÇOISES,

Depuis son Origine jusqu'en 1725.

LA premiere Compagnie Françoise, à Privilége exclusif pour le commerce de l'Inde, fut formée en
1604. Elle fut exemptée de tous droits sur les marchandises qu'elle apporteroit de ses deux premiers
voyages, & en possession du Privilége exclusif de
naviguer aux Indes pendant quinze années.

En 1611 elle n'avoit encore fait aucune expédition.
Son inaction pouvoit encourager d'autres Négocians
à tenter le commerce de l'Inde; mais la Compagnie
pour écarter plus fortement toute espece de rivalité,
se fit renouveller pour douze années son Privilége
exclusif, par Lettres - patentes de Louis XIII, du 2
Mars 1611.

En 1615 la Compagnie des Indes ne faisant encore aucun usage de son Privilége, des Négocians
de Rouen proposerent d'entreprendre le même commerce. La Compagnie s'y opposa d'abord. Leur dif-
férend fut terminé par des Lettres - patentes du 2
Juillet 1615, qui formerent des anciens Privilégiés
& des nouveaux Entrepreneurs, une seule Compagnie,
& renouvellerent le Privilége exclusif pour douze
ans,

ans, à compter de la premiere expédition. Cette Compagnie qui fut appellée la Flotte de Montmorenci, ou la Compagnie des Moluques, ne fit encore aucun ufage de fon Privilége.

De 1624 à 1635 (on peut remarquer que c'eft depuis l'expiration du Privilége de la Compagnie, obftacle éternel aux efforts du commerce particulier) quelques Négocians de Dieppe firent plufieurs voyages dans l'Inde & à Madagafcar. Le Capitaine Regimont l'un d'eux, qui y avoit été en 1633, forma en 1635 une Compagnie (fans Privilége excluſif) qui envoya un Vaiffeau aux Indes. Il en revint richement chargé. Encouragé par ce premier fuccès, il s'affocia le Capitaine Ricault, & les deux Navigateurs firent encore quelques voyages avantageux (fans Privilége excluſif).

Le Cardinal de Richelieu crut faire profpérer ce commerce encore davantage en lui accordant, en 1642, un Privilége excluſif pendant dix ans. L'événement ne juftifia pas fes efpérances. La Compagnie avoit envoyé en 1643 un Vaiffeau qui devoit former un établiffement à Madagafcar, quatre autres partirent en 1644 & 1648; mais vers 1650 elle avoit ceffé tous fes envois.

Cependant (felon l'ufage des Compagnies à Privilége excluſif) celle - ci fit renouveller le fien pour quinze années par Lettres-patentes, du 4 Décembre 1652.

En 1654 le Maréchal de la Meilleraye voulant profiter de l'inaction de la Compagnie, envoya deux Vaiffeaux à Madagafcar, & s'empara du Fort-

B 2   Dauphin,

Dauphin dont la Compagnie avoit jetté les fondemens.

En 1660 la Compagnie s'étant accordée avec M. de la Meilleraye, envoya un Vaiſſeau qui périt dans un combat avec les Algériens.

En 1663 M. de la Meilleraye y envoya quatre-vingt Colons deſtinés à ſe joindre à ceux qui s'y étoient établis ; mais les François s'étant attiré la haine des Habitans du Pays par les tentatives qu'ils avoient faites pour les aſſujettir, cette entrepriſe devint toute militaire, & ſes ſuites ne peuvent plus entrer dans l'Hiſtoire du Commerce.

En 1664 fut créée la Compagnie des Indes Orientales. Le Roi lui accorde les plus grands encouragemens. Les principaux articles énoncés dans les Lettres - patentes qui font encore aujourd'hui la baze des Priviléges de la Compagnie ſont,

Le Privilége excluſif au commerce depuis le Cap de Bonne-Eſpérance, dans toutes les Indes & Mers Orientales, & dans les Mers du Sud pour le tems de cinquante années. (art. 27).

La Propriété & Seigneurie de toutes les Places, Terres & Iſles que la Compagnie pourra conquérir & occuper. (art. 28).

La promeſſe de défendre la Compagnie envers & contre tous par la force des armes en faiſant eſcorter ſes envois & retours, non - ſeulement ſur toutes les côtes de l'Europe & de l'Afrique, mais même juſques dans l'Inde. (art. 40).

L'exemption de tous droits d'entrée & de ſortie pour les bois, chanvres, fers, cordages & munitions néceſſaires à la conſtruction & avitaillement de ſes

Vaiſſeaux,

Vaiſſeaux, & celle de tous droits de bris, & d'Amirauté.
(art. 43).

L'exemption de tous droits pour les marchandiſes
des Indes miſes en entrepôt. (art. 44).

Une avance de trois millions , * faiſant le cinquiéme des fonds de quinze millions , auxquels on
fixe le fonds de la Compagnie. Ladite avance faite ſans intérêt pendant dix ans, & devant ſupporter
en totalité la perte que la Compagnie pourroit faire
ſur ſon capital , juſqu'à la concurrence deſdits trois
millions. (art. 45).

Enfin une gratification de 50 liv. par tonneau de
marchandiſes que la Compagnie fera ſortir du Royaume pour porter dans ſes conceſſions, & de 75 liv. pour
les marchandiſes de l'Inde qu'elle rapportera dans le
Royaume. (art. 46).

Quoique le fonds de quinze millions, qu'on avoit
voulu former pour le commerce de la Compagnie,
ne fut pas entiérement rempli, les Actionnaires n'ayant
fourni que cinq millions, le Roi quatre, ce capital
de neuf millions de livres étoit bien conſidérable en ce
tems-là.

En effet, le marc d'argent, à cette époque, étoit
appellé 26 liv. 10 ſols, ainſi neuf millions de livres
déſignoient en argent fin 339,622 marcs.

Cette quantité d'argent fin ſeroit appellée aujour-
d'hui environ dix-huit millions, le marc étant à peu
près à 51 liv.

Cette eſtimation, pour le dire en paſſant, eſt la plus

* Cette ſomme fut portée en 1668 à quatre millions ; & puis abandonnée en
propriété à la Compagnie.

foible

foible qu'on puisse faire; car il est plus que probable que non-seulement on obtenoit en 1664 autant de denrées, de marchandises, de travail avec un marc d'argent qu'on en obtient aujourd'hui; mais encore le commerce n'ayant pas autant d'activité & autant d'étendue alors, & la concurrence des vendeurs d'argent, acheteurs de denrées & de travail, étant moindre & moins animée, ils obtenoient pour la même quantité d'argent, beaucoup plus de toutes les choses vénales qu'on n'en obtient aujourd'hui.

Mais, à ne partir que du fait incontestable de la différence de dénomination de l'argent, & à supposer seulement l'égalité de valeur vénale réciproque des choses vénales & de l'argent dans les deux époques, il est toujours bien clair que la Compagnie commença alors son commerce, avec ce que nous appellerions aujourd'hui dix-huit millions de capital.

Ses retours de 1664 & 1675 furent estimés par ses états à 4,700,000 liv. qui évalués d'après la même observation que nous venons de faire, formeroient une valeur aujourd'hui appellée 9,400,000 liv.

Cependant par l'exposé qui fut fait en une assemblée générale du 8 Mai 1675. La Compagnie avoit déja consommé tous ses bénéfices & plus des deux tiers de son capital, puisqu'il ne lui restoit que 2,500,000 liv. (qui seroient aujourd'hui cinq millions de livres.)

La situation de la Compagnie ne dégoûta pas le Gouvernement de lui fournir des secours. Le Roi lui abandonna totalement les quatre millions qu'il lui avoit avancés; mais la confiance du Public diminuoit, &

les

les actionnaires ne fourniffoient pas le refte de leurs engagemens. Pour les y déterminer on accorda à ceux qui les avoient déja remplis ou qui les rempliroient avant le premier Juillet fuivant, une répartition de dix pour cent de leur capital.

Depuis 1675 jufqu'en 1684 la Compagnie avoit expédié quatorze Vaiffeaux, les retours avoient produit 4,400,000 liv.

Cependant le fonds capital étoit encore diminué & réduit à environ deux millions en effets, vaiffeaux & marchandifes. Elle devoit à Suratte 900,000 liv. dont elle payoit l'intérêt à neuf pour cent.

Les Commiffaires du Confeil, après avoir examiné les comptes de la Compagnie, déciderent que les trois quarts du fonds capital ayant été confommés, les actions ne repréfentoient plus que le quart de leur premiere valeur : il fut ordonné aux actionnaires, par Arrêt du Confeil du 18 Novembre, de payer, dans le délai d'un mois, le quart en fus des fommes auxquelles montoient leurs actions, pour fervir de nouveaux fonds audit commerce, finon qu'ils feroient rembourfés du quart de leurs actions, favoir de la moitié dans un an, & de l'autre moitié un an après, le tout fans intérêt.

Cette opération ne rétabliffant pas encore le crédit de la Compagnie, on eut recours à un autre moyen employé depuis trop fréquemment, & qui ne paroît pas bien conforme à l'efprit de droiture qui doit préfider à une entreprife de commerce : ce fut de faire des répartitions de bénéfice, tandis qu'il n'y avoit que de la perte. C'étoit un piége tendu aux
Propriétaires

Propriétaires d'argent. Un Négociant ne se permet-
troit pas un pareil expédient pour engager un Com-
manditaire qui lui auroit fourni des fonds, à lui en
prêter encore dans un moment où le commerce seroit
en perte. Or, on ne voit aucune raison de penser
que les principes de la morale du commerce, pour
les Compagnies, puissent être différens de ceux qui
lient les Particuliers.

Ces moyens ne suffirent pourtant pas, & on vit
commencer alors les emprunts à de gros intérêts qui
ont ruiné toutes les Compagnies; il y eut des emprunts à la grosse de 50, de 75 pour cent. Enfin la
Compagnie ne subsista plus que par expédiens qui
acheverent de la conduire à sa perte.

Le commerce particulier faisoit cependant des
efforts pour s'ouvrir la route des Indes. La Compagnie,
pressée par le besoin d'argent, avoit accordé, dès 1682,
à des Négocians particuliers la permission d'envoyer
des fonds dans l'Inde, en payant un fret de dix pour
cent ; mais elle refusa bientôt ces permissions, parce
qu'elles ne l'indemnisoient pas, disoit-elle, de ses
frais.

Nous ne savons pas assez comment les Négocians
particuliers qui les obtenoient, conduisoient leur commerce dans l'Inde ; comment & par qui les fonds
envoyés étoient employés, &c. Mais, ce qu'il y a de
sûr, c'est que les Particuliers y trouvoient leur compte;
que les envois ne cesserent que parce que la Compagnie cessa d'accorder des permissions. Enfin, c'étoit
une tentative du commerce particulier que la Compagnie étouffa dans sa naissance. Peut-être pourroit-on
tirer

tirer quelque induction de ce fait, en faveur de la possibilité du commerce particulier dans l'Inde ; mais nous ne nous arrêterons pas à cette idée.

De 1686 à 1697 la guerre fut presque toujours allumée.

La ruine de la Colonie de Madagascar, la prise de Pondichery, la nécessité où la Compagnie se vit d'armer en guerre, ses vaisseaux pris, ses voyages manqués, malgré quelques escortes que le Roi lui donna, lui firent essuyer des pertes qui anéantirent presque son capital & son crédit.

Ces faits nous fourniroient la matiere d'une infinité de réflexions toutes décisives contre les Compagnies. L'impossibilité d'allier le commerce avec la guerre, plus grande encore pour les Compagnies que pour de simples Particuliers ; les frais immenses auxquels toute Compagnie commerçante sera forcée par la guerre ; la seule nécessité de continuer une grande partie de ses dépenses de commerce sans pouvoir s'en dédommager par le commerce, &c. font des vérités d'une évidence frappante, que tout le monde saisit, & que l'intérêt particulier ou les préventions peuvent seules obscurcir. Continuons l'Histoire de la Compagnie.

En 1698, on voit s'ouvrir le commerce de la Chine. Le sieur Jourdan obtient de la Compagnie, avec beaucoup de peine, la permission d'y envoyer un vaisseau, à condition qu'il payeroit cinq pour cent du produit des retours. Il expédia un vaisseau qui partit en Janvier 1698, & qui revint en Juillet 1700 avec une riche cargaison.

On retrouve ici d'une maniere bien marquée, & la langueur où les Compagnies, à Privilége exclusif,

C   tiennent

tiennent le commerce, & les obftacles qu'elles mettent aux efforts que l'induftrie particuliere fait pour
l'étendre. Depuis fon établiffement, c'eft-à-dire, en
trente quatre ans de tems, la Compagnie n'avoit fait
aucun envoi en Chine ; un Négociant particulier fait
l'entreprife que la Compagnie néglige de faire ; il y
met fes fonds, fes talens ; il faut qu'il paye à la Compagnie un impôt pour employer les uns & les autres ;
c'eft ce qu'on doit attendre de tout Privilége exclufif.

Ce fuccès ayant encouragé le fieur Jourdan, il
forma une Compagnie pour le commerce de Chine,
à laquelle la Compagnie des Indes céda cette partie
de fon Privilége exclufif pour 25,000 livres, & à
condition que la nouvelle Compagnie ne pourroit
commercer dans aucune autre partie de l'Inde, ni
même relâcher dans fes comptoirs.

Cette derniere claufe étoit bien dure, puifqu'elle
impofoit aux vaiffeaux de la Compagnie de Chine,
la néceffité de faire un voyage de huit à neuf mois fans
aucun relâche dans aucun établiffement national. Ce
n'étoit là un acte ni d'humanité ni de patriotifme ;
mais cette morale eft toute naturelle à une Compagnie exclufive.

C'eft vers ce même tems que la Compagnie des
Indes, qui depuis fon origine n'avoit fait aucun ufage
de fon Privilége exclufif au commerce de la mer du
Sud, le céda à une Compagnie qui s'engagea à ne
faire aucun commerce dans les mers Orientales, ni à
là Chine, ni au Japon.

Voilà encore un commerce immenfe qui avoit été nul
pour la Nation, parce qu'il étoit refervé à une Compagnie. On peut remarquer auffi dans cet exemple, que

les

les trois parts de la terre ne font rien aux yeux des Commerçans à Priviléges exclufifs. Mais on ne fauroit trop s'étonner de voir le Gouvernement fe prêter à ces vues étroites & intéreffées, livrer à une petite Compagnie le commerce & la navigation de mers inconnues qui embraffent la moitié du Globe, où peuvent fe trouver de nouvelles terres, de nouvelles productions, de nouveaux objets de défirs & de befoin pour les hommes; &, en étouffant toutes les tentatives de l'induftrie particuliere, reftraindre les progrès du commerce lui-même, de la navigation, de l'aftronomie, de l'hiftoire naturelle, de toutes les fciences & de tous les arts qui embelliffent la vie.

Les efforts que la Compagnie avoit faits pour remonter fon commerce, l'eurent bientôt épuifée. La guerre de 1701 acheva fa ruine. Elle n'envoya que deux vaiffeaux en 1703, & autant en 1704. Elle fut même obligée, pour fournir aux frais de ces deux expéditions, de fufpendre le payement de fes billets, & d'emprunter encore à la groffe à 75 pour cent. Le Roi lui prêta auffi 850,000 livres qui devoient lui être rendues à la fin de l'année. En 1704, on ordonna de plus que les Directeurs & Actionnaires feroient un nouveau fonds de la moitié de leur capital. Peu d'Actionnaires fe conformerent à cette difpofition ; on ceffa de payer même les Lettres de change ; les billets du Caiffier furent renouvellés fans pouvoir être acquittés. Enfin, en 1708 les Directeurs fupplierent le Roi d'agréer que la Compagnie lui remit fon Privilége.

Les Créanciers de la Compagnie furent autorifés à élire des Syndics. Les Chirographaires, c'eft-à-dire,

C 2   les

les Créanciers non Actionnaires, non intéressés dans le commerce, répétoient 2,235,518 livres, dont ils n'ont été remboursés qu'en partie, & à des termes très-éloignés.

Quoique la Compagnie ne fît plus aucune expédition dans l'Inde, elle jouissoit toujours de ses droits & les faisoit valoir. Elle vendit à des Négocians de Saint-Malo, des permissions d'envoyer des vaisseaux dans l'Inde, moyennant 15 pour cent sur la valeur des retours, & à différentes autres conditions.

Voilà un second exemple avec celui que nous avons cité plus haut, d'un commerce de l'Inde par des Négocians particuliers, & en payant à la Compagnie sur les profits, un droit exhorbitant. Ce fait peut encore embarasser ceux qui soutiennent l'impossibilité de faire le commerce dans l'Inde, sans Compagnie à Privilége exclusif.

Le terme fixé à la durée du Privilége de la Compagnie devant expirer au premier Avril 1715, il fut prorogé de dix ans, pour la mettre en état d'achever de payer ses Créanciers par la vente qu'elle en pourroit faire. Elle le vendit en effet en 1716, à une Compagnie de Saint-Malo, moyennant un droit de dix pour cent sur le produit des ventes, & de cinq pour cent sur les prises ; mais cet arrangement ne subsista que jusqu'en 1719, qu'elle fut réunie à la Compagnie d'Occident. Qu'on nous permette ici une réflexion.

S'il est raisonnable de juger de l'avenir par le passé, cette destruction successive de plusieurs Compagnies des Indes forme la présomption la plus forte & la plus défavorable à la Compagnie actuelle, & donne
droit

droit de croire que fi fa durée a été un peu plus longue, & fi elle fubfifte encore aujourd'hui, on ne peut gueres fe difpenfer de prévoir qu'elle aura plutôt ou plus tard le fort de toutes les Compagnies qui l'ont précédée ; parce que les mêmes caufes produifent toujours les mêmes effets.

Comme la Compagnie d'Occident eft la baze fur laquelle s'eft élevée la Compagnie des Indes, nous fommes obligés de mettre ici fous les yeux des Lecteurs l'origine de cette Compagnie d'Occident & les principales circonftances de fon établiffement : c'eft une introduction néceffaire à l'Hiftoire de la Compagnie actuelle jufqu'au moment préfent.

La Compagnie d'Occident créée en 1717, avoit été établie fur les ruines de la Compagnie *des Indes Occidentales* (laquelle avoit été créée en 1664 en même tems que la Compagnie des Indes.) Elle n'avoit pu fe foutenir que jufqu'en 1673, qu'elle fut réunie au Domaine d'Occident.

De 1673 à 1717 il s'étoit formé pour le commerce des Indes Occidentales trois Compagnies ; fçavoir, celle du Sénégal en 1679, de Guinée en 1685 & de la Louifiane en 1698.

La Compagnie d'Occident abforba en 1717 ces trois établiffemens.

Les principales claufes de fon Privilége furent le commerce exclufif de la Louifiane pendant vingt-cinq ans, & celui du Caftor depuis le premier Janvier 1718, jufqu'au dernier Décembre 1742. Le commerce exclufif de la côte d'Afrique aux termes auxquels en avoient joui les diverfes Compagnies qui en avoient été en poffeffion, & en dernier lieu la Compagnie des Négocians de Rouen.   Le

Le fonds de la Compagnie d'Occident fut fixé par Édit du mois de Décembre 1717 à cent millions payables en billets d'État, pour lefquels le Roi devoit conftituer quatre millions de rente. Ce fonds fut divifé en deux cent mille actions de 500 liv. chacune.

Ce font ces cent millions qui, par la réunion qui fe fit en 1719 de la Compagnie d'Occident & de la Compagnie des Indes, devinrent le premier capital des actions qui fubfiftent encore aujourd'hui.

En 1718 la Compagnie d'Occident fut reçue Adjudicataire de la Ferme du tabac pour 4,020,000 liv. Elle en rendit l'ufage libre en l'affujettiffant à un droit, & cette opération contribua fans doute à en augmenter la confommation ; mais prétendre, comme l'a fait depuis la Compagnie des Indes actuelle, que cette opération lui donnoit des droits fur cette partie des revenus publics, c'étoit abufer de l'indulgence du Miniftere. La Compagnie en rendant libre l'ufage du tabac s'y détermina par l'avantage qu'elle croyoit pouvoir retirer de la Colonie de la Louifiane. C'étoit voir très-raifonnablement, mais après tout c'étoit agir toujours conformément à fon propre intérêt, & ce n'eft pas là un titre de propriété fur l'impôt du tabac.

Au mois de Mai 1719 s'opéra la réunion des Compagnies d'Occident, de celle des Indes & de celle de la Chine fous le nom de *Compagnie des Indes*. C'eft celle qui fubfifte encore aujourd'hui & qui eft l'objet des difcuffions qui vont nous occuper dans le refte de ce Mémoire.

Les motifs de la réunion des deux Compagnies, & de la création de la nouvelle, expofés dans le préambule de l'Édit, font que la Compagnie des

Indes

Indes établie en 1664 avoit été formée avec un fonds
qui n'étoit pas suffisant; qu'une partie avoit été con-
sommée par des répartitions prématurées dans un tems
où il n'y avoit pas de bénéfices, ce qui avoit obligé
de recourir à des emprunts à la grosse ou à des intérêts excessifs; que par sa mauvaise régie elle avoit
contracté des dettes immenses tant en France que dans
l'Inde, ce qui l'avoit obligée d'abandonner totalement
sa navigation, & de céder l'exercice de son Privilége
à des particuliers qui ne pouvoient eux-mêmes faire
ce commerce en concurrence avec l'étranger, étant
chargés de payer à la Compagnie un droit de dix
pour cent; que d'ailleurs ces Particuliers n'osoient envoyer leur vaisseaux à Suratte dans la crainte d'y être
arrêtés pour les dettes de la Compagnie.

Qu'à l'égard du commerce de Chine, la Compagnie qui avoit été formée en 1713 n'avoit fait aucun
usage de son Privilége, &c.

La réflexion que cet endroit fait naître, est qu'il
n'y a pas un seul des faits qu'on y énonce contre les
Compagnies qu'on détruisoit, qui ne fût un motif
suffisant de se refuser à l'établissement d'une nouvelle, parce qu'il n'y a pas une seule de leurs fautes,
ou, si l'on veut, de leurs malheurs, qu'on ne dût craindre d'une nouvelle. Car si ces Compagnies avoient
consommé leurs capitaux, si elles n'avoient point fait
de bénéfices, si elles avoient été obligées de recourir
à des emprunts à un taux excessif, si elles n'avoient pas
fait de leur Privilége l'usage qu'elles en auroient du faire
pour l'accroissement du commerce, &c. on pouvoit
attendre tout cela d'une nouvelle Compagnie, & en
tout cas il ne pouvoit rien arriver de pis en laissant

le commerce libre. Après cette énumération on lit
cependant *à ces caufes*, *&c.* *nous réuniſſons* , *nous
établiſſons*, *&c.* Jamais il n'y eut de tranſition plus
bruſque & moins préparée.

La nouvelle Compagnie des Indes fut miſe en poſ-
feſſion de tous les Droits & Priviléges accordés aux
Compagnies d'Occident, à celle des Indes & de la
Chine, auxquels on ajouta, au mois de Juin de la
même année, ceux de la Compagnie d'Afrique.

Par ce même Édit de Mai 1719, la Compagnie
eſt autoriſée à créer pour vingt-cinq millions de nouvelles actions, qui devoient être payées 550 liv. en
argent comptant.

Mais bientôt la Compagnie ſe trouva envéloppée
dans les diverſes révolutions du ſyſtême; ſes fonds
ne firent plus qu'une partie de ceux de l'État. La
réunion de la Banque établie en 1718, à la Compa-
nie, augmente encore l'obſcurité. La Compagnie n'eſt
plus à cette époque une entrepriſe de commerce
dont on puiſſe eſtimer le capital & les profits.

Cet état de confuſion ſe prolonge juſques vers 1725 :
& , comme c'eſt là le premier moment auquel on
puiſſe connoître ſa véritable ſituation débarraſſée de
toutes les ſuites du ſyſtême, c'eſt à cette époque que
nous terminerons le récit hiſtorique que nous avons
voulu mettre ſous les yeux de nos Lecteurs.

L'état actuel de la Compagnie tient à ſon état en
1725. Le premier de ſes bilans ſur lequel on puiſſe
compter, & qui énonce le véritable capital avec lequel elle a commencé ſon commerce eſt de cette même
année. C'eſt de ce point que nous partirons pour examiner les trois Queſtions que nous avons énoncées.

PREMIERE

PREMIÈRE QUESTION.

Eſt-il de l'intérêt des Actionnaires de continuer l'Exploitation de leur Privilége excluſif?

Si le Capital de commerce de la Compagnie & ſon Revenu libre ont continuellement diminué depuis 1725 juſqu'à préſent, & ſi elle doit craindre qu'ils ne diminuent encore par la ſuite ; ſi d'un autre côté ſes bénéfices ont diminué depuis 1764 juſqu'à préſent ; & ſi elle ne peut former aucune eſpérance raiſonnable de les voir remonter dans la ſuite, comme il ſeroit néceſſaire pour le retabliſſement de ſon commerce & la conſervation du Capital qu'elle y mettroit, il n'eſt pas de l'intérêt des Actionnaires de continuer le commerce. Or, je vais prouver que la Compagnie ſe trouve dans cette double circonſtance.

§. I.

Le Capital de commerce de la Compagnie & ſon Revenu libre ont continuellement diminué depuis 1725 juſqu'en 1769.

Sur l'énoncé de cette propoſition, on pourra croire que nous prenons une peine inutile en entreprenant de faire voir aux Actionnaires une diminution dans leur Capital & dans leur Revenu, qu'ils ne paroiſſent pas avoir jamais pu ignorer. La Compagnie,

D   dira-t-o n

dira-t-on, a toujours fait fes bilans, & fa fituation annuelle a du être connue de tous fes Actionnaires ; on ne peut donc rien leur apprendre à cet égard.

Cette réflexion manqueroit pourtant de juftefle & de vérité. Les Actionnaires, quoique fortement intéreflés à connoître l'état de leur Capital & les profits & pertes de leur commerce, n'ont jamais bien connu ni l'un ni l'autre, & ont été par là, au-moins le plus grand nombre d'entr'eux, dans l'ignorance de leur véritable fituation.

Leur erreur a eu deux fources. La premiere eft la forme de leurs bilans, dans lefquels on leur a toujours préfenté, comme Capitaux de commerce, des Capitaux qui n'étoient pas entiérement difponibles pour le commerce ; la feconde eft la fixation des Dividendes qui n'ont jamais été déterminés d'après le Revenu libre de la Compagnie ; mais arbitrairement, & felon qu'on jugeoit à propos de les fixer, pour foutenir le crédit & faciliter les emprunts.

Ceci a befoin d'être développé avec un peu d'étendue.

Les bilans de la Compagnie ont toujours compris dans le Capital qu'ils ont mis fous les yeux des Actionnaires, les *fonds morts* qui alloient toujours en augmentant, & le *principal des rentes viageres* qui augmentoient auffi annuellement. Or, ces deux objets n'ont jamais pu être regardés comme faifant partie du Capital de commerce. On entend par fonds morts les bâtimens tant civils que militaires & autres effets qui, pouvant être utiles à l'adminiftration du commerce, n'en font pas les inftruments immédiats. Or,

qui

qui ne voit qu'on ne peut faire entrer cette efpece
de fonds dans le Capital du commerce d'une Compagnie, fans induire les Intéreffés en erreur fur leur
véritable fituation. Ces fonds ne peuvent, par eux-
mêmes, donner aucun bénéfice ; ils font des occafions de dépenfes par le dépériffement auquel ils font
fujets & les frais d'entretien qu'ils exigent. Enfin,
loin d'être une richeffe, ils font au contraire une
charge pour une Compagnie de commerce. Cette
vérité femble avoir été méconnue dans la confection
des bilans de la Compagnie. On augmentoit continuellement les fonds morts de cette efpéce ; on conf-
truifoit dans l'Inde des magafins immenfes, un palais
au Gouverneur, des édifices pour le logement des
Employés. On faifoit des dépenfes pareilles à l'Orient;
on avoit à Paris l'Hôtel de la Compagnie ; il falloit
entretenir tout cela ; le Capital difponible pour le commerce diminuoit d'autant ; & on comptoit toujours
comme Capital de commerce dans les bilans, la valeur
de tous ces effets, & jufqu'aux fommes qu'on avoit
dépenfées pour leur entretien. C'étoit là de mauvaifes opérations de commerce, voilées par de mauvais calculs.

Par la forme même des bilans, les Actionnaires
étoient encore induits en erreur, en ce que le Principal des rentes viageres, lefquelles alloient toujours
croiffant, ne pouvoit y être compris. Cependant le
Capital total de la Compagnie, grevé d'une rente viagere, n'étoit plus un Capital difponible pour le commerce. Que diroit-on d'un Négociant qui, ayant
commencé fon commerce avec cent mille écus de

D 2   fonds

fonds, & emprunté cent mille francs à dix pour cent
en rentes viageres, se trouvant après plusieurs années
avec les mêmes cent mille écus, croiroit n'avoir rien
perdu sur son Capital? N'est-il pas clair que ce
Capital ne seroit plus réellement de cent mille écus,
qu'il en faudroit défalquer le Principal de la rente
viagere, & que son fonds seroit diminué d'autant?

La seule inspection des bilans, qu'on verra ci-après,
fournira la preuve de l'erreur que nous leur repro-
chons ici; mais en attendant nous croyons devoir
montrer, comment les Actionnaires ont été conduits
par là à croire faussement que leur Capital s'augmentoit.

Dans le bilan de 1725, il paroît que le fonds
capital déduction faite des dettes
est de . . . . 139,385,941 liv.

Mais si l'on en déduit les mauvaises dettes & fonds morts formant ci . . . . 2,089,774 liv.
Et le Capital au denier dix de
9,462 liv. de rente viagere dont　}　2,184,394 liv.
la Compagnie se trouve dès-lors
chargée, ci . . . . . 94,620 liv.

Ces deux déductions faites, il
ne reste en Capital libre & dispo-
nible pour le commerce que . . . 137,201,547 liv.

De

De même au premier apperçu du bilan de 1743, on trouve que l'actif de la Compagnie, déduction faite de ses dettes, est de . . . . . 161,147,817 liv.

Mais si l'on déduit de ce Capital prétendu libre les fonds morts & mauvaises dettes,
ci . . . . . . 28,364,778 liv.

Comme encore le Capital au denier dix de 1,514,549 liv. dont la Compagnie est grevée à cette époque, ci . . 15,145,490 liv. } 43,510,268 liv.

Le vrai Capital de commerce se trouvera reduit à . . . . 117,637,549 liv.

De là resultoit pour les Actionnaires la difficulté de porter un jugement sûr de l'augmentation ou diminution du Capital de commerce, car en voyant le capital de la Compagnie en 1725, porté sur le bilan à . . . . 139,385,941 liv.

Et en voyant d'un autre côté dans le bilan de 1743 le capital porté à . . . . 161,147,817 liv.

La comparaison de ces deux capitaux a du leur faire croire que le commerce de la Compagnie lui avoit procuré un bénéfice de . . . 21,761,876 liv.

Mais

Mais fi on eût déduit également de ces deux capitaux les *fonds morts*, mauvais effets & capital des rentes viageres dans les deux époques, le fond capital de 1725 fe feroit trouvé réduit à . 137,201,547 liv.

Et celui de 1743 à 117,637,549

Ainfi, loin d'avoir trouvé une augmentation de capital, on eût trouvé une perte réelle de 19,563,998

Ce qui forme, une différence énorme entre la réalité des fuccès du commerce & le fimple apperçu du bilan, ci . . . . 41,325,874 liv.

La preuve de la juftefle de ces calculs fe trouvera dans les États ci-après.

Le bilan du 30 Juin 1756, comparé à celui de 1725, nous fournit un fecond exemple, auffi frappant que le premier, de la difficulté où ont été jufqu'à préfent les Actionnaires de connoître leur véritable fituation. En effet,

Le montant de l'actif du bilan de 1756, eft de . . . . 297,208,795 liv.

Sur quoi déduifant les dettes . 69,431,404 liv.

Il paroît refter un fonds Capital de . . . . 227,777,391 liv.

Mais

ci-contre . . . . 227,777,391 liv.

Mais en déduifant encore de cette fomme, comme il convient,

1° Les fonds morts & mauvaifes dettes montant à 62,853,526

2° Pour le Capital au de- nier dix des rentes viageres alors fubfiftantes 26,708,140

$\Big\}$ 89,561,666 liv.

Le fonds capital reftant n'eft réellement que de . . . . 138,215,725 liv.

Cette fomme eft, à fort peu de chofe près, égale au fonds capital originaire en 1725. Ainfi le commerce avoit confommé en totalité les quatre-vingt millions d'augmentation de fonds donnés par le Roi en 1747 & les neuf millions de rentes, ainfi que toutes les gratifications par tonneau & autres, quoique les divi- dendes fuffent diminués de près de moitié.

La feconde caufe de l'erreur dans laquelle ont été long tems les Actionnaires fur leur revenu libre & fur les produits de leur commerce, eft la fixation du dividende attaché à l'action ; fixation déterminée arbi- trairement, & non d'après le revenu libre, comme elle auroit dû l'être.

On trouve cette pratique vicieufe mife en ufage dès l'origine de la Compagnie.

Le dividende pour l'année 1722, fut fixé à cent livres par Action, dont les fix premiers mois devoient être payés par ordre de numéros, à commencer du premier

mier Avril fuivant, & les fix derniers mois à commencer du premier Juillet, & à l'égard du dividende pour l'année 1723 & les fuivantes, Sa Majefté fe propofoit d'accorder différens Priviléges & autres avantages à la Compagnie, au moyen defquels le dividende feroit fixé à 150 livres indépendamment des bénéfices du commerce.

Or, d'après la fituation de la Compagnie à cette époque, ce dividende étoit beaucoup trop fort, puifqu'il montoit pour l'année 1722 à 5,600,000 livres ; & pour les années 1723 & fuivantes à 8,400,000 liv. tandis que la Compagnie n'avoit de revenu certain que 3,300,000. On comptoit donc prendre annuellement fur les bénéfices du commerce 5,100,000 liv. indépendamment des frais néceffaires pour former tous les établiffemens dont la Compagnie avoit befoin pour l'exercice de fon commerce.

A la vérité, le bénéfice que la Compagnie a fait fur la ferme du tabac, l'a mife en état de fournir pendant quelques années à ce dividende ; mais l'opération étoit vicieufe en cela même, & parce qu'en attachant les répartitions à l'action, elle préfentoit le revenu de l'action comme un profit du commerce, tandis qu'il n'étoit au fonds que le produit d'une entreprife de finance très-lucrative dans laquelle l'État étoit fortement léfé, & qui par conféquent ne pouvoit fe foutenir auffi-tôt qu'on ouvriroit les yeux.

Si cette confufion a pu être utile à foutenir le crédit momentané des Actions, elle n'en eft pas moins blâmable & moins contraire à la nature de toute entreprife de commerce, dont les profits doivent être clairs

&

& conftatés, fi on veut qu'elle infpire aux Proprié-taires d'argent affez de confiance pour y verfer des capitaux. Cependant on voit que la Compagnie a , pour ainfi dire, évité de faire faire la diftinction des bénéfices du commerce & de ceux de l'entreprife de finance ; elle a voulu rendre fes Actionnaires *Rentiers.*

Mais fi l'on vouloit affurer aux Actionnaires un revenu fixe & indépendant des variations du com-merce, ce qui les auroit rendus Rentiers, il auroit fallu fixer cette rente à un taux beaucoup plus modi-que, à trois pour cent, par exemple , en y ajoutant tous les ans une répartition proportionnée aux béné-fices du commerce. Dans ce fyftême, on auroit con-cilié , & en même tems diftingué dans la perfonne de chaque Actionnaire, la qualité de Rentier avec celle d'Intéreffé dans une entreprife de commerce. C'eft pour n'avoir pas fuivi un femblable plan que les Actionnaires n'ont jamais connu leur véritable état , & même qu'ils fe font regardés plutôt comme Ren-tiers que comme Commerçans , & quelquefois uni-quement comme l'un ou l'autre , fans fonger qu'ils étoient l'un & l'autre à la fois ; erreur dans laquelle le Gouvernement lui-même les a confirmés quelque-fois , parce qu'il l'a partagée avec eux.

Depuis 1722, on a continué de les y entretenir. En effet le dividende des Actions a été conftamment jufqu'en 1744 de 150 livres.

En 1725, le revenu libre de 8,290,538 liv. partagé à 56000 Actions qui exiftoient alors, donnoit en

E   effet

effet à chacune un dividende, à peu de chofe près, égal à celui là; c'eft-à-dire de 148 livres.

Mais en 1736, le revenu libre diminué depuis 1725, & reduit à 6,973,212 livres, partagé à 51,134 Actions exiftantes alors, ne pouvoit plus donner à chacune que 136 livres. On continua cependant de donner le même dividende, & d'induire par là les Actionnaires à penfer que leur revenu libre & les produits de leur commerce ne diminuoient point.

Les Actionnaires, ou au moins le commun des Actionnaires, n'ont pu fe détromper facilement fur les profits prétendus de leur commerce, que lorfque leur dividende a commencé à diminuer. Ils avoient joui long-tems d'un revenu de 150 liv. qu'ils regardoient comme conftant; ils fe croyoient à l'abri des diminutions, d'après les comptes que les Adminiftrateurs rendoient aux Affemblées publiques, auxquelles le plus grand nombre affiftoit, plus par curiofité que par intérêt.

Mais en 1744 & 1745 le dividende fut rétranché; ils furent obligés de convertir leur revenu en capital & d'y joindre encore 200 liv. en argent par chaque action, en recevant des billets d'emprunt.

Depuis la premiere époque de fufpenfion de dividend, les diminutions ont été continuelles. En 1746 les Actionnaires ont vu leur revenu diminuer de plus de moitié par la réduction du dividende à 70 liv. ce qui a fubfifté jufqu'en 1750 qu'il a été porté à 80 liv. En 1759 il a encore été diminué de moitié, le dividende, ayant été réduit à 40 liv. & à 20 liv. pendant l'année 1764. Enfin en 1765 il a été porté à 80 liv. au moyen d'un

nouveau

nouveau fonds de 400 liv. que les Actionnaires ont été obligés de fournir encore, de forte que le dividende de l'Action originaire n'est plus que de 60 livres, c'est-à-dire, que les Actionnaires éprouvent aujourd'hui une diminution de près des deux tiers du revenu, dont ils ont joui depuis 1725 jusqu'en 1744.

On trouve encore dans les Regiſtres de la Compagnie un fait intéreſſant qui prouve comment les Actionnaires ont toujours été trompés ſur l'article des produits de leur commerce.

Depuis 1731 on prélevoit trois pour cent ſur les bénéfices nets du commerce, pour les appointemens des Directeurs & Syndics ; ce produit étoit réparti, un ſeptieme à chaque Directeur, & l'autre ſeptieme aux deux Syndics. Selon cet arrangement pendant neuf années, du premier Juillet 1731 au premier Juillet 1740, les Directeurs partagerent entre eux 1,005,661 livres 8 ſols 1 denier, ce qui ſuppoſoit pendant ce même tems que la Compagnie auroit dû faire un bénéfice net & réel de 33,522,003 liv. 18 ſ. 1 d. tandis qu'elle avoit été preſque toujours en perte. Mais comme on s'apperçut que les calculs forcés auxquels on étoit obligé d'avoir recours pour ſuppoſer du bénéfice, pouvoient mettre du déſordre dans la comptabilité de la Compagnie, il fut convenu qu'on attribueroit aux Directeurs & Syndics des honoraires fixes ; ce qui fut réglé en 1740 par un Arrêt du Conſeil qui fixa leurs appointemens à 12,000 livres, & ſupprima les trois pour cent ſur les bénéfices qu'ils devoient partager entre eux.

Il ſuit de ces détails, que les Actionnaires ſe ſont

E 2   ſouvent

souvent flattés fauſſement d'une augmentation , tant dans les capitaux, que dans les bénéfices de leur commerce, qu'ils n'en ont jamais bien évalué les profits, ou les pertes. C'eſt pour les défendre d'une erreur ſemblable que nous allons mettre ſous leurs yeux les véritables états de ſituation de la Compagnie, depuis 1725 juſques & compris le moment préſent, tirés des Regiſtres de la Compagnie , pour en conclure qu'il n'eſt pas de leur intérêt de continuer le commerce. Nous commencerons par donner l'état de ſituation de 1725 pour connoître le capital originaire de la Compagnie, & ſon premier revenu libre ; enſuite nous partagerons l'intervalle de 1725 à 1769 en quatre Époques ;

La 1re de 1725 à 1736.

La 2e de 1736 à 1743.

La 3e de 1743 à 1756.

La 4e de 1756 à 1769.

Et même à 1772 , en préſumant pour les trois années prochaines ſon capital & les produits de ſon commerce.

ÉTATS DE SITUATION

DE LA COMPAGNIE DES INDES,

Dans les Époques de 1725, de 1736, de 1743, de 1756 & de 1769 ; tirés des Livres de la Compagnie.

SITUATION de la Compagnie des Indes, au 31 Janvier 1725.

Capital en 1725, suivant le Bilan.

Tous les effets appartenans alors à la Compagnie, en y comprenant les cent millions dus par le Roi, montoient suivant l'état actif du bilan à . . . . 143,640,987 liv.

A déduire

1° Dettes . . . . 4,255,046 liv.
2° Mauvais Effets & fonds morts 2,089,774
3° Le Principal de 9,462 l. de rentes viageres, provenant d'une Loterie à 100 l. le billet, formant en Capital au denier dix 94,620

} 6,349,440

Capital libre en 1725 . . . . 137,201,547 liv.

Revenu

Revenu en 1725.

Le Revenu des Actionnaires indépendamment des bénéfices du commerce consistoit ;

SAVOIR,

1° Le produit de la ferme du Tabac,	8,000,000
2° Rente sur le Roi	300,000
	8,300,000
A déduire la Rente viagere de . . .	9,462
Revenu libre en 1725	8,290,538

Dividende calculé sur le Revenu libre en 1725.

Ce Revenu indépendant du commerce & de toutes les gratifications qui y étoient attachées, partagé entre 56,000 Actions qui existoient alors, pouvoit donner à chaque Action une dividende de 148 liv.

SITUATION

SITUATION de la Compagnie des Indes, au 30 Juin 1736.

Capital en 1736.

Fonds capital du bilan . . . . . . 158,040,138 liv.
A déduire

1° Dettes . . . . 8,411.125 liv.

2° Fonds morts & mauvais effets . . . 8,196,830

3° Principal de la rente viagere provenant de la Loterie à 100 liv. le billet 94,620

4° Principal de la rente viagere de 1,317,426 livres au denier dix provenant de la Loterie compofée * montant à 13,174,260

29,876,835 liv.

Refte Capital libre 128,163,303

Comparaison
du Capital libre de 1736 à celui de 1725.

Le Capital libre en 1725 étoit de 137,201,547
En 1736 il s'eft trouvé de 128,163,303

Donc la diminution du Capital dans cet intervalle a été de . . . . 9,038,244 liv.

* On doit obferver que la rente viagere, provenant de la Loterie compofée, a été infiniment à charge à la Compagnie, parce que la moitié feulement des extinctions tourne à fon profit, & l'autre moitié en accroiffement aux autres Rentiers. Cette rente qui, fuivant les conftitutions faites en 1725 & 1741, montoit dans fon principe à 1,905,500 livres, fubfifte encore aujourd'hui pour 1,269,990 livres.

Revenu

Revenu en 1736.

Le Revenu des Actionnaires indépendamment du commerce montoit comme
ci-deſſus à . . . . . .   8,300,000 liv.

Il étoit chargé des deux
rentes viageres ci-deſſus .   1,326,888

Revenu libre en 1736 .   6,973,112 liv.

Comparaiſon
du Revenu libre en 1736 *avec celui de* 1725.

Revenu de 1725 . . .   8,290,538
Revenu de 1736 . . .   6,973,112

Diminution du Revenu
libre de 1725 à 1736 . .   1,317,426

Dividende calculé ſur le Revenu libre en 1736.

Par la Loterie compoſée on avoit retiré
4866 Actions, ce qui en réduiſoit le nombre à cette époque à . .   51,134

Le Revenu libre de
6,973,212 liv. étant partagé
entre 51134 Actions, pou-
voit donner à chaque Ac-
tion un Dividende de . .   136

Comparaiſon
du Dividende de 1725 *à celui de* 1736.

La partie du Revenu libre revenant
à chaque Action en 1725 étoit de . . .   148

Celle revenant en 1736 de   136

Diminution à la perte des Actionnaires . . . .   12 liv.

SITUATION

SITUATION de la Compagnie des Indes, au 30 Juin 1743.

Capital en 1743 suivant le bilan.

Montant de l'actif du bilan . . . . . 186,359,130 liv.
A déduire,

1° Dettes exigibles. . 19,607,164 l.

2° Fonds morts & mau-
vaises dettes. 28,364,778

3° Principal des rentes
viageres de la Loterie à
100 liv. le billet. . . . 93,620

4° Principal de celles de
la Loterie composée mon-
tant à 15,051,870

} 63,117,432 liv.

Reste Capital libre . . . . 123,241,698 liv.

Comparaison
Du Capital libre de 1743 à celui de 1736 & à celui de 1725.

Le Capital libre en 1736
étoit de 128,164,303

En 1743 il étoit de . . 123,241,698

Diminution, de 1736
à 1743 4,922,605

Le Capital libre en 1725
étoit de 137,201,547

En 1743 il n'étoit que de 123,241,698

Diminution, de 1725
à 1743 . . . . 13,959,849 l.

F   *Revenu*

On doit obferver que, dans l'intervalle de 1725 à 1743, le commerce de la Compagnie ne fut troublé par aucune guerre dans l'Europe, ni dans l'Inde, celle de 1736 ne l'ayant conftituée ni en pertes, ni en dépenfes, & les troubles de l'Inde n'ayant commencé que poftérieurement à cette Epoque.

Les retours de l'Inde donnoient environ 95 pour cent de bénéfice de l'achat à la vente, tandis qu'aux dernieres ventes ils n'ont pas donné 60 pour cent.

Les retours de Chine donnoient plus de 141, & ils n'ont donné, en 1767 & 1768, que 68 pour cent.

Cependant, malgré ces circonftances heureufes, la Compagnie avoit perdu près de quatorze millions fur fon Capital. Il eft vrai que fon fonds de commerce diminuant tous les ans, elle n'avoit jamais pu lui donner toute l'étendue dont il étoit fufceptible, vice ordinaire des Compagnies exclufives, encore étoit-elle obligée d'employer les reffources les plus dangereufes, en faifant des emprunts fur la place en billets de Pechevin, qui, étant à échéances fixes, la mettoient dans le rifque continuel de manquer à fes engagemens, fi le Public lui avoit retiré fa confiance. Ces emprunts montoient annuellement à treize ou quatorze millons. On fentit combien cette fituation étoit précaire, & on eut recours par la fuite à des emprunts perpétuels qui, comme nous allons le voir, furent bientôt confommés.

Revenu en 1743.

Le Revenu indépendamment du commerce étant toujours de . . . . . .   8,300,000 liv.

Se trouve grevé de rentes viageres montant à   1,514,549

Reftoit de libre . . . .   6,785,451 liv.

Comparaifon

Comparaison

Du Revenu libre de 1743 *à celui de* 1736 *& à celui de* 1725.

Revenu libre en 1725 .	8,290,538 liv.
Revenu libre en 1743 .	6,785,451
Diminution, de 1725 à 1743	1,505,087
Revenu libre en 1736 .	6,973,112
En 1743	6,785,451
Diminution, de 1736 à 1743	187,661

Dividende des Actions, calculé sur le Revenu libre de 1743.

Le nombre des Actions alors subsistantes étoit de 50,269, le surplus ayant été retiré par la Loterie composée, & par différentes opérations.

Le revenu libre étant partagé entre les 50,269 Actions, pouvoit donner à chaque Action un Dividende de . . . .   135 liv.

Comparaison

des Dividendes calculés sur le Revenu libre.

Dividende en 1725 . .	148 liv.
En 1736	136
En 1743	135

SITUATION de la Compagnie des Indes, au 30 Juin 1756.

Capital en 1756 fuivant le bilan.

Montant de l'actif du bilan		297,208,795 l.
A déduire,		
1º Dettes exigibles ou conftituées.	69,431,404 l.	
2º Fonds morts & mauvaifes dettes	62,853,526	
3º Principal des rentes viageres à 100 l. le billet, de . .	72,620	158,993,070 l.
4º Principal des rentes de la Loterie compofée de . . .	15,635,520	
5º Principal des rentes créées en 1748 de	11,000,000	

Refte Capital libre en 1756 . . . . . 138,215,725 l.

Comparaifon

Des Capitaux libres de 1725, de 1736, de 1743 & de 1756.

Capital libre en 1725.	137,201,547 l.
En 1736.	128,163,303
En 1743.	123,241,698
En 1756.	138,215,725

Il paroît y avoir ici une augmentation de Capital de 1743 à 1756; mais loin qu'on en puiffe rien conclure en faveur de la Compagnie, cette époque fournit des preuves décifives de la dégradation de Capital qu'elle doit attendre de fon commerce feul. En effet, dans cette époque la Compagnie a reçu du Roi des fecours extraordinaires, qui ont fervi non-

feulement

feulement à couvrir les pertes immenfes que fon commerce lui a données ; mais encore à produire cette augmentation de Capital.

En 1747, le Roi augmenta le Capital de fon contrat de . . . .   80,000,000 liv.

Nous verrons dans la fuite que cette augmentation étoit une pure grace & une charge gratuite impofée fur l'État.

Il porta les intérêts du Capital de fon contrat à 9,000,000 l. que la Compagnie reçut dans la fuite, au-lieu de 8,300,000 l. qu'elle avoit reçu jufqu'alors, ce qui lui procura dans cet intervalle un fecours de   6,300,000

Le Roi fit remife des dividendes des Actions & Billets d'emprunt qui lui appartenoient , ces dividendes mon-toient à . . . . , . .   2,485,476

Enfin le Roi non-feulement fit remife à la Compagnie du dixieme ; mais il l'autorifa encore à le retenir à fon profit fur les rentes viageres qui fubfiftoient alors ; ce qui lui procura un bénéfice de   1,604,829

TOTAL de ce que la Compagnie a reçu du Roi dans cet intervalle . . .   90,390,305 liv.

Le Capital de la Compagnie auroit donc dû être augmenté de cette fomme de . . . . 90,390,305 liv.

Or, on ne le trouve augmenté fur le Capital de 1725, que de . . . . . .   1,014,178 liv.

Sur celui de 1736, que de   10,051,422

Et fur celui de 1743, que de . . .   14,974,031

La Compagnie a donc réellement perdu

De 1743 à 1756. . . . .   75,416,274 liv.

De 1736 à 1756.   80,338,883

De 1725 à 1756.   89,376,127

Revenu

Revenu en 1756.

Malgré les dons immenfes que la Compagnie avoit reçus du Roi , & quoique fon Capital parut augmenté d'environ quinze millions , la fituation des Actionnaires étoit beaucoup plus fâcheufe qu'avant cette époque.

La rente fur le Roi, portée à . . . .   9,000,000 liv.
étoit grévée,

1º Des intérêts des billets d'emprunts, montant alors à , . . .   554,575 liv.

2º Des intérêts des promeffes de paffer contrat, montant à .   1,500,000

3º Des rentes viageres de la Loterie à 100 l. le billet   7,262

4º *Idem* de la Loterie compofée   1,563,552

5º *Idem* créées en 1748   1,100,000

} 4,725,389 liv.

Revenu libre en 1756.

Il ne reftoit donc de libre aux Actionnaires que . . . .   4,274,611 liv.

Dividende calculé fur le Revenu libre en 1756.

Cette rente partagée entre 50269 Actions, ne pouvoit plus donner à chaque Action qu'un Dividende de . . 85 liv.

Comparaifon

Comparaison
des Dividendes calculés fur le Revenu libre en 1725.... & 1756.

Ainfi la portion de la rente attribuée
à chaque Action, qui pouvoit être
en 1725 . . , ... 148 liv.
En 1736 136
En 1743 135
N'étoit plus en 1756 que . 85 liv.

On obfervera que dans cet intervalle les bénéfices fur les retours de l'Inde, ont été de 93 pour cent, & ceux fur les retours de Chine, de 116 pour cent.

Nous voici arrivés à l'Etat de Situation de la Compagnie en 1769. C'eft le point le plus intéreffant que nous ayions à traiter. Mais, comme ce même Etat doit nous fervir à prouver non-feulement la diminution des capitaux de la Compagnie, mais encore d'autres vérités auffi importantes, nous lui laifferons, par cette raifon, la forme que lui ont donnée les Députés & Adminiftrateurs; &, pour ne pas en rompre la fuite, nous renverrons, après l'Etat même, les Obfervations que nous avons à faire fur plufieurs des articles dont il eft formé.

Nous devons remarquer encore qu'à la différence des Etats précédens, celui-ci s'étend au-delà même de l'époque actuelle, & qu'il comprend les années 1770, 1771 & 1772.

ÉTAT

*ÉTAT DE SITUATION de la Compagnie des Indes,
du 1er Avril 1769, jufqu'au 31 Décembre 1772, fait
& dreffé en exécution des ordres de M. le Contrôleur-
Général, contenus en fa dépêche du 8 Avril 1769.*

ACTIF.

Les biens que poffédoit la Compagnie des Indes au 1er
Avril 1769, confiftoient :

1° En 9,000,000 liv. de rente au principal de 180,000,000 l.

2° En effets mobiliers, & immobiliers à l'ufage du commerce.

3° En fonds circulans dans le commerce.

4° Enfin en dettes actives provenant de fon commerce.

CHAPITRE PREMIER.

CONTRAT DE 180 MILLIONS.

Sur le contrat de 180 millions produifant 9,000,000 liv.
de rente, il a paru convenable de déduire les fommes en
capitaux & rentes perpétuelles dont ce contrat étoit grévé à
l'époque du 1 Avril 1769, ainfi qu'il fuit.

RENTES PERPÉTUELLES.

	RENTES.	CAPITAUX.
1° 258,625 l. de rentes perpétuelles pour 10,345 billets d'emprunt à 500 l. chacun, créés en 1745, ci	258,625 l.	5,172,500 l.
2° 900,000 l. *id.* pour promeffes de paffer contrat au denier 20, créées en 1751, ci pour la rente . . .	900,000	18,000,000
	1,158,625 l.	23,172,500 l.

Ci-contre

	RENTES.	CAPITAUX.
Ci-contre, ...	1,158,625 l.	23,172,500 l.
3° 600,000 l. *id.* de promeſſes au denier 10, créées en 1755, ci. . . .	600,000	12,000,000
4° 964,985 l. de rentes au denier 25, créées en 1764, ci.	964,985	24,124,646
5° 2,953,740 livres de rentes pour 36,921 actions $\frac{6}{8}$ au principal de 1600 liv. chacune, ci.	2,953,740	59,074,800
	5,677,350 l.	118,371,946 l.

RENTES VIAGERES.

	RENTES.	CAPITAUX.
1° 1,146,368 l. de rentes viageres, créées en 1724 ſous le nom de *Loterie compoſée,* dont le capital ne ſera évalué qu'au denier 10, ci. . . .	1,146,368 l.	11,463,680 l.
2° 909,361 l. *id.* créées en 1748 ſur une & deux têtes, évaluées de même au denier 10, ci. , ...	909,361	9,093,610
3° 470,668 liv. *id.* de la Loterie créée en 1765, évaluées de même au denier 10, ci.	470,668	4,706,680
4° 419,102 l. pour l'emprunt viager de 1765, évalué au denier 10, ci.	419,102	4,191,020
5° 57,400 l. de rente conſtituée au profit des ſieur & dame de Buſſy, la dame de Valque, & le ſieur Taxil, évaluée au denier 10, ci.	57,400	574,000
6° Enfin 72,000 l. pour le montant des penſions créées par le Roi en 1764, ci.	72,000	720,000
Nota. On ne porte point ici 61,000 l. ou environ pour penſions, ou demi-ſolde, conſtituées par la Compagnie, comme faiſant partie des dépenſes ordinaires, ci. . . *Mémoire.*		
	3,074,899 l.	30,748,990 l.

RÉSULTAT

MÉMOIRE

RÉSULTAT

DU CHAPITRE PREMIER.

	RENTES.	CAPITAUX.
Rentes perpétuelles.	5,677,350 l.	118,371,946 l.
Rentes viageres.	3,074,899	30,748,990
TOTAL. . . .	8,752,249	149,120,936
Partant à l'époque du 1ᵉʳ Avril 1769, il reſtoit de libre en rente & en Capitaux.	247,751	30,879,064
Total pareil, ci. . .	9,000,000 l.	180,000,000 l.

CHAPITRE

CHAPITRE SECOND.

Effets mobiliers & immobiliers, à l'ufage de la Compagnie.

MOBILIERS.

ARTICLE PREMIER.

28 Vaiffeaux & Frégates dont 15 du port de 9 à 1200 tonneaux ; 13 de 500 à 770 tonneaux.

2 Senauts du port de 110 tonneaux.

En tout 30 Vaiffeaux, Frégates & Senauts, au-lieu de 31 annoncés dans l'état de fituation du 29 Mars dernier, la Frégate le Choifeul étant périe dans le Gange, eftimés, par procès-verbal du 24 Avril 1769, au prix qu'ils obtien-droient dans le commerce au retour de l'expédition, fuivant l'Etat ci. . . . . 4,010,854 l.

ARTICLE II.

Les Pontons, Pataches, Gabarres, Chaloupes, & autres petits Bâtimens de mer, à l'ufage du Port de l'O-rient, eftimés par le même procès-verbal du 26 Avril 1769, fuivant l'Etat, ci. 703,198

ARTICLE III.

Les effets de Marine, d'Artillerie, & autres de toute efpece exiftants dans les magafins & arfenaux de l'Orient le 1er Avril 1769, eftimés auffi par les procès-verbaux du 26 Avril dernier, fuivant l'Etat, ci. 3,212,775

7,926,827 l.

G 2

De

MÉMOIRE
De l'autre part, ... 7,926,827 l.

ARTICLE IV.

1349 Têtes de noirs compris en
l'Etat, lefdits Noirs reftant aux
Ifles de France & de Bourbon, après
le choix fait par les Commiffaires
du Roi, eftimés l'un dans l'autre à
raifon de 1000 l., ci. 1,349,000

ARTICLE V.

Les effets & uftenfiles d'artillerie, armes, & munitions de guerre
reftant à l'Ifle de France, après le
partage fait avec les Commiffaires
du Roi, montent fuivant l'Etat,
ci. 284,701

ARTICLE VI.

Les effets d'artillerie dans les comptoirs de l'Inde, enfemble les petits
bâtimens de mer fervant à la navigation du Gange, fauf les autres
effets exiftants dans l'Inde, eftimés
fuivant l'Etat, ci. 596,120

Total des effets mobiliers. . . . . . 10,156,648 l.

IMMOBILIERS.

ARTICLE PREMIER.

L'Hôtel de Paris, & bâtimens en
dependants, eftimés, ci. 1,000,000

1,000,000 l.

Ci-contre

Ci-contre, ...1,000,000 l. 10,156,648 l.

ARTICLE II.

M. le Contrôleur-Général ayant prefcrit, par fa dépêche du 8 Avril dernier, de diftinguer, relativement aux édifices de l'Orient, ceux qui font une dépendance de l'adminiftration confiée à la Compagnie, d'avec les bâtimens civils dépendants du commerce, il avoit été écrit en conféquence aux Prépofés de la Compagnie à l'Orient : mais cette opération longue & pénible n'ayant pu être exécutée jufqu'à préfent, on fe référera par provifion au procès-verbal eftimatif du 16 Avril dernier, par lequel les quais, calles de conftructions, les hôtels & magafins des ventes, batteries, &c. &c., & généralement tous les édifices neufs & vieux ont été eftimés, & fauf les terreins appartenans à la Compagnie, fuivant l'État, ci. 6,701,539

OBSERVATION

Des Députés & Adminiftrateurs.

Il a été arrêté que l'article ci-deffus feroit porté dans les Etats en ligne de compte pour toute fa valeur, conformément à l'appréciation faite à l'Orient, en même-temps qu'on mettroit à la marge que cet objet ne fera pas réputé comme une

7,701,539 l. 10,156,648 l.
De

De l'autre part, ...7,701,539 l. 10,156,648 l.
valeur fixe & pofitive dans les biens
de la Compagnie, fuivant les obfervations contenues dans les mémoires
explicatifs des Etats.

ARTICLE III.

Lors de la prife de poffeffion des
Ifles de France & de Bourbon, les
Commiffaires du Roi s'étant mis en
poffeffion, au nom de Sa Majefté,
de prefque tous les bâtimens civils,
& autres apartenant à la Compagnie, il a été délibéré, par les Syndics, Dire&teurs & Députés, de ne
porter ici le prix des édifices apartenant à la Compagnie auxdites Ifles
que pour 42,400 liv. valeur de ceux
achetés depuis ladite prife de poffeffion, & fauf à porter à l'a&tif ci-
après les fommes dûes par Sa Majefté pour raifon de la remife defdits
édifices, ci-conformément à la Délibération. 42,400

ARTICLE IV.

Suivant la même Délibération, les
bâtimens civils exiftants dans les différens comptoirs de l'Inde, quoique
évalués, fuivant les renfeignemens
qu'on a pu fe procurer, à 2 millions,
ne feront néanmoins portés ici que
pour Mémoire, ci. . . . . . . *Mémoire.*

Total des effets immobiliers. . . . . . 7,743,939 l.
Total du 2ᵉ Chapitre , ci. . . . . .17,900,587 l.

CHAPITRE

CHAPITRE TROISIEME.

Fonds circulants dans le Commerce.

ARTICLE PREMIER.

Au 1er Avril 1769, il y avoit en caiffe, tant à Paris qu'à l'Orient, en argent, ou effets à recouvrer jufqu'au 31 Décembre 1769, fuivant l'Etat, ci. . . . . 10,716,574 l.

ARTICLE II.

Effets du Canada étant en nature, ci. . . 248,596

ARTICLE III.

Item à recevoir en Février 1770 pour les effets invendus reftants de la derniere vente, évalués au prix de la facture, fuivant l'Etat, ci. . . 256,000

ARTICLE IV.

Item en marchandifes d'Europe dont une partie étoit à l'Orient le 1er Avril 1769, & le furplus en route pour y parvenir, fuivant l'Etat, ci. 1,609,771

ARTICLE V.

Dans le compte rendu le 29 Mars 1769, on avoit fixé à 7,514,500 l. les fonds qui de-voient refter au Bengale après les expéditions de 1769 & 1770, toutes dettes payées, & fauf les dépenfes de 1770.

Suivant les comptes du comptoir de Chan-dernagor du 12 Mai 1768, les fonds, qui doi-

12,830,941 l.

De

De l'autre part , ... 12.830,941 l.
vent y refter après les deux expéditions attendues en 1769 & 1770, font de 8,876,000 liv.
fur lefquelles, déduifant pour le reftant des
dettes à liquider & payer 900,000 liv. & pour
les dépenfes de 1770 600,000 liv., en tout
1,500,000 l. Il y reftera net après l'expédition
attendue en 1770, le tout conformément à
l'Etat, ci. 7,376,000

A R T I C L E   V I.

Par le réfultat que l'on a donné, le 29 Mars
dernier, de la fituation du comptoir de Pondichery, après les deux expéditions attendues
en 1769 & 1770, on a dit qu'il n'y reftoit
alors que 247,140 l. qui ont été deftinées en
même-temps à l'acquitement des dettes.

On avoit oublié de porter dans ces Etats
425,140 l., qui étoient au Tréfor de Pondichery
à l'époque du 28 Février 1768, pour quoi le
préfent article fera porté conformément à
l'Etat, ci. 425,140

A R T I C L E   V I I.

Le produit à efpérer des ventes de 1769 &
1770, ci. 45,240,000

A R T I C L E   V I I I.

Dans les comptes rendus, les 14 & 29 Mars
dernier, on a évalué à 6 millions les retours
attendus des cinq expéditions faites aux Ifles
de France & de Bourbon depuis 1764; plus
cet article a été difcuté, plus ces efpérances
ont paru fondées.

On a reconnu, 1° Que les fonds en marchan-

65,872,081 l.
Ci-contre

Ci-contre, ... 65,872,081 l.
dises envoyées auxdites Isles depuis 1764, avoient
dû produire avec le bénéfice 12,500,000 liv.

2° Qu'outre ce produit, les Préposés de la
Compagnie avoient tiré sur la Caisse de Paris
3,744,423 l. en ce non-compris près de 4 millions de traites en contrats à 4 pour cent, dont
l'objet a été l'acquitement des billets de caisse.

En déduisant sur les deux premieres sommes
les dépenses ordinaires & extraordinaires faites
auxdites Isles depuis 1765, on persiste à évaluer ces retours à 6 millions.

Mais comme, depuis le dernier compte rendu,
les Préposés de la Compagnie ont, d'une part,
tiré sur la caisse de Paris 256,000 l. & de l'autre
ont envoyé des états de fournitures faites au
Roi montant à 976,351 liv. Ces deux sommes
étant employées dans le présent compte active-
ment & passivement, le présent article, toute
déduction & compensation faites, sera réduir,
conformément à l'Etat, à 5,179,649

Total du 3e Chapitre. . . . . . 71,151,730 l.

CHAPITRE QUATRIEME.

A cause des Dettes actives provenant du Commerce.

ARTICLE PREMIER.

Les sommes dues par divers aux Isles de
France & de Bourbon, à la Martinique & à
Saint-Domingue, réduites au tiers de leur valeur réelle, ou à peu près, sont suivant
l'Etat. SAVOIR:

Isle de France. . . . . . . 1,600,300 l. ⎫
Isle de Bourbon. 819,800   ⎬ 3,020,100 l.
St-Domingue & la Martinique. 600,000 ⎭

H   *De*

De l'autre part, ... 3,020,100 l.

ARTICLE II.

Les fommes liquidées à l'époque du 1ᵉʳ Mars 1769, & dues par le Roi font, fuivant l'Etat.

SAVOIR:

Par la Marine. . . . . . 669,036 l.⎫
Par la Finance. . . . . . 2,391,259 ⎭ 3,060,295

ARTICLE III.

Item dû par la Marine pour fournitures faites aux Ifles de France & de Bourbon, ainfi qu'il réfulte des comptes arrêtés par les Officiers de Sa Majefté, fuivant l'Etat.

SAVOIR:

Par un Etat du 27 Février 1768. 156,000 l.⎫
Par Etat du 31 Juillet 1768. . . 373,800 ⎪
Par Etat du 15 Juillet 1768. . .   97,200 ⎬ 976,351
Par Etat du 24 Janvier 1769. . 155,860 ⎪
Par autre Etat du 25 Janvier 1769. 193,491 ⎭

ARTICLE IV.

Item dû par la Finance, ainfi qu'il réfulte de l'Etat.

SAVOIR:

Droits de tonneaux de 1768. . 775,406 l.⎫
Droits de Noirs. . . . . . 120,000 ⎪
Indemnité des Caffés. . . .   50,000 ⎬ 960,406
Excédent des penfions. . . .   15,000 ⎭

8,017,152 l.

Ci-contre,

Ci-contre, ... 8,017,152 l.

ARTICLE V.

Item fera dû au 31 Décembre 1769.

SAVOIR:

Droits de tonneaux pour exportation & importation, évalués conformément à l'Etat.

  Pour l'année 1768. . . . . 775,406 l.⎫
  Indemnité des Caffés. . . . 50,000 ⎬ 840,406
  Excédent des Penfions. . . 15,000 ⎭

ARTICLE VI.

Item fera dû, en 1770, pour droits de tonneaux d'importation, évalués de même qu'en 1768.   479,206

ARTICLE VII.

Le Roi ayant repris, en 1767, poffeffion de
fait des Ifles de France & de Bourbon, les Adminiftrateurs pour le Roi auxdites Ifles fe font
mis en même-temps en poffeffion de prefque
tous les bâtimens, ainfi que d'une grande partie
des Noirs, effets d'artillerie & autres étant au
pouvoir & en la propriété de la Compagnie : les
Adminiftrateurs pour Sa Majefté n'ayant point
fait faire d'eftimation contradictoire defdits bâtimens & effets, les Prépofés de la Compagnie
ont envoyé les Procès verbaux, Devis & Etats
eftimatifs defdits bâtimens & effets.

Les Syndics, Directeurs & Députés ayant
examiné ces Etats, ont diftingué les bâtimens
publics & inhérens à la Souveraineté d'avec les
bâtimens particuliers & patrimoniaux à la Compagnie ; ils ont cru devoir former pour cet arti-

9,336,764 l.
De

De l'autre part, ... 9,336,764 l.
cle un objet de prétention envers le Roi en
faveur des Actionnaires.

Suivant l'Etat, les bâtimens particuliers & patrimoniaux, la moitié des mixtes, les Négres &
autres effets mobiliers le montent, par le réfultat du travail, à la fomme de 7,625,348 liv.
pour laquelle les Actionnaires feront fondés à
faire leur repréfentation au Miniftre du Roi, ci.   7,625,348

Total du IVe Chapitre. . . 16,962,112 l.

Obfervation

des Députés & Adminiftrateurs.

Il a été arrêté que l'article ci-deffus feroit
porté dans les Etats en ligne de compte pour fa
valeur, conformément à l'apréciation faite aux
Ifles de France & de Bourbon, en même-temps
qu'on mettroit à la marge que cet objet ne fera
pas réputé comme une valeur fixe & pofitive
dans les biens de la Compagnie, fuivant les
obfervations contenues dans les Mémoires explicatifs defdits Etats.

Récapitulation.

Chapitre Ier . . . . . . 30,879,064 l.
Chapitre II. 17,900,587
Chapitre III. 71,151,730
Chapitre IV. 16,962,112

Total de l'Actif. . . 136,893,493 l.

PASSIF.

PASSIF.

Les dettes de la Compagnie, autres que les hypothécaires qui ont été déduites sur le contrat de 180 millions, sont de deux espéces.

1º Les dettes anciennes, c'est-à-dire, celles créées avant l'époque du 1 Juillet 1764.

2º Les dettes créées depuis le mois de Juillet 1764, & payables à diverses Epoques.

PREMIERE ESPÉCE.

Dettes antérieures au 1ᵉʳ Juillet 1764.

ARTICLE PREMIER.

Pour acquiter d'autant les dettes liquidées dans l'Inde à l'époque du 28 Février 1768, il avoit été tiré sur la caisse de Paris 1,429,951 liv. payables en contrats à 4 pour cent. Les Porteurs de ces traites ne s'étant pas présentés jusqu'à présent, le présent article sera tiré ici conformément à l'État pour. . . . . 1,429,951 l.

On observe, à cet égard, que vraisemblablement les Porteurs des traites auront préféré d'être payés dans l'Inde en marchandises.

ARTICLE II.

Les dettes de l'Inde restant à liquider à la même époque du 28 Février 1768, montoient, suivant l'extrait de l'Etat de Pondichery à 9,272,508 liv.

De

De l'autre part, ... 1,429,951 l.

S A V O I R :

A liquider & à payer à Chandernagor , ci. . . . . 1,900,000 l.
A liquider & à payer à Pondi-
chery, Mazulipatan & Mahé, ci. . 4,972,508
A liquider & à payer en France, ci. 2,400,000

T O T A L. . . 9,272,508 l.

B E N G A L E.

Dans l'Etat de Situation du Bengale, depuis
le 31 Décembre 1767, on a destiné sur les fonds
qui y étoient, ou y parviendroient de ladite expédition, pareille somme de 1,900,000 liv.

S A V O I R :

En 1768. . . . . 500,000 l.
En 1769. 500,000
En 1770. 900,000

T O T A L. . . 1,900,000 l.

Conséquemment on doit regarder
ce qui étoit à liquider & à payer dans
le Bengale, comme devant être ac-
quité dans le courant de 1770, sauf
le plus ou moins résultant des liquidations, ci. . . . . *Mémoire.*

P O N D I C H E R Y.

Dans l'Etat de Situation de Pondichery, depuis le 1 Février 1768,
& pour y acquiter 4,972,508 l. qui
y étoient dues, on a destiné sur les

Ci-contre ,

Ci-contre, ... 1,429,951 l.

fonds qui y étoient alors, ou qui y parviendront.

S A V O I R :

En 1768. . . . . 750,000 l.
En 1769. 750,000
En 1770. 247,200

         T O T A L. . . 1,747,200 l.

En fuppofant ces opérations exécutées, il refteroit à payer dans l'Inde en marchandifes ou contrats, fauf le plus ou le moins par l'événement de la liquidation. . . . 3,225,308 l.

A quoi ajoutant les 2,400,000 l. à liquider & à payer en France, ci. 2,400,000

Refte net pour les dettes anciennes de l'Inde, ci. 5,625,308

A R T I C L E   I I I.

Les dettes à liquider à l'Ifle de France montoient à 4,083,600 liv. fur quoi ayant été liquidé & payé en contrats à 4 pour cent à l'époque du 30 Juin 1768, 2,622,225 l. refte à liquider & à payer en contrats, fuivant l'Etat, ci. . . 1,461,375

A R T I C L E   I V.

Les dettes à liquider à l'Ifle de Bourbon montoient, fuivant l'Etat, à 2,892,680 livres, fur quoi ayant été liquidé & payé, à l'époque du 30 Juin 1768, 1,015,579 liv. refte à payer, ci. 1,877,101

                 10,393,735 l.
                     De

De l'autre part, ... 10,393,735 l.

ARTICLE V.

Refte des fucceffions verfées avant le 1 Juillet 1764 payable en argent, fuivant l'Etat, ci.   631,943

ARTICLE VI.

Item dû à l'ancienne Compagnie en capital 433,000 l. payables en contrats à 4 pour cent, fauf l'événement de la conteftation fur les intérêts, ci.   433,000

ARTICLE VII.

Les *debets* anciens. 1,000,000

ARTICLE VIII.

Enfin les créances prétendues par les héritiers Dupleix & autres, ci. . . . . *Mémoire.*

Total des dettes anciennes. . . . . 12,458,678 l.

SECONDE ESPECE.

Dettes créées, depuis le 1ᵉ Juillet 1764, payables à diverfes époques.

1° Nouveaux *debets* évalués. . . . . . 1,500,000 l.
2° A payer du 1 Avril 1769 au 31 Décembre
de la même année, fuivant l'Etat, ci. 32,636,985
3° *Id.* en 1770, compris les lots de la Loterie, ci. 15,092,034
4° A payer en 1771, ci. 15,504,841
5° Enfin à payer, en 1772, le tout ainfi
qu'il réfulte de l'Etat, ci. 4,944,000

              TOTAL. . . . 69,677,860 l.

RÉCAPITULATION.

Dettes anciennes. . . . . 12,458,677 l.
Dettes nouvelles. 69,677,860

       Total des dettes. . . . 82,136,537 l.

RÉSULTAT
du nouvel État de fituation.

L'Actif monte à . . . . 136,893,493 l.
Et le Paffif monte à. 82,136,537

      Partant refte net. . . . . 54,756,956 l.

ARRÊTÉ par Nous Députés, Syndics & Directeurs de la Compagnie des Indes. A Paris, en l'Hôtel de la Compagnie des Indes, le deux Juin mil fept-cent foixante-neuf. *Signé*, LE DUC DE DURAS, DU VAUDIER, LA ROCHETTE, DE BRUNY, DU PAN, DE CLONARD, JAUME, MORACIN, L'HÉRITIER DE BRUTETTE, LOUIS JULIEN, DUVAL D'ESPRÉMENIL, DE MERY DARCY, LE MOINE, RISTEAU, DE RABEC, Sᵗᵉ-CATHERINE.

I   *OBSERVATIONS*

OBSERVATIONS

Sur l'État précedent.

Iᵒ L'ART. Iᵉʳ des rentes viageres n'a été porté à 1,146,368 l. que parce qu'on en a déduit le dixieme.
Elles montent réellement en totalité à . . . 1,273,742 l.

Les Administrateurs ont fait cette déduction, parce que la Compagnie a été autorisée jusqu'ici à retenir le dixieme à son profit ; mais elle n'en doit pas moins la totalité de la rente ; puisqu'elle pourroit être obligée dans la suite à la payer, soit par la cessation de l'impôt du dixieme, soit dans le cas où le Roi lui retireroit cette grace qu'on ne peut regarder comme perpétuelle ; ainsi on pourroit forcer cet Art. de 127,374 l. de rentes ; mais on le laissera subsister tel qu'il est, la Compagnie ne payant actuellement que la somme portée en cet Article.

IIᵒ On croit devoir ajouter à la suite des rentes viageres 61,000 l. pour pensions & demi-soldes constituées par la Compagnie ; quoique cette somme ne soit portée que pour mémoire dans l'État de situation. En effet, c'est une charge dont les biens des Actionnaires sont grévés, & qui doit toujours avoir lieu, soit qu'ils continuent ou suspendent leur commerce ; elle ne peut même qu'augmenter dans l'un ou l'autre cas, ci 610,000 l.

IIIᵒ CHAP. 2. ART. III. Pour effets dans les magasins de l'Orient, évalués suivant le recensement à . . 3,212,776 l.
Il faut remarquer que la valeur de ces effets, établie dans l'état des Députés, y est formée sur le prix qu'ils ont coûté à la Compagnie, & qu'on doit s'attendre à une diminution considérable sur celui auquel ils seroient vendus ; or, ce qu'ils valent aujourd'hui n'est pas ce qu'ils ont coûté, mais ce qu'ils seroient vendus.
On doit aussi remarquer que la fixation du prix des marchandises,

difes, portée par cet état de recenfement, paroît être augmentée des frais de tranfport, de garde & autres frais du port. On
croit pouvoir évaluer ce fur-taux au moins à quinze pour cent,
dont il faut par conféquent diminuer le capital. Cette diminution fera de . . . .   481,913 liv.

IVº L'Article IV porte le nombre des Noirs appartenans à
la Compagnie aux Ifles de France & de Bourbon, à 1,349 qui
font eftimés l'un dans l'autre mille livres, ci .   1,349,000 liv.
     Cet Art. paroît prodigieufement enflé tant pour le nombre
que pour l'évaluation.

Par un état de l'Ifle de France du 29 Juillet 1768, on
voit qu'il n'y reftoit que 498 Noirs, dont 282, tant mâles
que femelles, bons & en état de fervir, & 216 invalides,
marons ou enfans.

A l'Ifle de Bourbon, il paroît effectivement par une Lettre
du 9 Mars 1768, qu'il pouvoit en refter 331 ; mais la même
Lettre ajoute que ces Noirs ne font « *que des vieillards, des*
» *infirmes, des impotens . . . ; qu'à l'exception d'un petit nombre,*
» *ils ne peuvent rendre que de foibles fervices ; & qu'ils ne feront*
» *vendus que difficilement & à très-bas prix* ».

On croit donc pouvoir les évaluer à 500 livres pièce, l'un
dans l'autre, en y comprenant les enfans, les vieillards &
autres hors de fervice, & on y eft d'autant plus autorifé, que
l'on voit que dans le mois de Novembre dernier, il en a été
vendu 42 en vente publique qui n'ont produit que 233
livres pièce.

Cet Article n'ayant dû être porté que pour   414,500 liv.

Le capital doit être diminué de l'excédent
montant à . . . .   934,500 liv.

Ce fonds, ainfi que le précédent, doit être regardé comme
un fonds mort toujours fubfiftant pour l'exercice du commerce;
on obfervera même qu'il doit être confidérablement augmenté,

menté, les Adminiftrateurs pour la Compagnie dans ces Ifles ayant marqué qu'il étoit néceffaire qu'ils fe procuraffent au moins deux cents foixante Noirs de plus, ce qui formera une nouvelle dépenfe pour la Compagnie, tant pour leur achat que pour leur entretien & remplacement.

Vᵒ ART. VI. Pour Artillerie dans les comptoirs de l'Inde & bâtimens de mer fervant à la navigation du Gange, le tout évalué . . . . 596,120 liv.
Suivant les états cités au foutien de cet Article, les effets envoyés de l'Ifle de France à Pondichery, étoient prefque tous deftinés pour le premier établiffement, & ont dû y être confommés.

L'Artillerie, fuivant les évaluations, ne montoit qu'à environ . . . . . 40,000 liv.⎫
A quoi joignant les Bots du ⎬ 136,000 liv.
Gange eftimés . . . . . . 96,000 ⎭

Il faut donc diminuer fur le capital . . . 460,120 liv.

VIᵒ ART. Iᵉʳ. De l'Immobilier.
L'Hôtel de la Compagnie eft porté à un million. On fe contentera d'obferver que dans les états préfentés aux Affemblées, du mois de Mars 1769, cet objet n'a été évalué que 800,000 livres, & que c'eft pour la premiere fois qu'il eft porté pour un million dans l'actif de la Compagnie. On ne peut imaginer aucune caufe de cette augmentation de prix en trois mois de temps, à moins que ce ne foit le befoin que la Compagnie a de montrer un gros capital.

VIIᵒ Pour l'intelligence de cet Article, on croit devoir mettre fous les yeux le Recenfement même de l'Orient fur lequel il eft fondé.

Recenfement du premier Avril 1769, des Édifices appartenans à la Compagnie des Indes, au Port de l'Orient.

Les quais & les calles de conftructions du port, le maffif &

la plate-forme de la machine à mâter les vaiffeaux, l'étuve à chauffer les bordages, l'hôtel des vèntes, tous les magafins neufs deftinés pour les ventes & pour le fervice du port, le terrein & la maifon louée à Meffieurs les Fermiers Généraux, le terrein & les calles de conftruction, & les établiffemens faits à Caudan, les batteries conftruites, tant audit lieu de Caudan, qu'au Kernevel, à Saint-Michel & dans l'intérieur du port, l'achat du terrein de l'hôpital, celui des fontaines & les dépenfes qui ont été faites pour conduire à l'Orient les eaux douces néceffaires pour le fervice du port, la maifon fervant de logement aux paffagers de Saint-Chriftophe, celle fervant de logement aux paffagers de Kergrois, l'achat du droit de paffage de Saint-Chriftophe, le corps de garde de la petite porte de l'enclos, la boulangerie, le magafin au gaudron, l'apoticairerie, la boucherie, la fonderie, le parage de tout le port, & généralement tous les édifices neufs appartenans à la Compagnie des Indes au port de l'Orient, montoient, le premier Avril 1769, à la fomme de . . . 6,396,125 l. 10 f. 6. d.

Les dépenfes en argent, relatives auxdits édifices, faites par M. Guillois, Ingénieur en chef, chargé de la régie defdits édifices, montent depuis le premier Avril 1768 jufqu'au 31 mars 1769, à la fomme de . . . . 89,437 l. 19 f. 7 d.

Les dépenfes en effets fournis des magafins & atteliers du port pour les édifices, depuis ledit jour premier Avril 1768 au 31 Mars 1769, qu'on ne porte ici que fommairement, attendu que le bureau du Contrôle renvoye chaque mois à la Compagnie un état contenant le détail defdites dépenfes . . . . 2,975 l. 12 f. 5 d.

Les anciens édifices confiftans dans l'Hôtel de la direction, le magazin

6,488,539 l. 2 f. 6 d.

De

De l'autre part , ...   6,488,539 l.   2 f. 6 d.
général , ceux des marchandifes & des
vivres, les maifons fervant de logement à quelques Employés, les forges,
la corderie, le hangard de la mâture
& autres édifices eftimés par M. Guil-
lois à la fomme de   . . . . . .   213,000 l.   - -

Total général de toutes les parties
relatives aux édifices civils . . . .   6,701,539 l.   2 f. 6 d.

On voit par ce Recenfement,

1° Que l'on comprend dans cette évaluation un très-grand
nombre de conftructions, comme quais, calles, maffif & plate-
forme, batteries, fontaines, corps-de-garde, &c. qui font des
dépendances néceffaires de la propriété rentrée dans la main
du Roi, en conféquence de l'Édit du mois d'Août 1764, &
dont la jouiffance feule eft reftée à la Compagnie depuis cette
époque.

2° Cette piéce même montre la maniere étrange dont
on a procédé pour évaluer les effets de cette efpece dans les
bilans de la Compagnie. La premiere valeur de ces bâtimens
eft fixée à . . . .   6,396,125 liv.

On y ajoute les dépenfes en réparations ou
entretiens faits dans l'année 1769 montant à   92,413 liv.

Et on forme de ces deux fommes la valeur
totale de . . . .   6,488,538 liv.

C'eft-à-dire, qu'on compte en accroiffement de valeur fur
ces bâtimens, tout ce qu'on a dépenfé à les entretenir & les
réparer ; de forte que les bâtimens les plus anciens & les plus
caducs auroient par cela même une valeur plus grande. On a
toujours opéré de même dans toutes les évaluations de bâtimens fur les livres de la Compagnie. Il n'eft pas befoin de
nous arrêter à prouver combien une pareille eftimation eft
fautive.

D'après ces deux obfervations, nous croyons devoir diminuer fur cet Article la fomme de . . . .   3,351,539 liv.

VIII°

VIII° CHAP. 3 ART. V & VI. Fonds
reftans dans le Bengale . . . . 7,376,000 liv.
Idem reftans à Pondichery . . . . . 425,140 liv.

Les bafes fur lefquelles on a calculé ces deux Articles, font
fi incertaines, toutes les dettes de l'Inde n'étant pas même
connues dans l'Inde, que l'on ne peut regarder ces réfultats
comme bien conftans. L'augmentation des dépenfes & de
nouvelles liquidations de dettes peuvent avoir confidérablement diminué cet objet.

IX° ART. VII. Montant des ventes de
1769 & 1770, ci . . . . 45,240,000 liv.

C'eft la prémiere fois, dans les bilans de la Compagnie,
que, pour connoître fa fituation, on porte à fon actif les bénéfices futurs refultans de fes ventes. Les anciens bilans ainfi que
tous les mémoires qui ont été faits en différens tems, n'ont
compris dans l'actif de la Compagnie les fonds & marchandifes
étant dans l'Inde ou en chemin, que pour la valeur qu'ils
avoient en partant de France. Il eft aifé de fentir combien des
calculs d'efpérances & de pures fpéculations, peuvent enfler
l'actif d'un bilan, & mettre d'incertitude dans des états de
fituation ; ainfi cet Article ne devroit être porté que pour
25,200,000 livres de fonds réel, fauf à porter les 70 pour cent
de bénéfice, comme une efpérance & non comme un fonds
acquis.

Mais au moins ces bénéfices doivent-ils être calculés d'après
la vraifemblance ; & il nous paroît que les Députés n'ont pas
fuivi cette régle dans leur eftimation. Tout ce qu'on peut faire
de plus favorable à la Compagnie, eft de fonder les calculs de
fes bénéfices futurs fur ceux de la vente derniere.

Les Marchandifes de Chine ont donné à la vente derniere
un bénéfice de 68 pour cent. En les portant à 70, trois millions d'achât donneront en retour une vente
de . . . . 5,100,000 liv.

De

De l'autre part, . . . · . . . . 5,100,000 liv. ·

Les retours de l'Inde ont donné de bénéfice 58 pour cent.

En les portant à 60 , 9,600,000 livres donneront à la vente˜ . . . . 15,360,000 liv.

1600 milliers de caffé de Bourbon à 15 f. la livre . . . . 1,200,000 liv.

Total du produit d'une vente · . . · . 21,660,000 liv.

Et pour les deux ventes . . , . . . 43,320,000 liv.

Partant à déduire de cet Article . . , . 1,920,000 liv.

X° ART. VIII. Retours des Ifles de France & de Bourbon, évalués à . . . . 5,279.649 liv.

Cette évaluation n'a pû être fondée que fur des vraifemblances, la Compagnie n'ayant reçu aucun compte de ces Colonies, depuis 1763. On n'a aucun renfeignement fur la vente des marchandifes, pas même de celles envoyées en 1764. Ce que l'on peut affirmer, d'après la connoiffance de la fituation des Habitans de ces Ifles, & de la nature de leurs facultés, eft, qu'il n'eft pas poffible que cette fomme foit payée en moins de cinq années, à raifon de douze cent mille livres par année

XI° CHAP. 4. ART. Ier. Pour anciennes dettes aux Ifles de France & de Bourbon & en Amérique, réduites à . . . . 3,020,100 liv.

Il eft néceffaire d'obferver que la rentrée de cette fomme, même malgré la réduction confidérable qui a été faite fur ces dettes, eft encore très-incertaine, & au moins fera très-longue On peut eftimer qu'elle pourra être payée en dix ans, à raifon de trois cent mille livres par an. Il fuit de là, qu'on ne peut pas comprendre toute cette fomme dans le capital actuel de la Compagnie.

XII° ART. III. Dettes de la Marine . . 976,351 liv.

Il y aura une compenfation d'environ 150,000 livres à faire
fur

fur cet Article, pour journées d'hôpital & fonds fournis par le
Roi . . . .   150,000 liv.

XIII° ART. VII. Effets des Ifles de France & de Bourbon
cédés au Roi, évalués . . . .   7,625,348 liv.
L'obfervation de Meffieurs les Députés & Adminiftrateurs,
portée en marge de leur état, annonce qu'ils ont prévu combien cet Article étoit fufceptible de diminution, même en
adoptant la diftinction qu'ils ont faite des différentes natures
de bâtimens. L'évaluation de ces bâtimens a été faite, non
d'après leur valeur actuelle, mais fuivant le prix auquel ils
font portés fur les livres de la Compagnie, c'eft-à-dire, y
compris les frais de leur premiere conftruction, & des repara-
tions & entretiens, depuis qu'ils exiftent. On croit, d'après des
états qui ont paffé fous nos yeux, que la Compagnie feroit traitée
très-favorablement, fi le Roi vouloit bien fixer la valeur de
tous ces effets à fix millions; d'où il réfultera une diminution
fur cet Article de . . . .   1,625,348 liv.

OBSERVATIONS SUR LE PASSIF.

XIV° ART. Ier. Dettes antérieures au premier Juillet
1764 . . . .   1,429,951 liv.
Cet Article a été réduit à cette fomme, parce que l'on fuppofe que les marchandifes qui pouvoient refter en nature à
Chandernagor, à l'époque du 31 Décembre 1767, ont pu être
employées à éteindre une autre partie de dettes montant
à . . . .   1,068,012 liv.
Cette forte de compenfation eft très-incertaine, les marchandifes pouvant avoir été employées à d'autres objets, ou
n'avoir pas produit une fomme auffi confidérable.

XV° On doit obferver fur les Articles II, III & IV,
que toutes ces fommes n'ont pu être fixées que par des appro-
ximations d'après lefquelles il peut fe trouver de très-grandes
K   réductions

réductions à faire fur le capital. Toutes ces dettes ne font encore ni connues ni liquidées, il n'eft pas poffible d'en donner aucune eftimation. Mais on peut dire que la liquidation ne peut gueres qu'accroître le paffif.

XVI° ART. VIII. On n'a porté que pour mémoire les différentes créances prétendues contre la Compagnie ; mais comme cet objet ne peut qu'être très-confidérable, & opérer une forte diminution fur le capital des Actionnaires, on croit devoir lui donner une évaluation modérée.

Les principales demandes actuellement connues & formées contre la Compagnie, relatives à cet Article, montent à plus de feize millions, fans y comprendre un très-grand nombre de prétentions particulieres ; nous croyons pouvoir fuppofer que par la liquidation finale de tous ces différens objets, ils feront réduits à environ 6,000,000 liv. qui doivent être encore déduits du capital, ci . . . . 6,000,000 liv.

RÉSULTAT

de l'état de *fituation* de la Compagnie des *Indes* au 1ᶜᵗ *Avril* 1769,
d'après les *Obfervations* précédentes.

A C T I F.

Les effets, qui forment l'Actif de la Compagnie, font de
trois fortes, 1° Des contrats. 2° De l'argent. 3° Des fonds
morts dont la valeur rentrera aux Actionnaires en contrats
ou en argent, en cas de difcontinuation du commerce.

ACTIF DE LA COMPAGNIE

en contrats, *actuels*, ou à recevoir.

REVENUS. CAPITAUX.

CHAP. Iᵉʳ Contrat fur le Roi. .9,000,000 l. 180,000,000 l.
Rentes perpétuelles à déduire fuivant
l'Etat des Députés . 5,677,350 l.⎫8,752,249
Rentes viageres. . . 3,074,899 ⎭

Capitaux des rentes perpétuelles,
fuivant ledit Etat. 118,371,946 l.⎫
Id. des rentes via- ⎬ 149,120,936
geres au denier 10. 30,748,990 ⎭

Refte fuivant l'Etat. 247,751 30,879,064
A déduire encore fuivant l'obfer-
vation N° II. 61,000 610,000

Refte en rentes libres. . 186,751 30,269,064

K 2   *Ci-contre,*

	REVENUS.	CAPITAUX.
Ci contre, ...	186,751 l.	30,269,064 l.

CHAP. III. Art. II. Effets du Canada rapportant dixiéme déduit, 4 pour cent.   9,944   248,596

CHAP. IV. Art. II. Pour les sommes dues par le Roi. 3,060,29 5 l.
Art. III. *Idem* réduit au moyen de la compenfation de 1 5 0,000 l. fuivant l'obfervation N.° XII. 8 26,3 5 1
Art. IV. *Idem.* . .   960,406
Art. V. *Idem.* . . .   840,406
Art. VII. Pour effets de l'Ifle de France cédés au Roi, & réduits fuivant l'obfervation N.° XIII, à . .   6,000,000

Total des articles énoncés au Chapitre IVe. . . . . . . : . . 11,687,458
Intérêts à 4 pour cent. 467,498

                   664,193 l.   42,205,118 l.

ACTIF DE LA COMPAGNIE
à recevoir en argent.

CHAP. III. Art. Ier En caiffe au 1er Avril. 10,716,574 l.
Art. III. Effets invendus à recevoir en Fév. 1770.   2 56,000
Art. IV. Marchandifes d'Europe à l'Orient.   1,609,771
Art. V. Fonds reftés dans le Bengale, fauf l'obfervation N° VIII. 7,376,000
Art. VI. Fonds à Pondichery, même obfervation.   42 5,140

                   20,383,485 l.
                         De

De l'autre part , ... 20,383,485 l.
ART. VII. Produit des ventes de 1769 & 1770
réduit d'après l'obfervation N° IX. 43,320,000
ART. VIII. Retours des marchandifes des Ifles
de France & de Bourbon , fauf l'obfervation
N° X, concernant la rentrée de ces fonds. . 5,279,649

CHAP. IV. ART. Ier Anciennes dettes des
Ifles de France, de Bourbon & de l'Amérique,
fauf l'obfervation N° XI. 3,020,100
ART. VI. Droits de tonneaux d'importation
payables en 1770. 479,206
                                          _____
                                         72,482,440 l.

ACTIF DE LA COMPAGNIE
en fonds morts.

CHAP. II. *Mobilier.* ART. Ier Vaiffeaux &
Frégates. . . . . 4,010,854 l.
ART. II. Pontons, Gabarres, &c. à l'Orient. 703,198
ART. III. Effets étant dans les magafins & arfe-
naux de l'Orient réduits à leur valeur, fuivant
l'obfervation N° III. 2,730,860
ART. IV. Valeur des Noirs appartenans à la
Compagnie, réduite fuivant l'obfervation N° IV. 414,500
ART. V. Effets & uftenfiles d'artillerie à l'Ifle
de France. 284,701
ART. VI. Effets étant dans l'Inde réduits fui-
vant l'obfervation N° V. 136,000
Immobilier. ART. Ier Hôtel de Paris, voyez
l'obfervation N° VI. 1,000,000
ART. II. Bâtimens de l'Orient réduits à la valeur qu'ils auroient, fi le Roi prenoit poffeffion
de ce Port, fuivant l'obfervation N° VII. . 3,350,000
ART. III. Maifon nouvellement acquife à l'Ifle
de France. 42,400
                                          _____
                                         12,672,513 l.

RÉCAPITULATION.

RÉCAPITULATION.

Capital de la Compagnie en contrats. . . 42,205,118 l.
Produifant de revenu. 664,193 liv.

Sommes à recevoir en argent. 72,482,440
Fonds morts. 12,672,513

Total de l'Actif de la Compagnie. .127,360,071 l.

PASSIF DE LA COMPAGNIE.
Dettes à acquiter en Contrats.

	RENTES.	CAPITAUX.
ART. Iᵉʳ Dettes liquidées dans l'Inde au 28 Février 1768.	57,198 l.	1,429,951 l.
ART. II. Dettes non liquidées & reftantes à acquiter dans l'Inde. . .	225,012	5,625,308
NOTA. Peut-être une partie de ces dettes fera-t-elle acquitée dans l'Inde en argent ou en marchandifes; en ce cas, il faudra renvoyer des fonds plus confidérables pour avoir toujours les mêmes retours, & ces fonds feront plus onéreux que des contrats à 4 pour cent.		
ART. III. Dettes reftantes à acquiter à l'Ifle de France.	58,455	1,461,375
ART. IV. *Idem* à l'Ifle de Bourbon.	75,084	1,877,100
ART. V. Succeffions antérieures à 1764.	25,278	631,943
ART. VI. Dû à l'ancienne Compagnie.	17,320	433,000
ART. VII. Anciens *debets.*	40,000	1,000,000
ART. VIII. Créances prétendues fur la Compagnie évaluées fuivant l'obfervation N° XVI.	240,000	6,000,000

Total des dettes à acquiter en contrats. 738,347 l. 18,458,677 l.

A payer en argent.

Dettes créées depuis le 1 Juillet 1764. . . . 69,677,860

Total du Paffif de la Compagnie. . . . . 88,136,537 l.

BALANCE

BALANCE DE L'ACTIF ET DU PASSIF
de la Compagnie des Indes.

CONTRATS.

	RENTES.	CAPITAUX.
L'Actif monte à	664,193 l.	42,205,118 l.
Le Paffif à	738,347	18,458,677
Manque fur le Revenu. . .	74,154	
Refte fur le Capital. . . .		23,746,441

FONDS EN ARGENT.

	CAPITAUX.	
L'Actif monte à	72,482,440 l.	
Le Paffif à	69,677,860	
Refte. . . .	2,804,580	2,804,580

Mais on doit obferver que toutes les fommes à payer font à échéances fixes & certaines, & que, dans les fommes à recevoir, dont le montant n'eft pas à beaucoup près auffi affuré, il y a 3 millions des anciennes dettes de l'Amérique, & des Ifles de France & de Bourbon, qui ne rentreront qu'en dix ans.
5 millions du produit des marchandifes envoyées, depuis 1764, aux Ifles de France & de Bourbon, qui rentreront au plutôt en cinq ans.
8 millions. Ainfi, bien loin d'avoir un fond actuel & difponible de 2,804,580 liv. il fe trouvera dans l'intervalle d'ici à 1772 un vuide réel de 4 à 5 millions.

FONDS MORTS.

L'Actif monte à	12,672,513 l.	12,672,513
Total du capital libre de la Compagnie. . . .		39,223,534 l.

Comparaifon

Comparaison du Capital libre & réel de 1769 à celui de 1756 & de 1725.

Pour faire la Comparaison de la situation de la Compagnie au premier Avril 1769 avec celle des époques précédentes, il faut rétablir l'ordre qui a été suivi dans les anciens Bilans.

Montant de l'actif de la Compagnie, au premier Avril 1769 d'après les observations, sans faire de déduction des capitaux des rentes perpétuelles & viageres que l'on portera au passif, conformément aux anciens bilans. . . . . 277,091,009 liv.

Les Députés ont aussi compté dans ce capital, les bénéfices espérés par les ventes de 1769 & 1770 ; ces bénéfices n'ont jamais été compris dans les précédens bilans, ainsi il faut les souftraire pour faire une comparaison exacte ; ils montent pour les deux ventes à . 18,840,000 liv.

Total de l'actif . . . . 258,251,009 liv.

A déduire,
1º Les dettes conftituées en
contrats de rentes perpétuelles
non compris le capital des Actions　59,297,146 l.
　　　2º Les dettes à acquiter　.　88,136,537
　　　3º Le capital au denier dix
des rentes viageres subsistantes　31,358,990
　　　4º Les fonds morts　.　.　.　12,672,513

191,465,186 liv.

Refte fonds libre . . . . 66,785,823 liv.

De

De l'autre part, Capital libre. . . . 66,785,823 l.

Preuves des Calculs ci-dessus.

Fixation du montant du Capital.

	Suivant l'Etat des Députés.	Déductions d'après nos Observations.	Capital réel.
Chap. 1er de l'Actif. .	180,000,000l.	. . . .	180,000,000l.
Chap. 2.	17,900,587	5,228,072 l.	12,672,515
Chap. 3.	71,151,730	1,920,000	69,231,730
Chap. 4.	16,962,112	1,775,348	15,186,764
	286,014,429l.	8,923,420l.	277,091,009l.

A déduire.
Bénéfices des ventes. . . . . 18,840,000l. ⎱
Dettes. . . . . .191,465,186 ⎰ 210,305,186

66,785,823 l.

A rétablir pour comparer au résultat de la balance de l'Actif & du Passif.

1° Bénéfice des ventes. . . . . . 18,840,000l. ⎱
2° Fonds morts. . . . . . . 12,672,513 ⎰ 31,512,513

98,298,336l.
Principal des Actions à souftraire. 59,074,800

Somme égale au résultat de la balance. . . . . 39,223,536l.

On peut encore arriver au même résultat par une autre route.

Capital libre, suivant l'État des Députés. . . . . 54,756,956l.
A souftraire les déductions faites par les
   obfervations. . . . . 8,923,420l. ⎱
Pour 61,000 liv. de rentes viageres. . 610,000 ⎰ 15,533,420
Pour augmentation du Passif. . . . 6,000,000

Somme égale. . . . . 39,223,536l.

L

Comparaison

Comparaifon des Capitaux libres de 1725, de 1756 & de 1769.

Capital libre en 1725 . . . . . . 137,201,547 liv.
En 1756 138,215,725
En 1769 66,785,823

La Compagnie a donc perdu réellement de fes fonds anciens

De 1725 à 1769 . . . . 70,415,724 liv.
De 1756 à 1769 71,429,902

Il faut ajouter à cette fomme, l'appel fourni par les Actionnaires en 1764, ci. . . 13,772,800 liv.

La Compagnie a donc réellement perdu de fes fonds de 1756 à 1769, la fomme de 85,202,702 liv.

Nous pourrions obferver encore, que dans cet intervalle le Roi a remis à la Compagnie,

1° 11835 Actions qui, évaluées feulement à 1200 livres, forment un capital de . . 14,020,000 liv.

2° 11835 billets d'emprunt de 500 liv. formant un capital de 5,917,500

3° Sommes verfées du Tréfor royal dans la caiffe de la Compagnie pendant la guerre 65,000,000

Cette obfervation & les conféquences qu'on en peut tirer, trouveront leur place ailleurs.

Revenu en 1769.

Rente fur le Roi . . 9,000,000 liv. ⎫
⎬ 9,009,944 liv.
Effets du Canada . . 9,944 ⎭

A déduire,

1° Montant des rentes conftituées . . . . . 2,723,610 liv. ⎫
⎬ 5,859,509 liv.
2° Rentes viageres . . 3,135,899 ⎭

Refte revenu libre . . . . 3,150,435 liv.

Revenu

Revenu de chacune des trente-fix mille neuf cents vingt &
une Action . . . . 85 l. 4 f.

On doit obferver que les Actionnaires ayant fourni en
1764 un appel de 400 livres, repréfentant 20 liv. de rentes,
le revenu libre de chaque Action, fur l'ancien fonds de la Compagnie, n'auroit été que de . . . . 65 l. 4 f.

Comparaifon
des dividendes calculés fur le revenu libre.

En 1725 . . . . 148 liv.
En 1736 136
En 1743 135
En 1756 85
En 1769 65

TEL eft le Tableau vrai de la dégradation fucceffive d'un
capital immenfe entre les mains d'une Compagnie de commerce ; dégradation prouvée par des états inconteftables.

Nous ne croyons pas devoir rien ajouter à ces preuves ; elles
n'ont befoin que d'être expofées ; & il eft impoffible de fe
refufer aux conféquences qui en réfultent contre la Compagnie.

Je fais bien que quelques défenfeurs, obftinés du Privilége exclufif, diront, que la dégradation de fon capital
& de fon revenu, depuis plus de quarante ans, a eu des
caufes qui n'auront plus lieu dans la fuite ; ils citeront les
diverfes dépenfes que la Compagnie a été obligée de faire,
les pertes qu'elle a effuyées, les guerres qu'elle a foutenues, &c.
& prouveront par beaucoup de raifons que ces circonftances
ne fe trouveront plus.

Nous pourrions faire voir que toutes les caufes des
pertes paffées, vices d'adminiftration, frais d'établiffemens,
dépenfes exceffives, guerres en Europe ou dans l'Inde, &c.
font, ou inhérentes à la conftitution de toute Compagnie à
Privilége exclufif, ou des fuites néceffaires de la fituation
politique de l'Europe ; qu'elles exifteront toujours, & qu'elles produiront, en plus ou moins de temps, la deftruc-

L 2

tion

tion de tout établiſſement ſemblable. Mais s'il falloit répondre
en détail à tous les raiſonnemens de cette eſpece, que peut faire
un eſprit prevenu, on ſe jetteroit dans des diſcuſſions inter-
minables.

Il y a un point dans la route de la vérité, où il faut s'arrêter tout court, ſi l'on ne veut pas s'égarer dans un labyrinthe
de ſubtilités inutiles & dangereuſes. Un grand fait, comme
celui dont nous venons de donner la preuve, ſuffit à un eſprit
juſte, & n'eſt pas ſuſceptible de contradiction.

§. I I.

*Les Actionnaires ne peuvent fonder ſur les bénéfices futurs
aucune eſpérance raiſonnable de continuer leur commerce
avec plus de ſuccès.*

Une ſeconde preuve, qu'il n'eſt pas de l'intérêt des Actionnaires de continuer l'exploitation de leur Privilége excluſif,
eſt la diminution qu'ils doivent attendre dans leurs bénéfices
futurs.

Il y a deux ſortes de bénéfices. Celui de l'achat à la vente, antérieur à l'évaluation des frais ; & le bénéfice net,
c'eſt-à-dire, ce qui reſte du bénéfice de l'achat à la vente,
après qu'on en a défalqué tous les frais. Or, pour prouver la diminution future de ces deux genres de bénéfices,
1º nous mettrons ſous les yeux des Lecteurs, la diminution
actuelle & graduelle des bénéfices de l'achat à la vente du
commerce de la Compagnie, depuis 1764 juſqu'à préſent ; &
nous ferons voir que les cauſes, qui l'ont produite, ſubſiſtent
dans toute leur force, & continueront de produire dans la
ſuite les mêmes effets.

2º Nous donnerons les états dreſſés par les Députés & les
Adminiſtrateurs de la Compagnie, dans leſquels ils établiſſent
les bénéfices que les Actionnaires peuvent eſpérer de leur
commerce en le continuant ; les bénéfices, dis-je, nets & calculés, déduction faite des frais ; & nous y joindrons des obſervations qui feront voir, combien ces eſpérances ſont peu
fondées.

3º Nous

3° Nous ajouterons des réflexions générales sur la situation actuelle de la Compagnie dans l'Inde, & sur l'état politique de l'Europe, qui achèveront de démontrer que les Actionnaires ne peuvent se flatter d'obtenir désormais de plus grands bénéfices, & de continuer leur commerce avec plus de succès.

Diminution des bénéfices de l'achat à la vente.

Comme l'objet du bénéfice de l'achat à la vente des marchandises, n'a jamais été bien connu des Actionnaires, & que les Administrateurs eux-mêmes ont été d'avis très-différens sur cette fixation, nous avons cru nécessaire d'en donner un état détaillé, dans lequel nous avons compris le montant des ventes en France, & le prix d'achat dans l'Inde, d'après les factures, le tout tiré des livres de la Compagnie. Nous avons séparé les bénéfices du commerce de l'Inde & ceux du commerce de Chine. Nous comprenons, sous le nom de commerce de l'Inde, celui de Pondichery & de la Côte, celui de Bengale, celui des poivres de la côte Malabar, & celui des caffés de Moka. Cette distinction nous a paru nécessaire, parce que l'on peut vouloir considérer séparément ces deux commerces, qui en effet n'ont presque rien de commun.

État des bénéfices de l'achat à la vente du commerce de l'Inde, depuis 1725 jusqu'en 1756.

De 1725 à 1736.

Montant des ventes en France 99,981,948 l.
Prix d'achat dans l'Inde . . . 50,980,429

Bénéfice de l'achat à la vente 49,001,519 l.   96 $\frac{1}{8}$ p. $\frac{0}{0}$.

De

De 1736 à 1743.

Montant des ventes en France 88,538,635 l.
Prix d'achat dans l'Inde . . . 45,714,320

Bénéfice de l'achat à la vente 42,824,315 l.　93 $\frac{2}{3}$ p. $\frac{c}{o}$.

De 1743 à 1756.

Montant des ventes en France 120,855,156 l.
Prix d'achat dans l'Inde . . . 62,585,825

Bénéfice de l'achat à la vente 58,269,331 l.　93 $\frac{1}{10}$ p. $\frac{c}{o}$.

L'époque de 1756 à 1764, étant celle de la derniere guerre, il y a eu peu de retours de l'Inde, & il n'a pas été possible d'en calculer les bénéfices.

Il faut dire la même chose des années 1764 & 1765.

Bénéfices de l'achat à la vente du commerce de l'Inde, depuis 1766.

1 7 6 6.

Montant de la vente des retours de l'Inde . . . . . 5,787,181 l.
Prix d'achat 3,070,645

Bénéfice de l'achat à la vente 2,716,536 l.　88 $\frac{1}{2}$ p. $\frac{c}{o}$.

1 7 6 7.

Montant de la vente des re-
tours de l'Inde . . . . . 10,467,779 l.
Prix d'achat 6,571,385

Bénéfice de l'achat à la vente 3,896,394 l.　59 $\frac{1}{3}$ p. $\frac{c}{o}$.

1768.

1 7 6 8.

Montant de la vente des re-
tours de l'Inde . . . . . 15,880,975 l.
Prix d'achat 10,045,915

Bénéfice de l'achat à la vente 5,835,060 l. 58 1/14 p. ç.

*État des Bénéfices de l'achat à la vente du commerce de Chine,
depuis 1725 jusqu'en 1756.*

De 1725 à 1736.

Montant des ventes en France 18,961,448 l.
Prix d'achat 9,272,899

Bénéfice de l'achat à la vente 9,688,549 l. 104 1/2 p. ç.

De 1736 à 1743.

Montant des ventes en France 23,602,112 l.
Prix d'achat 9,779,705

Bénéfice de l'achat à la vente 13,822,407 l. 141 1/4 p. ç.

De 1743 à 1756.

Montant des ventes en France 41,695,947 l.
Prix d'achat 19,252,520

Bénéfice de l'achat à la vente 22,443,427 l. 116 1/3 p. ç.

1 7 6 4.

Montant des ventes en Fran-
ce . . . . 5,173,666 l.
Prix d'achat 2,796,480

Bénéfice de l'achat à la vente 2,377.186 l. 85 p. ç.

1 7 6 5.

Montant des ventes en France . . . . 4,429,615 l.
Prix d'achat 2,427,366

Bénéfice de l'achat à la vente   2,002,249 l.   82 ½ p. ⁰⁄₀.

1 7 6 6.

Montant des ventes en France . . . . 7,130,910 l.
Prix d'achat 4,157,696

Bénéfice de l'achat à la vente   2,973,214 l.   71 ½ p. ⁰⁄₀.

1 7 6 7.

Montant des ventes en France . . . . 5,055,716 l.
Prix d'achat 3,013,340

Bénéfice de l'achat à la vente   2,042,376 l.   68 p. ⁰⁄₀.

1 7 6 8.

Montant des ventes en France . . . . 5,838,379 l.
Prix d'achat 3,481,891

Bénéfice de l'achat à la vente   2,356,488 l.   67 ⅔ p. ⁰⁄₀.

Ce Tableau préfente deux objets de réflexions.

1° On y voit une différence prodigieufe des bénéfices de l'achat à la vente entre l'époque de 1725 à 1756, & celle depuis la reprife du commerce en 1764 jufqu'à préfent ; le commerce de l'Inde ayant donné dans la premiere époque de 96 à 93 pour ⁰⁄₀, & dans la feconde de 88 à 58 ; & celui de
Chine

Chine dans la premiere époque 141 & 116 p. $\frac{2}{0}$, & dans la derniere de 85 à 67 $\frac{1}{2}$.

2° Que depuis 1764, il y a eu, tant dans les bénéfices de l'Inde que dans ceux de Chine, une diminution graduelle qu'on ne peut regarder comme paſſagere & momentanée.

En effet ſi les cauſes de cette dégradation ſubſiſtent encore; ſi elles ſont permanentes & liées avec des circonſtances qu'on ne peut pas eſpérer de changer; nous ſerons en droit de conclure que non ſeulement les bénéfices ne remonteront pas; mais qu'on doit s'attendre à les voir diminuer encore.

Les principales cauſes de la diminution des bénéfices du commerce de la Compagnie, ſur-tout dans les derniers temps, ſont les troubles de l'Inde, & l'étendue qu'a pris le commerce des Anglois dans l'Inde, depuis la paix. Or, non-ſeulement ces cauſes ſubſiſtent dans toute leur force; mais on ne peut pas même prévoir quand leur influence finira.

1° L'Inde eſt plus agitée que jamais. Avant l'époque de 1744, la puiſſance du Mogol étoit encore reſpectée. Le regne de Niſam-El-Moulouk dans le Dékan, avoit maintenu quelque tranquillité dans les Provinces voiſines, où ſe trouvent ſitués les établiſſemens Européens. Aujourd'hui Cha - Halem, Empereur, n'eſt ſouverain que de nom. Les Soubédars ou Vicerois des diverſes Provinces de l'Inde ne reconnoiſſent plus ſon autorité. Ce vaſte pays ſe trouve partagé en un grand nombre d'Etats indépendans, armés ou prêts à s'armer les uns contre les autres. Les Marattes, nation dont la guerre eſt l'unique métier, déſolent tour-à-tour toutes les Provinces de l'Empire, & ſe portent ſur les établiſſemens Européens. La guerre eſt dans le Carnate & dans le Dékan. La tranquillité du Bengale n'eſt qu'un état forcé qui ne ſauroit ſubſiſter long-temps. Le Viceroi des trois grandes Provinces de Laknaor, d'Aoud & d'Eléabad, voiſines du Bengale, qui a été long-temps en querelle avec les Anglois, & qui eſt aujourd'hui Viſir du Mogol, peut à chaque moment troubler la paix dans cette contrée. La guerre qui embraſe déja pluſieurs parties de l'Inde, peut s'étendre bientôt dans toute la Preſqu'iſle.

Les Provinces où les Européens ont fait des établiſſemens, ſont plus expoſées encore que les autres à en devenir le théâtre.

M

théâtre. Les peuples de l'Inde ne voient pas de fang froid
des Etrangers, établis chez eux comme Commerçans, aujour-
d'hui poffeffeurs des plus belles Provinces, réduire à des penfions l'Empereur, les Soubedars, & difpofer des revenus d'une
partie de l'Empire. On ne peut pas douter qu'ils ne profitent
de la premiere occafion qui s'offrira de s'élever contr'eux. Ils
fe réuniront tôt ou tard aux Marattes, qui, déja depuis
trois années, ont commencé une guerre qui ne peut avoir
que des fuites fâcheufes pour la Compagnie Angloife ; mais
dont les effets feront toujours funeftes pour le commerce de
tous les Européens.

Dans cette agitation continuelle, les peuples troublés par
les incurfions des Armées, ou feulement par la crainte qu'ils
en ont, vexés d'ailleurs par des tyrannies de tous les genres
dans un pays fans chef & fans loix, ne peuvent fe livrer à
l'exercice des arts tranquilles. La ruine des Manufactures & la
cherté plus grande des productions de celles qui fe foutien-
dront, font les fuites néceffaires de cette fituation. Ces faits
généraux font connus de toute l'Europe, & la conféquence
que nous en tirons, pour en augurer la diminution des bénéfices du commerce de la Compagnie, nous paroît inconteftable.

2° La concurrence feule des Anglois, leur fituation politique dans l'Inde, & l'étendue qu'elle les a mis en état de donner à leur commerce dans cette partie du monde depuis la
derniere guerre, font des caufes qui diminueront encore
les bénéfices de l'achat à la vente, & des obftacles qu'elle ne
pourra pas furmonter d'ici à beaucoup de temps.

Cette affertion ne peut pas être révoquée en doute par
ceux qui connoiffent l'état actuel de l'Inde, &, nous ofons
le dire, par les députés des Actionnaires & par les Adminiftrateurs. Ils font inftruits des faits fur lefquels elle eft fondée.
Il y a des Lettres de l'Inde arrivées depuis peu, datées de
diverfes époques de l'année 1768, & par conféquent affez
récentes pour repréfenter l'état actuel: ce feroit à eux à dire
fi ces Lettres leur donnent des efpérances bien flatteufes.
Quant à moi, d'après ce que j'en ai entendu rapporter, je ne
conçois pas comment on peut fe faire encore la moindre
illufion.   Ces

Ces Lettres portent, dit-on, en substance : « Que le com-
» merce des Anglois dans le Bengale est porté à un tel point
» que les autres Nations ne peuvent rien faire.

» Que les demandes de la Compagnie Angloise dans les
» Manufactures, vont au-delà de ce que le pays peut fournir ;
» qu'elles se montent pour l'année 1768 à cent vingt lacs de
» roupies, qui font trente millions ; que le commerce parti-
» culier des Anglois en toiles seulement, va à plus de quinze
» millions.

» Que la Compagnie Angloise envoie aussi des fonds con-
» sidérables à la Chine, qu'elle y a fait passer récemment
» une somme de six millions. *

» Qu'on ne peut former des cargaisons pour l'Europe,
» qu'en achetant des Anglois eux-mêmes leurs propres mar-
» chandises, à un prix exhorbitant, & souvent d'une très-
» mauvaise qualité, & qu'il a fallu recevoir tout ce qui s'est
» offert pour ne pas renvoyer les vaisseaux à vuide.

» Que les Anglois ont sur toutes les autres Nations qui
» commercent dans l'Inde, des avantages qui ne permettent
» pas à celles-ci de soutenir la concurrence.

» Qu'il y a au moins trente p. $\frac{o}{o}$ de différence, à qualité
» égale, entre le prix auquel les marchandises & les toiles en
» particulier reviennent aux Anglois, & celui qu'en payent
» les autres Nations ; de sorte que si la Compagnie Angloise
» profitoit de cet avantage pour les ventes, la Compagnie
» Françoise ne pourroit jamais soutenir les siennes.

» Que les Anglois ont encore un autre avantage, en ce
» qu'ils ne payent les marchandises sur les lieux qu'avec les
» revenus mêmes des Provinces qu'ils ont conquises ; qu'ils
» pourroient vendre en Europe les marchandises de l'Inde
» au prix courant de l'Inde ; tandis que la Compagnie de
» France se ruinera, lorsqu'elle ne retirera de l'achat à la
» vente qu'un bénéfice de soixante & même de soixante-dix
» p. $\frac{o}{o}$.

* Selon des nouvelles d'Angleterre, on a avancé, dans l'assemblée de la
Compagnie, que les achats en Chine monteroient pour l'année actuelle à un
million sterling (environ vingt-deux millions.)

» Que

» Que l'argent est fort rare dans l'Inde ; qu'on n'y trouve
» que de l'or, sur lequel on perd jusqu'à seize pour cent :
» que les fonds de la Compagnie Françoise ayant été envoyés
» en lettres de change sur les Anglois ; & ceux-ci ne voulant
» donner que de l'or, il y a eu déja deux cent cinquante mille
» livres de perte sur les traites sur Madras, pour le comptoir
» de Pondichery ; & que si les choses ne changent point, la
» Compagnie perdra plus d'un million sur ses traites pour
» Bengale ».

Si tous ces faits sont vrais, comme on n'en peut douter,
je demande sur quel fondement on peut asseoir des espérances
de voir augmenter les bénéfices de l'achat à la vente. Voilà
des causes qui ont amené une dégradation successive dans les
bénéfices depuis 1764 jusqu'à présent, qui continuent d'agir
avec autant & plus de force que jamais, qu'il n'est pas au
pouvoir de la Compagnie d'arrêter. Elle doit donc penser non
seulement que ses bénéfices ne remonteront pas, mais même
qu'ils diminueront encore ; au moins n'a-t-elle aucune raison
de croire le contraire ? Au reste, nous ne nous sommes point
fait de scrupule de rapporter les faits qu'on vient de voir,
parce qu'il nous a paru juste & raisonnable d'éclairer les Actionnaires eux-mêmes sur leurs véritables intérêts, & que pour
cela on ne peut se dispenser de mettre sous leurs yeux tous
les obstacles qui s'opposent au rétablissement de leurs anciens
bénéfices de l'achat à la vente.

C'est dans la même vue que nous allons donner les états
des dépenses & des produits d'une expédition, dressés en dernier lieu par la Compagnie elle-même, & y joindre des observations pour en conclure que la Compagnie ne peut pas
compter davantage sur les bénéfices nets.

N° I.

N° I.　　　ÉTAT général des Dépenses annuelles de la Compagnie des Indes.

DÉNOMINATION.	Paris.	L'Orient.	Pondichéry.	Karikal.	Mahé.	Madélipatan & Yanaon.	Bengale Brûlepeulnacem.	Isle de France.	Isle de Bourbon.	Baflora.	Chine.	TOTAUX.
	liv.	liv.	liv.	liv.	liv.	liv.	liv.	liv.	liv.	liv.	liv.	liv.
Dépenses d'Administration & autres.	276,000	. .	. .	. .	. .	. .	. .	. .	. .	. .	. .	276,000
Employés.		350,000	187,400	10,600	25,200	12,400	148,000	122,000	84,000	15,000	60,600	1,015,200
Armements.		2,400,000	. .	. .	. .	. .	. .	. .	. .	. .	. .	2,400,000
Défarmements à 80,000 liv. chaque.		960,000	. .	. .	. .	. .	. .	. .	. .	. .	. .	960,000
Conftructions annuelles des Vaiffeaux.		360,000	. .	. .	. .	. .	. .	. .	. .	. .	. .	360,000
Radoubs imprévus.		40,000	. .	. .	. .	. .	. .	. .	. .	. .	. .	40,000
Génie.		. .	19,500	. .	. .	. .	. .	. .	. .	. .	. .	19,500
Pour tous les Comptoirs des Indes ⎱ Troupes Blanches.		. .	321,300	. .	. .	. .	. .	. .	. .	. .	4,200	325,500
& dépenfes relatives. . . . . ⎰ Troupes Noires. .		. .	128,000	. .	. .	. .	. .	. .	. .	. .	. .	128,000
Pions & Serviteurs.		. .	24,000	7,100	. .	. .	15,000	. .	. .	. .	. .	46,100
Patmars ou Couriers.		. .	6,000	. .	3,000	. .	2,000	. .	. .	. .	. .	11,000
Hôpital y compris les Chirurgiens.		. .	100,000	2,500	6,000	. .	30,000	53,000	9,500	. .	. .	201,000
Marine de l'Inde.		. .	109,000	. .	. .	. .	151,400	22,000	12,000	. .	. .	294,400
Relâche des Vaiffeaux d'Europe.		. .	72,000	. .	. .	. .	86,400	192,000	. .	. .	89,500	439,900
Boths des Pilotes du Gange.		. .	. .	. .	. .	. .	66,480	. .	. .	. .	. .	66,480
Curés.		. .	2,400	. .	2,400	. .	2,400	. .	. .	. .	. .	7,200
Fortifications, dépenfe qui n'aura lieu que pendant 4 années.		. .	500,000	. .	. .	. .	. .	. .	. .	. .	. .	500,000
Noirs.		. .	. .	. .	. .	. .	. .	66,000	7,500	. .	. .	73,500
Dépenfe générale.		. .	50,400	. .	24,400	. .	24,020	. .	22,000	. .	. .	120,820
Loyers.		. .	. .	. .	. .	. .	19,300	. .	. .	. .	. .	19,300
Frais de Commerce.		. .	. .	. .	. .	. .	. .	. .	. .	. .	145,700	145,700
Dépenses imprévues.		. .	. .	. .	. .	. .	. .	. .	. .	. .	. .	550,400
	liv.	liv.	liv.	liv.	liv.	liv.	liv.	liv.	liv.	liv.	liv.	liv.
	276,000	4,110,000	1,520,000	20,300	61,000	12,400	545,000	455,000	135,000	15,000	300,000	8,000,000

No II.

POUR UNE EXPÉDITION DE XII VAISSEAUX.

Marchandifes & Fonds à envoyer.

S A V O I R :

En marchandifes.	6,500,000 l.

En ef-péces.
{ Pour le commerce. . . . 8,805,000 l. }
{ Pour la partie des dépen- }
{ fes générales à payer aux } 12,055,000
{ Ifles & dans l'Inde, fuivant }
{ l'Etat, No V. . . . . 3,250,000 }

18,555,000

A quoi ajoutant le bénéfice de 35 pour cent fur les 6,500,000 l. de marchandifes. 2,275,000

20,830,000 l.

Emploi de cette Somme.

3 Cargaifons de Chine d'un million chacune.	3,000,000 l.
4 . . . . de Pondichery de 1,200,000 l. .	4,800,000
3 . . . . de Bengale de . . 2,000,000 .	6,000,000
2 . . . des Ifles de France & de Bourbon.	700,000

14,500,000

Pour le paie-] dans l'Inde. 2,750,000
ment des dé-
penfes génér.] aux Ifles de France & de Bourbon. . 590,000

Retours en Lettres de change des Ifles de France & de Bourbon, déduction faite du montant de deux cargaifons de caffé & des dépenfes générales de ces Ifles. 2,990,000

T O T A L. . . . 20,830,000 l.

N° III.

No I I I.

Pour connoître fur quelle fomme doit porter l'affurance pour l'Expédition projetée.

E N V O I S.

En marchandifes. . . . . · . . . . . 6,500,000 l.

Pour le commerce. . . 8,805,000 l.

En ef-pèces. { Pour la partie des dépen-fes générales à payer aux Ifles & dans l'Inde, fuivant l'Etat, N° V. . . . . . 3,250,000 } 12,055,000 l.

Armement de 12 Vaiffeaux. 2,400,000

Coque de 12 Vaiffeaux. 1,200,000

_____

22,155,000 l.

Il convient de ne compter l'affurance que fur 20 millions, à caufe du rifque de 10 pour cent que l'Affuré doit courir conformément à l'Ordonnance.

La Compagnie aura de plus à courir le rifque de 5 millions au retour.

N° IV.

N° I V.

*ÉTAT des fonds nécessaires pour l'Expédition projetée, servant
à faire connoître la somme dont la Compagnie
sera obligée de payer les intérêts.*

AVANT L'EXPÉDITION.

Pour achats de marchandises. . . . . . 6,500,000 l.

En ef-⎰ Pour le commerce. 8,805,000
péces.⎱ Pour la partie des dépenses générales
à payer aux Isles & aux Indes. . . . 3,250,000

Frais d'Armements. 2,400,000
_____
20,955,000 l.

Dans le cours de l'Expédition.

Construction & raboub. . . . 400,000 l.⎱
Dépenses de Paris. . . . . . 276,000 ⎬ 1,300,000 l.
Idem de l'Orient. . . . . . 350,000 ⎬
Dépenses imprévues. . . . 274,000 ⎰
_____
22,255,000

Après l'Expédition.

Désarmements. . . . . . . 960,000 l.⎱
Frais de la vente & droits à payer ⎬ 1,560,000
aux Fermiers Généraux. . . . . 600,000 ⎰
_____
23,815,000 l.

N° V.

No V.

Dépenses générales à payer dans l'Inde pour une année.

SAVOIR:

A Pondichery.	1,520,000 l.
Karikal.	20,200
Mahé.	61,000
Mazulipatan & Yanaon.	12,400
Bengale & dépendances.	545,000
Baffora.	15,000
Chine.	300,000
	2,473,600
Dépenses imprévues.	276,400
	2,750,000
A compte des dépenses des Isles de France & de Bourbon.	500,000
	3,250,000 l.

No V I.

ÉTAT des cargaisons qui formeront les retours de l'Expédition projetée & de leur bénéfice à 75 pour cent.

3 Cargaisons de Chine à 1 million chacune.	3,000,000 l.
4 dite de Pondichery à 1,200,000 l. chacune.	4,800,000
3 dite de Bengale à 2,000,000 livres chacune.	6,000,000
2 dite des Isles de France & de Bourbon à 350,000 liv. chacune.	700,000
	14,500,000
Bénéfice à 75 pour cent (à leur vente en Europe.)	10,875,000
	25,375,000 l.

No VII.

No VII.

TABLEAU GÉNÉRAL

des douze Cargaisons de l'Expédition projetée.

	Fonds pour le Commerce.		Bénéfice de 35 pour %. sur les Marchandises.	TOTAL.
	En Marchandises.	En Efpéces.		
La Chine. .	500,000 l.	2,325,000 l.	175,000 l.	3,000,000 l.
Pondichery & Baffora.	1,800,000	2,370,000	630,000	4,800,000
Bengale. . .	1,400,000	4,110,000	490,000	6,000,000
Les Ifles. . .	2,800,000	. . . .	980,000	3,780,000
	6,500,000 l.	8,805,000 l.	2,275,000 l.	17,580,000 l.

A déduire ,

Pour ce qui reftera à l'Ifle de France (déduction faite de 700,000 l. montant de l'achat de 2 millions de caffé) la fomme de . . . . 3,080,000 l

Partant les fonds des cargaifons de retour monteront à . . . . 14,500,000 l.

No VIII.

N° VIII.

PLAN ET BALANCE

d'une Expédition de 12 Vaisseaux.

(*Le bénéfice est calculé dans ce Plan à 35 pour $\frac{0}{0}$ sur l'Exportation, & à 75 pour $\frac{0}{0}$ sur l'Importation.*)

DOIT.		AVOIR.	
Dépenses générales, suivant l'État N° Ier	8,000,000 l.	Produit de 12 cargaisons y compris le bénéfice de 35 p. $\frac{0}{0}$. sur 3,700,000 liv. de marchandises exportées, suivant les États N° VI & VII.	25,375,000 l.
Marchandises à exporter, suivant l'État N° II.	6,500,000		
Espéces à exporter. Idem.	8,805,000	Retours des Isles y compris le bénéfice de 35 pour $\frac{0}{0}$. sur 2,800,000 livres de marchandises, suivant l'État N° VII.	3,780,000
Assurances de 20 millions à 6 pour $\frac{0}{0}$, suivant l'État N° III.	1,200,000		
Intérêts de 22 mill. de fonds, qui seront employés d'avance pour cette Expéd. à 6 p. $\frac{0}{0}$ & pendant 2 ans, suivant l'État N° IV.	2,640,000		29,155,000
Achat de 2 millions de caffés.	700,000	Droit de Tonneau. 1,000,000 l. / Indemnité sur le caffé. 50,000	1,050,000
Frais de la vente & droits à payer aux Fermiers-Généraux.	600,000		30,205,000 l.
	28,445,000		
Bénéfice.	1,760,000		
	30,205,000 l.		

OBSERVATIONS

OBSERVATIONS SUR LES ÉTATS PRÉCÉDENS, pour parvenir à connoître les vrais bénéfices du commerce, déduction faite des dépenses.

OBSERVATIONS SUR L'ÉTAT, N° I.

I. Les dépenses de Paris sont arbitrées à . . . . 276,000 liv.

On nous a communiqué un Etat détaillé de ces mêmes dépenses qui ne nous paroît pas susceptible de contradiction, & d'après lequel elles doivent être portées au moins à 350,000 liv.

Honoraires de six Directeurs & jettons d'or aux six Syndics . .	108,000
Appointemens & gratifications des Employés.	125,000
Gages des Domestiques, étrennes, frais de Bureaux & tare des sacs.	31,000
Frais payés par le Concierge, entretien de l'Hôtel, frais d'Impression, ports de Lettres. . . .	38,000
Commission des Correspondans & courtages.	25,000
Dépenses extraordinaires, honoraires d'Avocat & autres. . .	23,000
	350,000 liv.

D'où il résulte une augmentation de dépense de . . . . 74,000 liv.

II. Les armemens sont estimés 200,000 l. par vaisseau : cet article est fort au-dessous de sa vé-

74,000 liv.

De

De l'autre part , ... 74,000 l.
ritable valeur ; nous avons fous les yeux le tableau
de trois expéditions.

L'une de 8 vaiſſeaux de 1765 à 1766.
La 2ᵉ de 10 . . . . . de 1766 à 1767.
La 3ᵉ de 11 . . . . . de 1767 à 1768.

Dans leſquelles la miſe hors de chaque vaiſſeau les uns dans les autres, eſt portée à plus de
234,600 l., nous nous diſpenſerons de les rapporter en entier ; mais attendu que les frais de ces
trois armemens ont été augmentés par le grand
nombre de paſſagers qu'on a reçus, & que cette
cauſe de dépenſe pourroit n'être pas auſſi conſidérable par la ſuite, nous réduirons les frais d'armement de chaque vaiſſeau à 220,000 l., il en
réſultera pour une expédition de 12 vaiſſeaux,
une augmentation de dépenſe de . . . . . 240,000 l.

III. Les dépenſes de Pondichery
ſont évaluées à . . . . 1,520,000 l.

Jamais depuis que la Compagnie exiſte, on
n'a pû donner une fixation exacte des dépenſes
de Pondichery, & les évaluations que l'on a eſſayé
de faire à cet égard, ont toujours été infiniment
au-deſſous des dépenſes réelles. On n'entreprenda
pas, quant à préſent, de forcer cet article, parce
que l'on n'a aucune baſe certaine ; on obſervera
ſeulement que, par les dernieres Lettres de Pondichery, le Conſeil ſe plaint du trop petit nombre d'Employés & de la modicité de leurs appointemens, preuve que les dépenſes tendent à
augmenter à ce moment même.

A l'égard du fonds deſtiné aux fortifications,
quoique cette dépenſe ne paroiſſe que momentanée, elle ſe perpétuera par la néceſſité de con-
ſtruire & d'entretenir tous les Bâtimens néceſſaires
à l'adminiſtration du commerce, comme Caſernes,
Hôpitaux, magaſins de marchandiſes d'Europe,

_____
314,000 l.
Ci-contre

Ci-contre, ... 314,000 l.

de marchandifes des Indes, des vivres, de la marine, arfenaux & autres dont Pondichery eft
totalement dépourvu, & auxquels on n'a fuppléé
jufqu'à préfent que par des Bâtimens provifoires.

IV. Les dépenfes de Mahé font
portées à . . . . 61,000 l.

Le Gouverneur de Pondichery a écrit par
les derniers vaiffeaux que la dépenfe fixe de ce
comptoir étoit de 6,500 roupies par mois, ce qui
fait annuellement . . . . . . 187,200 l.

Et donne lieu à une augmentation de . . . 126,200 l.

V. Les dépenfes de Chandernagor font évaluées dans l'Etat de l'adminiftration à 545,000 l.

On peut leur appliquer les obfervations que
nous venons de faire à l'égard de celles de Pondichery; mais de plus les Chefs du comptoir mar-
quent pofitivement que ces dépenfes montent
annuellement à 350,000 roupies, faifant argent
de France . . . . 840,000 l.

Ce qui donne une augmentation de . . . 295,000 l.

On obferve encore qu'on ne comprend point
dans ce compte les dépenfes en conftructions de
Bâtimens qui ne peuvent qu'être très-confidérables par la fuite, & notamment un feul objet dont l'adminiftration a connoiffance, & qui
doit être actuellement terminé, montant à plus
de . . . . 300,000 l.

VI. Les dépenfes de l'Ifle de France font évaluées à . . . . . . 455,000 l.

On fait combien ces dépenfes ont toujours été
ruineufes pour la Compagnie. Elles montoient
_____
735,200 l.
De

De l'autre part, ... 735,200 l.
annuellement avant la retroceſſion faite au Roi,
à plus de deux millions. Il eſt vrai qu'une grande
partie de ces frais eſt actuellement à la charge du
Roi ; mais on croit les établir au plus bas, même
d'après les dernieres Lettres de cette Colonie en
les fixant à . . . . 600,000 l.

Ce qui donne une augmentation de . . . 145,000 l.
VII. Les dépenſes de l'Iſle de Bourbon fixées
à . . . . 135,000 l.
Monteront toujours au moins à . . 300,000 l.

En y comprenant les frais de tranſport des
caffés, tant par terre que par mer, & autres frais
rélatifs auxdits caffés.
Augmentation de dépenſe 165,000
VIII. Les dépenſes imprévues ſont
portées à . . . . 550,400 l.

En conſidérant l'étendue immenſe & la multi-
plicité des établiſſemens de la Compagnie, les
événemens auxquels ils ſont expoſés, enfin &
ſur-tout l'expérience du paſſé, on reconnoîtra que
cette fixation des dépenſes imprévues eſt encore
beaucoup au-deſſous de la ſomme à laquelle elles
pourront monter.

1,045,200 l.

Ci contre

Ci - contre , ... 1,045,200 l.

OBSERVATIONS SUR L'ÉTAT, N° III.

Dans le calcul des affurances que la Compagnie
fera obligée de payer, on ne fait entrer que les
rifques ordinaires; or la nature du commerce de
l'Inde expofe encore à des pertes qu'on ne peut
gueres évaluer, & qui ne peuvent être l'objet d'un
contrat d'affurance. On ne peut fe procurer des
marchandifes qu'en donnant des fonds à l'avance
à des Marchands qui les diftribuent par petites
parties aux Ouvriers dans l'intérieur des terres.
La mauvaife foi de ces Marchands, les accidens
auxquels ils font eux-mêmes expofés, par les
guerres intérieures & les révolutions du pays, les
rifques que courent les marchandifes dans les
tranfports pour les rendre aux principaux comptoirs, enfin les avanies auxquelles la Compagnie
peut être expofée, & les préfens qu'elle eft obligée de faire aux Princes du pays pour s'en redi-
mer, toutes ces caufes réunies, peuvent faire
perdre ou la totalité ou partie de ces avances. Or
tous ces rifques ne peuvent être affurés. Nous ne
prétendons pas en donner une évaluation, mais
on fent qu'elle ne pourroit être que très-confidérable.

1,045,200 l.
De

De l'autre part, ... 1,045,200 l.

_____

OBSERVATIONS SUR L'ÉTAT, N⁰ IV.

I. On indique dans l'État, N⁰ IV, une fomme de vingt-deux millions & plus, comme devant former les fonds néceffaires pour une expédition, fomme dont la Compagnie fera obligée de payer les intérêts en continuant le commerce. Cette fomme eft portée de même dans l'État, N⁰ VIII, mais dans ce projet les Adminiftrateurs comptent, dit-on, laiffer un fonds réfidant dans l'Inde :

SAVOIR,

A Bengale . . . . 3 millions.
A Pondichery 2
A la Chine 1
_____
TOTAL . . . 6 millions.

Il faut donc faire entrer encore dans les frais les intérêts de ces fix millions qui font une charge du commerce, laquelle doit être couverte par les bénéfices de chaque expédition.

Ci pour intérêts d'un an de fix millions, à fix p. ⁰/₀ . . . . 360,000 l.

En bornant à vingt-deux millions la fomme dont la Compagnie doit payer les intérêts, on fuppofe que les marchandifes d'Europe, exportées dans l'Inde, y feront vendues à leur arrivée, & leur prix converti tout de fuite en marchandifes de l'Inde ; cependant il eft conftant que cette valeur ne peut, même en fuppofant la rentrée la

_____
1,405,200 l.
Ci-contre

Ci - contre , ... 1,405,200 l.

plus prompte, fervir que pour les achats de l'année fuivante. On s'en rapporte à cet égard à
l'expérience de MM. les Adminiftrateurs. Ainfi,
en ne comptant que l'intérêt d'un an à fix p. $\frac{c}{o}$,
fur le prix d'achat des marchandifes d'Europe envoyées dans l'Inde, montant, fuivant l'Etat,
No VII, à 3,200,000 l., il en réfulte une augmentation de charge pour intérêt de   192,000

Cette obfervation doit encore être appliquée
aux marchandifes exportées dans les Ifles de France & de Bourbon. Par le projet d'expédition, on
compte envoyer tous les ans dans ces Colonies
pour 2,800,000 l. de marchandifes d'Europe, &
l'on fuppofe qu'elles feront vendues fur le champ
& comptant, puifqu'on ne compte aucun intérêt
pour cette partie de fonds.

Or, on ne conçoit pas comment les Adminiftrateurs de la Compagnie, inftruits de la pofition
actuelle de ces Colonies, & avertis par une expérience conftante de plus de trente ans, & notamment depuis 1764, ont pu croire que ces retours
feroient auffi prompts qu'ils les ont calculés. On
fait que ces marchandifes ne fe vendent que très-
difficilement ; & que, pour éviter le dépériffement,
on eft obligé de les vendre à crédit, que les paye-
mens fe font attendre, & qu'enfin les retours ne
peuvent en être faits qu'en lettres de change fur
le Roi, à fix mois de terme.

Ce délai dans le recouvrement des valeurs envoyées aux Ifles, eft prouvé par des Etats connus
des Adminiftrateurs. On y voit que la Compagnie

1,597,200 l.

O   *De*

De l'autre part, ... 1,597,200 l.
a envoyé aux Ifles. de France & de Bourbon en
marchandifes :

S A V O I R :

Par les vaiffeaux de 1764 à 1765. . 1,337,963 l.
de 1765 à 1766. . 1,430,356
de 1766 à 1767. . 1,774,472
de 1767 à 1768. . 2,102,313
_____
6,645,104
de 1768 à 1769. . 3,134,140
_____
T O T A L . . . . 9,779,244 l.

Or, non feulement elle n'a reçu encore aucun
retour des 6,645,104 liv. qui devroient lui être
rentrés, mais le plus grand nombre de fes Créanciers ont mieux aimé convertir leurs créances en
contrats à quatre p. $\frac{o}{o}$, que de prendre des marchandifes en payement, & les Adminiftrateurs de
la Compagnie dans ces Ifles n'ont ceffé de tirer
des lettres de change pour le payement de leurs
dépenfes.

D'après cette obfervation, on croit faire le
calcul le plus avantageux à la Compagnie,
en fuppofant qu'elle recevra en France la valeur de ces marchandifes la troifiéme année
de l'envoi ; on doit donc ajouter au-moins une
année d'intérêt des 2,800,000 liv. des marchandifes envoyées dans ces Ifles, ci. . . . . . 168,000 l.
_____
Total des augmentations de dépenfe. . . . 1,765,200 l.

OBSERVATIONS

OBSERVATIONS SUR LES Nº VI, VII & VIII.

Nous venons de voir que les dépenses de la Compagnie, relatives à une expédition de 12 Vaisseaux, devoient être augmentées : nous allons faire voir , par les Observations suivantes, que les bénéfices eux-mêmes doivent être considérablement réduits.

I. Nous ne serions pas obligés de prouver cette proposition, si MM. les Députés & Administrateurs s'en étoient tenus à leurs premiers calculs. On a agité plusieurs fois, dans les Assemblées des Députés & de l'Administration, à combien on devoit fixer les bénéfices de l'exportation & de l'importation : il a toujours été convenu, à la très-grande pluralité de voix, que les marchandises d'Europe exportées dans l'Inde pouvoient y donner 25 pour cent de bénéfice, & que les marchandises de l'Inde rendoient à leur vente en France un bénéfice de 70 pour cent. La question a été de nouveau agitée lorsque quelques-uns des Députés & Administrateurs ont été chargés de former les Etats, pour connoître l'augmentation de capital que pouvoit donner chaque expédition. Ils ont fait leurs calculs en conséquence. Ces États ont été paraphés par les Commissaires & par une partie de l'Administration : mais on a été effrayé lorsque l'on a vu que, compensation faite de la recette & de la dépense, l'excédent de recette n'étoit que de . . 385,000 l.

On a craint de mettre sous les yeux des Actionnaires un résultat aussi effrayant ; alors, on a remis la question en délibération. Il a passé, à la pluralité de 8 contre 7, de porter les bénéfices de l'achat à la vente des marchandises d'Europe à 35 pour cent, & celui des marchandises de l'Inde à 75 pour cent ; & c'est à la faveur de ces deux suppositions que l'on est parvenu à se procurer un bénéfice net de 1,760,000 l.

On voit combien une pareille évaluation doit être suspecte.

O 2   II. Distinguons

II. Diftinguons les marchandifes d'envoi & celles de retour, & prouvons que les bénéfices font enflés relativement aux unes & aux autres.

Les marchandifes d'envoi font pour l'Inde, ou pour les Ifles de France & de Bourbon.

Il n'a jamais été poffible de déterminer d'une maniere bien certaine quel eft le bénéfice que procurent à la Compagnie des Indes les marchandifes d'Europe qu'elle fait vendre dans fes comptoirs de l'Inde; parce que fi, d'une part, le prix qu'elle retire de la plus grande partie de ces effets, eft connu par des tarifs donnés, ou par des ufages communément fuivis; d'un autre côté, il eft indifpenfable d'évaluer les avaries, les déchets, les dégats, & mille autres inconvéniens que ces marchandifes éprouvent foit par les tranfports, foit par la négligence & l'infidelité de ceux qui les fourniffent, & des Prépofés auxquels la garde & la diftribution en font confiées dans les comptoirs. Il n'exifte aucun compte fatisfaifant fur ces objets. Rien n'eft par conféquent ni fi difficile ni fi arbitraire, que l'évaluation du bénéfice dont il s'agit. Cependant l'opinion la plus générale, la plus conftante, l'avoit établie à 25 pour cent; & cette opinion fut confacrée, en 1764, dans un rapport de MM. les Députés de la Compagnie. L'idée de porter l'eftimation des bénéfices à 35 p. $\frac{0}{0}$. eft même toute récente : celle qui fonde l'avis contraire a été fuivie dans un travail préparatoire, fait par deux Membres de l'Adminiftration, ainfi que dans l'examen & la rédaction qui en ont été faits conjointement avec eux par trois des Députés nommés à cet effet : & l'évaluation à 25 p. $\frac{0}{0}$ n'a été rejettée que lorfque le même travail a été porté en Mai dernier à l'Affemblée de la Députation & de l'Adminiftration.

Il n'eft point de circonftances capables de juftifier cette évaluation à 25 pour cent, qui ne fe réuniffent pour la faire adopter même pour l'avenir le plus favorable. En effet, elle a été admife, en 1764, lorfqu'il exiftoit un tarif plus avantageux que celui qui exifte aujourd'hui : elle étoit le réfultat d'une expérience acquife pendant que le commerce de la Compagnie paffoit pour le plus floriffant, & enfin elle étoit appuyée fur toutes les efpérances qui réfultoient du plan
tracé

tracé par MM. les Députés, & fuivant lequel on devoit avoir les fonds néceffaires, & ne rien négliger pour améliorer toutes les branches de ce commerce.

En rétabliffant cette évaluation fur le pied de 25 p. $\frac{0}{0}$, il en réfulte une diminution fur les bénéfices portés par l'État des Députés de . . . . 370,000 l.

Il y a des raifons bien plus fortes encore de réduire les bénéfices fur les marchandifes d'envoi dans les Ifles de France & de Bourbon.

1° Comment peut-on efpérer un bénéfice, & un bénéfice auffi confidérable que celui de 35 p. $\frac{0}{0}$ fur une vente, dont les retours font de la plus grande incertitude.

On compte envoyer tous les ans dans ces Colonies pour 2,800,000 l. de marchandifes d'Europe. A 35 p. $\frac{0}{0}$ de bénéfice, il faut que les retours foient de 3,780,000 liv. Or, il eft évident que ces Colonies ne pourront pas payer annuellement une fomme de 3,780,000 livres. Elles n'auront jamais le moyen de fe procurer ces fonds tant qu'elles feront fous le joug d'un Privilége exclufif, & qu'elles ne pourront faire le commerce de l'Inde avec l'Europe. Elles n'ont d'autre reffource que la culture du caffé, qui forme le feul objet de leur exportation & dont le produit eft borné à 700,000 l. Il doit être démontré que, quelques efforts que faffent les Colons, jamais ils ne pourront fe libérer avec la Compagnie ; &, qu'après avoir ufé des crédits que l'on fera forcé de leur accorder, leur impuiffance totale de s'acquiter les déterminera fucceffivement à repaffer en France, & fera tomber en pure perte les avances qui leur auront été faites.

Tout le monde connoît l'Etat de langueur & de foibleffe où font ces Colonies. Si elles ont pris

370,000 l.

De

De l'autre part , ... : ; 370,000 l.

quelques accroiſſemens ſous l'ancienne adminiſtration , c'eſt parce que la Compagnie y a dépenſé
des ſommes immenſes , qui , partagées entre un
petit nombre de Colons , les mettoit à portée de
ſubſiſter , & même de faire quelques fortunes ;
cependant on trouve ſur ſes Livres plus de ſix
millions de dettes tombées en non valeurs dans
l'eſpace d'environ vingt ans; & en effet il eſt aiſé
de ſentir qu'une Colonie ſoumiſe à un Privilége
excluſif , ne peut ſe ſoutenir qu'aux dépens de la
Compagnie qui exerce ce Privilége.

Cette vérité eſt ſi inconteſtable , que les Députés & les Adminiſtrateurs de la Compagnie en
ſont convenus depuis long-tems. Ils avouent tous
que ces Colonies feront toujours la ruine de la
Compagnie , tant que par une ſuite néceſſaire de
ſon Privilége excluſif , elle ſerá obligée de les ap-
proviſionner de tous leurs beſoins.

2⁰ Sous l'ancienne adminiſtration , la Compagnie recouvroit au moins une grande partie du
prix de ſes marchandiſes dans les dépenſes qu'elle
faiſoit faire , & en prenant en payement le caffé
de Bourbon : aujourd'hui meſſieurs les Députés &
Adminiſtrateurs reconnoiſſent , & avec raiſon , que
la valeur de ces marchandiſes ne pourra ſervir à
acquitter le prix des caffés de Bourbon , qu'ils
comptent payer en lettres de change ſur France;
ni les dépenſes que la Compagnie ſera obligée de
faire dans les Iſles pour leſquelles ils deſtinent
l'envoi d'un fonds annuel de 500,000 liv.

La Compagnie n'a donc plus d'autre reſſource
pour recevoir le retour de ſes marchandiſes , que
les lettres de change ſur le Tréſorier des Colonies ,
& il faut pour cela que le Roi dépenſe plus de
quatre millions dans les deux Iſles. Sans entrer

370,000 l.
Ci-contre ,

Ci-contre, ... 370,000 l.

dans les vues du ministère, on croit pouvoir assurer qu'il n'employera pas dans ces deux établissemens une somme aussi considérable.

3° L'évaluation du bénéfice des marchandises
d'envoi pour les Isles de France & de Bourbon,
à trente-cinq p. $\frac{o}{o}$, n'est appuyée sur aucun fondement, & même elle est combattue par beaucoup
de vraisemblances.

On n'a encore reçu aucuns détails sur la vente
des marchandises envoyées depuis 1764, on sait
seulement qu'il y en a eu une très-grande quantité d'avariées ou de mauvaise qualité, des vins
gâtés, d'autres restés en magasin, parce qu'ils sont
à des prix excessifs. Il n'est donc pas vraisemblable que ces marchandises donnent un bénéfice de
trente-cinq p. $\frac{o}{o}$.

Toutes ces réflexions nous autorisent à réduire
le bénéfice sur les marchandises d'envoi pour les
Isles de trente-cinq à vingt-cinq p. $\frac{o}{o}$, comme les
Administrateurs l'ont calculé eux-mêmes dans les
premiers Etats qu'ils ont présentés aux Actionnaires.

Réduction à faire sur cet article . . . . . 280,000 l.

V. Quant aux bénéfices prétendus sur les marchandises de retour, nous renvoyons à ce que
nous avons dit plus haut de la diminution successive qu'ont essuyée les bénéfices de l'achat à la
vente depuis 1764 jusqu'à présent, & de l'impossibilité où est la Compagnie d'espérer raisonna-
blement qu'ils augmentent dans la suite : nous
n'avons rien à ajouter ici. Nous nous contenterons de réduire ce bénéfice à soixante-dix
p. $\frac{o}{o}$, comme les Administrateurs eux-mêmes
l'avoient évalué au mois de Mars dernier ; ce qui
formera sur le bénéfice des marchandises de l'Inde

650,000 l.

De

De l'autre part, ... 650,000 l.

& de Chine une diminution de 725,000

Total des réductions à faire fur les bénéfices
des marhandifes, tant denvoi que de retour. . . 1,375,000 l.
   Total des augmentations de dépenfes fuivant
les obfervations ci-deffus. . . . . 1,765,200 l.

Total des réductions à faire fur l'état des Députés. . . . . 3,140,200 l.

BALANCE VÉRITABLE

d'une Expédition de 12 Vaiffeaux, d'après les États précédens,
corrigés felon les Obfervations.

Dépenfes fixées par les Adminiftrateurs. . . . . 28,445,000 l.
   A ajouter d'après les Obfervations. 1,765,200

Total de la dépenfe réelle. . . . . . 30,210,200 l.

Produit de 12 cargaifons, fui-
vant les Adminiftrateurs. . . . 29,155,000 l.
   A diminuer d'après les Obfervations. 1,375,000

Refte produit réel des retours. 27,780,000
Gratifications par tonneaux &
indemnité des caffés. 1,050,000

Total du produit réel des retours, y compris
la gratification & indemnité pour les caffés. . 28,830,000

Perte réelle fur chaque Expédition. . . 1,380,200 l.

DEUX

OBSERVATION GÉNÉRALE.

On peut confidérer le commerce de la Compagnie dans deux fuppofitions différentes. La premiere, en calculant le bénéfice fur les marchandifes d'envoi à 35 p. $\frac{0}{0}$, & fur les retours à 75 p. $\frac{0}{0}$. La deuxieme, en fuppofant les bénéfices fur l'envoi à 25 p. $\frac{0}{0}$, & fur les retours à 70.

Dans la premiere fuppofition, la Compagnie, toutes fes dépenfes payées d'après fes propres Etats, auroit un profit de . . . . 1,760,000 l.

Dans la feconde elle effuyeroit une perte de . . 1,380,200

Mais dans l'une & dans l'autre, le bénéfice ne monte & la perte ne fe borne à ces deux fommes, que parce qu'on comprend dans la recette de la Compagnie de 1,050,000 l. qu'elle reçoit annuellement du Roi, pour droit de tonneau & autres gratifications. Cette fomme étant une charge pour les Finances du Roi, & ne pouvant être regardée comme un profit du commerce, il s'enfuit que, pour connoître le bénéfice ou la perte que le commerce abandonné à lui-même peut donner, il faut déduire encore du produit des ventes cette fomme de 1,050,000.

Or en faifant cette réduction dans les deux fuppofitions, on obtient des réfultats bien plus défavantageux à la Compagnie. En effet, dans la premiere, qui eft celle des Députés & Adminiftrateurs, le profit fe réduit à . . . . . . 710,000 l.

& dans la feconde dont nous avons prouvé la légitimité, la perte s'éleve jufqu'à . . . . . 2,430,200 l. dont 1,380,200 l. feroient fupportés par la Compagnie, & 1,050,000 liv. par le revenu public.

Ainfi, en adoptant la plus favorable de ces deux fuppofitions, celle que les Adminiftrateurs préfentent comme devant avoir lieu en continuant le commerce, la Compagnie ne peut en-

P   core

core fe foutenir, puifque fon commerce exigeant deux fonds
& demi, employe en capitaux plus de 60 millions, qui ne
rendant que 710,000 liv. ne donneroient que 1 p. $\frac{2}{6}$. bénéfice
trop modique pour une entreprife de commerce, d'ailleurs
fujette comme nous l'avons vu, à des rifques qu'on ne peut
évaluer.

Nous fommes donc en droit de conclure d'après les Etats
dreffés par les Adminiftrateurs mêmes, & d'après les Obfervations que nous y avons jointes, que les Actionnaires ne peuvent fonder aucune efpérance raifonnable fur leurs bénéfices
futurs.

Les réflexions générales qu'on va voir fur la fituation de
la Compagnie dans l'Inde & en Europe, conduiront encore
nos Lecteurs au même réfultat.

Réflexions générales fervant à confirmer la diminution qu'on
doit attendre dans les bénéfices futurs.

Nous nous bornerons à deux objets généraux, la fituation
actuelle de la Compagnie dans l'Inde, & la poffibilité d'une
guerre en Europe.

Les mêmes Lettres que nous avons citées plus haut font
une peinture effrayante de la fituation politique de la Compagnie dans l'Inde. On y trouve :

« Que la Compagnie ne pourra pas fubvenir à fes dépen-
» fes, ni fe relever de fes ruines, parce que fon commerce
» éprouve dans l'Inde des obftacles qui en arrêtent le
» cours.

» Que le Nabab du Bengale a fait publier diverfes Ordon-
» nances contraires aux Priviléges dont les François, les Da-
» nois & les Hollandois ont toujours joui, comme une dé-
» fenfe à tous les Tifferans de travailler pour d'autres que
» pour la nation Angloife, pendant quelques mois ; une dé-
» fenfe à tout Européen, excepté aux Anglois, de pénétrer
» dans les terres pour y faire leurs achats.

» Qu'on eft allé jufqu'à faire couper fur les métiers des
» toiles commencées pour les François & les Hollandois.
» Qu'on

» Qu'on ne veut plus reconnoître les Priviléges accorđ.
» à la Compagnie ; qu'on lui impofe des droits nouveaux
» qu'elle n'avoit jamais payés.

» Que le commerce eſt devenu ſi difficile, qu'il n'en reſte
» plus que le nom ».

On ſuppofera, ſi l'on veut, que le tableau eſt un peu chargé. On ajoutera & avec raiſon qu'il n'eſt pas impoſſible de
faire ceſſer de pareilles vexations ; il n'en fera pas moins vrai
que d'ici à pluſieurs années, les choſes ne pouvant pas ſe
rétablir dans la ſituation où elles devroient être pour l'intérêt
de la Compagnie, elle ne peut ſe flatter de rendre à ſon
commerce même cette ſplendeur apparente qui a fait ſi
long-tems illuſion au public.

La ſeule poſſibilité d'une guerre dans l'Inde & les ſuites
qu'elle auroit, ſuffiſent pour légitimer toutes les craintes.

Dans l'état où ſe trouve aujourd'hui l'Europe, on ne
peut avoir aucune certitude d'une longue paix. Or,
dans le cas d'une rupture entre les puiſſances, peut-on ſe
flatter que la Compagnie fera en état de ſoutenir ſes établiſſements dans l'Inde ? Y a-t-il un ſeul Actionnaire prudent
qui puiſſe le penſer, ou de bonne foi qui puiſſe le dire ?
Quelles eſpérances peut-on donner aux Actionnaires qui
ſoient plus avantageuſes & mieux fondées que celles qu'ils
pouvoient former ſur leur ſituation avant la derniere guerre ?
L'Inde offroit alors à la Compagnie toutes ſortes de facilités
pour le commerce, des comptoirs nombreux, les deux principaux de Chandernagor & de Pondichery devenus des places fortes, une quantité prodigieuſe de bâtimens, arcenaux
de tout genre, caſernes pour les troupes, hôpitaux, loge-
mens des Conſeillers & des Employés, magaſins pour les
marchandiſes d'Europe, & pour les marchandiſes de l'Inde,
pour les vivres, pour la marine, &c. &c.

Aujourd'hui Chandernagor eſt une place toute ouverte & ſans
défenſe ; nous n'y avons en propre aucuns bâtimens ; nous
payons le loyer de tous ceux qui nous ſont néceſſaires pour l'exploitation du commerce. On a relevé ſur les ruines de Pondichery quelques-uns des bâtimens qui étoient les plus indiſpen-

fables ; mais quelles fommes immenfes ne faudra-t-il pas dépenfer pour rétablir tous les édifices qui ont été détruits, non avec leur magnificence ancienne, que l'on accufe avec raifon d'avoir été exceffive, mais pour nous procurer ce qui eft indifpenfablement néceffaire pour l'exploitation d'un commerce exclufif?

En un mot, fi après quarante ans d'un exercice paifible du commerce, qui avoit donné aux établiffemens de la Compagnie toute la ftabilité dont ils étoient fufceptibles, tout a été détruit ; que fera-t-on pour fe mettre à l'abri d'un femblable malheur ?

Les Actionnaires ont trop éprouvé jufqu'ici combien la guerre leur étoit onéreufe, pour héfiter fur le parti qu'ils auront à prendre en cas de rupture en Europe entre la France & quelque Puiffance maritime. Dans l'impoffibilité de défendre par eux-mêmes leurs établiffemens dans l'Inde, ils n'auront d'autre reffource que de fufpendre leur commerce, & cependant ils feront dans la néceffité de continuer au moins une partie de leurs dépenfes : quand on parviendroit à la réduire à moitié de la fomme à laquelle on l'a fixée dans le tems de l'activité du commerce, il en coûteroit encore à la Compagnie au moins quatre millions par an, qui ne pourroient être compenfés par aucuns bénéfices. Que l'on fixe la durée de la guerre à fix ans, le fonds capital & circulant de la Compagnie, fe trouvera diminué de vingt-quatre millions. Que l'on joigne à cette fomme les rifques que la Compagnie courra fur plus de quarante millions qui feront probablement en mer au moment de la déclaration de la guerre, & l'on verra que le fonds capital que la Compagnie aura pu mettre dans fon commerce, par quelque moyen qu'elle fe le procure, courra les plus grands rifques & fera bientôt confommé.

Mais, dira-t-on, en cas de guerre, des affurances peuvent la mettre à l'abri des rifques : nous avons même compté parmi les frais de la Compagnie, le montant de ces affurances; nous ne pouvons donc pas faire valoir ici contr'elle les rifques qu'elle courra. Cela pofé, elle retirera de fon commerce un bénéfice moins grand, mais ce commerce fe foutiendra.

Il

Il eft bien aifé de faire voir le peu de folidité de cette prétendue reffource: Des affurances peuvent mettre une Compagnie de commerce à l'abri des rifques, dans une guerre ordinaire, en Europe, & dans les circonftances communes. Les rifques fe bornent alors aux vaiffeaux qui font en mer. Mais, dans la fituation actuelle de la Compagnie, fes vaiffeaux peuvent être pris dans les rades & dans les ports de l'Inde; fes marchandifes dans les magafins, elle peut perdre une grande quantité d'effets en perdant fes comptoirs; tous les fonds d'avance qu'elle diftribue dans les terres pour y contracter des marchandifes, peuvent être diffipés par la fuite même des troubles de la guerre de terre, qui ne permet plus aux Tifferans de travailler pour remplir leurs engagemens; & cette perte eft fans reffource pour la Compagnie, qui n'aura pas la fupériorité dans l'Inde.

En fuppofant donc qu'il fût aifé de faire affurer quarante millions de tous rifques, même de celui de guerre, à fix pour cent, ce qui ne paroîtra peut-être pas vraifemblable, on fait que ces affurances n'ont lieu que pendant le voyage de l'aller & du retour : mais fi les vaiffeaux font pris, foit en Rade, foit dans le Gange, ou dans quelques Ports de l'Inde, la perte tombe fur la Compagnie. Il n'eft aucun moyen de la mettre à l'abri des pertes qui peuvent réfulter de ces diverfes circonftances.

Prétendra-t-on qu'on peut faire affurer la Compagnie contre toutes ces efpeces de rifques? Sans doute la chofe eft poffible, puifque tout rifque étant évaluable en argent, peut être garanti au moyen d'une certaine valeur en argent; mais je demande à quel prix? Qui ne voit que ces rifques accumulés font fi grands que la prime d'affurance qu'on payeroit pour s'en garantir, abforberoit tout-à-coup & toutes fortes de profits & une partie des fonds mêmes?

Ainfi, d'un côté, le rifque & la poffibilité d'une guerre font évidents; de l'autre, l'impoffibilité de foutenir le commerce en cas de guerre eft évidente auffi. L'impoffibilité de compter fur les fuccès futurs du commerce de l'Inde eft donc démontrée.

Je

Je fais bien que les Anglois eux-mêmes ne peuvent pas faire grand fonds fur l'état dans lequel ils font aujourd'hui dans l'Inde, ni le regarder comme conftant; il n'eft pas dans la nature des chofes ; c'eft une fituation violente & qui ne peut durer ; tôt ou tard ces peuples nombreux de l'Inde s'éleveront contre des Commerçans qui prétendent les af-fervir. Une poignée d'Européens ne réfiftera pas à cette maffe d'hommes qui fe précipitera fur eux de la profondeur des terres. Les Indiens apprennent tous les jours l'Art Mili-taire des Européens eux-mêmes ; ils en ont beaucoup à leur folde ; il eft plus que probable qu'ils fecoueront le joug : mais quoiqu'il arrive, nous ne pouvons rien gagner à ces mouve-mens, ou, ce qui eft la même chofe pour un Gouvernement fage, nous ne pouvons pas être furs d'y gagner.

Quand les Anglois feront chaffés de l'Inde, il ne s'établira pas une autre puiffance Européenne à leur place, nous n'y redeviendrons pas Conquérans. Si nous fommes fages, nous n'y ferons que Commerçans ; & pour y être Commerçans, nous n'avons pas befoin d'y faire la guerre, ou fi il faut faire la guerre pour ce commerce, c'eft une preuve démonftrative que nous ne devons pas y faire ce commerce.

Nous finirons par réfoudre une objection qu'on ne man-quera pas de faire contre les vérités que nous venons d'établir.

La plupart des raifons que nous donnons de n'efpérer plus aucun fuccès dans le commerce de l'Inde par la Compagnie, prouvent, nous dira-t-on, auffi fortement contre tout com-merce particulier qu'on pourroit y entreprendre. La fituation critique de l'Inde, celle de l'Europe en cas de guerre, la concurrence de la Compagnie Angloife, &c. font des obfta-cles qui doivent auffi s'oppofer à tout commerce François dans l'Inde, auffi-bien qu'à celui que nous y pourrions faire par le moyen d'une Compagnie à Privilége exclufif. Il s'en-fuivroit donc de nos principes qu'il nous fera à jamais im-poffible de faire aucun commerce dans l'Inde.

Nous pourrions dire que les obftacles que trouve la Compagnie à la continuation de l'exploitation de fon Privi-lége exclufif ne s'oppofent pas auffi fortement au commerce libre : que le commerce particulier échappe bien plus aifément

ment à la guerre que celui d'une grande Compagnie dont les envois, les retours, les opérations, font visibles à tous les yeux : qu'en cas de guerre, le pis aller du Négociant particulier est la suspension du commerce, au-lieu que cette suspension à laquelle les grandes Compagnies sont aussi forcées, est accompagnée de dépenses ruineuses, qui consomment en peu d'années une grande partie de leurs capitaux, &c. On trouvera la preuve de ces vérités dans ce que nous dirons plus bas de la possibilité du commerce particulier, en traitant la troisiéme question que nous avons annoncée ; nous nous contenterons ici d'une seule réflexion qui renverse l'objection qu'on vient de proposer.

La possibilité ou l'impossibilité d'un commerce particulier dans l'Inde, n'ont rien de commun avec la question que nous examinons ici. Il s'agissoit de savoir si la Compagnie peut espérer de faire déformais son commerce avec plus de succès que dans les années précédentes ; si elle peut se flatter d'une augmentation de capitaux ou de bénéfices de l'achat à la vente : nous avons prouvé que ces espérances étoient sans fondement, & qu'elle a les plus légitimes sujets de crainte pour l'avenir, ou plutôt une certitude entiere de voir déchoir encore & ses bénéfices & ses capitaux ; nous en avons conclu que la Compagnie ne peut pas se flatter de pouvoir conserver son Privilége exclusif pour le commerce de l'Inde. Nos principes sont vrais, la conséquence que nous en tirons est juste. Après cela que de ces mêmes principes il s'ensuive aussi que les François ne pourront faire aucun commerce, même particulier, dans l'Inde, (conséquence que nous n'avouons point, & que nous combattrons plus bas) c'est ce qui est parfaitement étranger à la véritable question, à la seule qui intéresse la fortune des Actionnaires, à la seule qu'il s'agissoit de traiter ici.

SECONDE

SECONDE QUESTION.

Les Actionnaires peuvent-ils continuer l'exploitation de leur Privilége exclusif ?

APRÈS avoir prouvé, comme on vient de le voir, qu'il n'est pas de l'intérêt des Actionnaires eux-mêmes de continuer le commerce, l'examen de cette seconde question peut paroître, & devient en effet superflu. Car puisque nous sommes assurés que la Compagnie a toujours détérioré son capital; que son commerce ne lui donne que de la perte même en tems de paix ; que rien ne peut lui faire espérer un avenir plus heureux ; qu'elle ne s'est soutenue jusqu'à présent que par les secours exorbitans que l'Etat lui a accordés ; il s'ensuit que quand même elle pourroit pourvoir aux besoins du moment, elle ne devroit pas profiter de cette ressource, qui ne pourroit que retarder sa ruine pour fort peu de tems, & compromettre visiblement la fortune de ses Actionnaires & de ses Créanciers.

Cependant, pour ne laisser aucune défense aux Partisans du Privilége exclusif de la Compagnie, nous allons encore faire voir qu'en supposant que les Actionnaires eussent le plus grand intérêt à continuer le commerce, ils sont aujourd'hui dans l'impossibilité de consulter cet intérêt prétendu.

En effet, la Compagnie a besoin, pour continuer son commerce en conservant son Privilége exclusif, d'un fonds nouveau de plus de soixante millions, qu'il est nécessaire qu'elle se procure d'ici à une époque très prochaine, soit pour satisfaire à ses engagemens, soit pour suivre le cours de ses opérations. Or elle est dans l'impossibilité de trouver une pareille somme ; elle ne peut donc pas continuer le commerce.

Nous

Nous prouverons la premiere de ces propofitions, en mettant fous les yeux de nos lecteurs le réfumé de l'Etat des dépenfes auxquelles la Compagnie reconnoît qu'il faut qu'elle fournifſe jufqu'au 31 Décembre 1772, dans le cas de la continuation de fon commerce, Etat fourni par la Compagnie comme les précédens, & que nous accompagnerons auſſi de quelques obfervations.

Je dis le réfumé de cet Etat, car l'Etat lui-même eſt trop volumineux pour être placé ici. On y fait connoître les befoins de la Compagnie mois par mois, du moment préfent au 31 Décembre 1772.

Suivant cet Etat, la Compagnie aura à emprunter pour remplir fes befoins :

S A V O I R ,

En Juillet 1769. . . . . 12,830,208 l.
En Janvier 1770. 10,397,562
En Août 1770. 10,370,262

———————————

33,598,032 l.

Nos obfervations feront courtes, mais décifives. Les befoins de la Compagnie ne fe trouvent bornés à cette fomme que parce que l'on a compté dans l'Etat dont il s'agit fur des Recettes qui ne fe réaliferont pas en entier, ou qui ne rentreront pas en argent, & par conféquent ne feront pas difponibles pour le commerce.

En effet, 1° On compte dans ces Etats le produit des deux prochaines ventes fur le pied de . . . . . 45,240,000 l.

2° On calcule comme fommes à recevoir en entier, d'ici à Décembre 1772, dans le cas de la continuation du commerce les articles fuivans.

Q   Juillet

Juillet 1770. . . Créances fur le Roi liquidées. 4,020,701 l.

Décembre 1770. {
Retours des marchandifes en-
voyées ci-devant aux Ifles. .   2,000,000
Droits de Tonneau de 1769,&c.   840,406

Juillet 1771. . . {
Meubles & Immeubles cédés
au Roi dans les Ifles de France & de Bourbon.   7,625,348

Décembre 1771. {
Droits de Tonneau de 1770.   840,406
Retours des marchandifes en-
voyées ci-devant aux Ifles. .   4,256,000
Retours des Ifles de l'Expédi-
tion de 1769 à 1770.   3,690,000

Décembre 1772. {
Droits de Tonneau de 1771.   1,050,000
Retours des Ifles de l'Expédi-
tion de 1770 à 1771.   3,690,000

T O T A L . . . . . 28,012,861 l.

Or, 1º fur le produit des deux prochaines
ventes, on prévoit, fuivant la IXe Obfervation
fur l'Etat de fituation ci-deffus, un *deficit* de .   1,920,000 l.
2º La fomme de 28,012,861 liv. eft formée
de différentes créances fur le Roi, fufceptibles
de quelques réductions, & qui, fuivant les appa-
rences, feront payées en contrats; des retours
à attendre des Ifles de France & de Bourbon
qu'on ne peut efpérer qu'en petite partie, avant
la fin de 1772, & tout au plus à raifon de
1,200,000 livres par an. En déduifant de ces
28,012,861 liv. ce que la Compagnie pourra en
recevoir en argent avant cette époque, & que
l'on eftime à 3 millions, les befoins de la Compagnie augmenteront de   25,012,861

26,932,861 l.

Ci-contre,

Ci-contre, ... 26,932,861 l.
A quoi il convient d'ajouter les intérêts pendant deux ans des deux fommes ci-deffus, ci.   3,231,936

Total des fommes comprifes dans l'Etat de
recette des Députés, & qui ne rentreront point
en argent, ce qui doit augmenter d'autant les
befoins. . . . . : . 30,164,797
Montant des befoins fuivant l'Etat des Députés. 33,598,032

Total des befoins réels de la Compagnie. 63,762,829 l.

Nous pouvons encore voir que les befoins de la
Compagnie montent à peu-près à cette fomme,
en jettant un coup d'œil fur l'Etat de Situation au
1 Avril 1769, que nous avons vu plus haut, &
en nous fouvenant toujours que la Compagnie
a befoin de deux fonds & demi pour continuer
le commerce.

En effet, nous avons vu que la Compagnie n'a
prefqu'aucun fonds dont elle puiffe difpofer pour
fon commerce; les 39 millions de fon actif con-
fiftant en contrats & fonds morts, & que,
pour le continuer, il lui faut

1° Les fonds néceffaires pour l'expédition
de cette année, montant, fuivant l'Etat fourni
par la Compagnie, à . . . . 17,175,000 l.

2° Ceux pour l'expédition de 1770, montant,
fuivant le même Etat, à 20,955,000

3° Les fonds néceffaires pour préparer l'expédition de la fin de 1771, le produit de la
vente de cette année ne pouvant y être deftiné. 12,000,000

4° Les fonds d'avances dans l'Inde qui,
ayant été compris dans l'actif & balancés par
le paffif, doivent être remplacés, ci. . . . 6,000,000

5° Les dépenfes de Paris & de l'Orient qui,

56,130,000 l.

De

De l'autre part, ... 56,130,000l.

à raifon de 3 millions par an, monteront, jufqu'à la rentrée en Janvier 1772 des fonds de
la vente de 1771, à 7,500,000

              TOTAL. . . . . . . 63,630,000l.

    A déduire,

Pour les 2,800,000 l. qui reftent en argent
à la Compagnie, toutes dettes payées. . . . 2,800,000

              Refte. . . . . . . 60,830,000l.

6° Les intérêts à payer de ces 60 millions
dont l'emprunt, qui feroit fait fucceffivement,
fubfifteroit au-moins pendant deux ans. . . . 6,083,000

Total des fommes à emprunter avant le mois
de Janvier 1772. . . . . 66,913,000l.

On ne peut donc pas révoquer en doute la première des Propofitions que nous avons avancée : favoir que la Compagnie
a befoin pour la continuation de fon commerce de plus de
foixante millions. Il nous refte à prouver qu'elle ne peut pas
trouver cette fomme.

Cette Affertion ne peut être conteftée par les perfonnes
inftruites de la fituation de la Compagnie ; il eft aifé de fentir
l'impoffibilité où elle eft de fe procurer un fonds auffi confidérable dans les circonftances préfentes : mais comme on pourroit prétendre qu'un emprunt de vingt ou trente millions
fuffiroit pour attendre un tems plus favorable, nous croyons
devoir montrer que cette reffource, toute foible qu'elle eft,
eft encore chimérique, & qu'elle ne peut que compromettre
la fortune des Actionnaires, & peut être celle des Prêteurs.

Une remarque générale fe préfente d'abord. C'eft qu'il ne
s'agit pas de favoir fi la Compagnie peut emprunter par des
moyens ruineux ; mais fi elle le peut en ne donnant qu'un intérêt

térêt raifonnable & compatible avec le foutien d'une entreprife de commerce. Or il paroît que fi la Compagnie peut
trouver des fonds, elle ne les trouvera qu'à un prix exorbitant.

Les rentes perpétuelles créées au denier 20 en 1751 &
1755, & qui par conféquent ont une hypothéque antérieure,
perdent aujourd'hui 25 à 26 p. ⁰∕₀. fur la place, & à ce prix
même, on ne pourroit en vendre qu'une petite quantité. On
ne peut pas, fans vouloir ruiner les Actionnaires, propofer
à de nouveaux Prêteurs, fous quelque forme que ce foit,
des avantages plus grands que ceux d'un emprunt qui
donne près de 7 p. ⁰∕₀. d'intérêt, avec l'efpérance de l'augmentation d'un quart fur le capital : cependant il faudroit un
intérêt plus grand encore pour déterminer les Proprié-
taires d'argent à confier des fonds à la Compagnie, fur-
tout dans le moment où fa détreffe eft connue, & où le feul
bien fonds qu'elle poffède eft totalement engagé par des hy-
pothéques antérieures.

En un mot, fi les conditions ne font pas très avantageufes,
l'emprunt ne fera pas rempli. Si au contraire il offre des
bénéfices capables d'exciter la cupidité, ces bénéfices ne peuvent être qu'aux dépens des Actionnaires dont ils ameneront
la ruine, & par cette raifon même, les gens fages n'y porte-
ront pas leurs fonds. Toutes les combinaifons poffibles doivent retomber dans l'un ou l'autre de ces inconvéniens.

Après cette premiere réflexion, entrons dans des détails
qui la confirment.

On n'emprunte qu'en donnant des fûretés. La fituation
des affaires de la Compagnie ne permet pas d'offrir d'hypothéque affurée & actuelle à ceux qui lui prêteroient des fonds.

Le feul objet qui puiffe fervir d'hypothéque à un nouvel
emprunt de la Compagnie, eft le principal de 180 millions
fur le Roi, ou la rente de neuf millions qui le repréfente.
Or, ce capital ne peut fervir à cet ufage.

En effet, on voit par le réfultat réel de la fituation de
la Compagnie, que la totalité des contrats appartenant

à la Compagnie pourra monter en
principal à . . . . 191,936,054 l.

    Et en revenu à . . . . . 9,477,442 l.

    Sur quoi il fera dû, tant en
rentes perpétuelles que pour le
principal des actions, en capital 136,830,623

    En revenu 6,415,697

Reftera en capital 55,105,431

En revenu 3,061,745

    Mais ce capital & ce revenu
font grevé de rentes viageres,
montant à 3,135,899

    Ces rentes affectent au denier
20 un capital de 62,717,980

    Ainfi, les rentes dues par la
Compagnie excédent fon capital
de 7,612,549

    Et fon revenu de . . . . 74,154 l.

Il ne refte donc plus d'hypothéque à donner pour de nouveaux emprunts.

Les fonds capitaux de la Compagnie étant ainfi engagés, ceux qui croyent encore à fes reffources, fe font vus réduits à indiquer comme autant d'objets, fur lefquels les Créanciers pourroient établir leur hypothéque.

1º Le fonds de 80 liv. de rente affuré à chaque Actionnaire par l'Edit du mois d'Août 1764, pour lequel les Prêteurs feroient fubrogés aux Actionnaires eux-mêmes.

2º Le fonds des rentes viageres qui doit être un jour libre par l'extinction future & fucceffive de ces rentes, & qui peut fournir, difent-ils, à des Prêteurs une fûreté fuffifante.

Ces deux projets font également infoutenables.

1º L'Edit du mois d'Août 1764, a établi une diftinction dans la nature des biens & des propriétés des Actionnaires : chacun d'eux a acquis une propriété entiere & affurée d'une
rente

rente de 80 liv. au principal de 1,600 liv. Le reste des biens
& des possessions de la Compagnie, ainsi que le droit à l'exercice du privilége du commerce est resté en commun.

Cet Edit a eu pour objet d'assurer aux Actionnaires cette
partie du dividende qu'on voudroit donner aujourd'hui comme
une hypothéque à de nouveaux Prêteurs, de le leur assurer,
dis-je, *d'une maniere fixe & indépendante de tout événement
futur du commerce.* Ce n'est qu'à cette condition que les Actionnaires ont consenti à l'appel des 400 liv. par action.

On ne faisoit que soupçonner alors ce que nous voyons clairement aujourd'hui, que l'exercice du privilége de la Compagnie étoit ruineux. Les Actionnaires sacrifierent une partie de
leur fortune pour sauver le reste, &, malgré les belles espérances dont on les flattoit, ils prévoyoient dès lors que les
fonds qu'ils laissoient dans le commerce seroient bientôt con-
sommés. Peut-on aujourd'hui leur proposer de faire de nouveaux sacrifices?

Les Actionnaires véritablement instruits de leurs intérêts,
ne sont sûrement pas disposés à revenir contre la délibération
qu'ils ont prise en 1764, & dans laquelle ils ont persisté à l'assemblée du 3 Avril dernier. Le résultat du commerce regi par la
nouvelle Administration depuis 1764, les dernieres nouvelles
reçues des différens comptoirs, la situation actuelle de l'Inde
& du commerce, ne peuvent que leur faire sentir tout l'a-
vantage de cet Edit, & les engager à demander qu'il ne lui
soit porté aucune atteinte.

Non-seulement la propriété de la rente attachée à l'action
est indépendante des risques du commerce, mais on peut
dire encore qu'elle l'est de la volonté des autres Actionnaires :
en effet, un Actionnaire ne peut-il pas prétendre que l'Edit de
1764 a changé l'Etat de la Société entre les Actionnaires,
qu'il en a tiré les 59 millions faisant le fonds des actions ainsi
que les intérêts, & qu'il n'a laissé en commun que le surplus
des fonds appartenans à la Compagnie; que la pluralité des
Actionnaires peut disposer des fonds restés en commun, qu'elle
peut statuer sur la forme de l'administration du Privilége,
même le céder ou le partager, mais que les droits à la rente
de 80 liv. ne sont plus en commun, qu'ils sont absolument in-
dividuels.   **Les**

Les Actionnaires délibérans peuvent fans doute engager leurs propres actions; mais ils ne peuvent engager celles des abfens; & qui refuferoient d'hypothéquer les leurs; d'autant plus que les délibérans ne repréfentent jamais que la fixiéme partie au plus des Actionnaires, à la propriété defquels on porteroit atteinte.

Enfin, un Actionnaire peut dire, que dans tout ce qui eft relatif au commerce, fes Affociés peuvent le lier, mais que perfonne n'eft fon Affocié dans la propriété d'un effet qu'un Edit folemnel a féparé totalement du commerce de la Compagnie: que c'eft dans cette confiance qu'il a fourni à l'appel en 1764; qu'il a cru que la propriété de fa rente de 80 liv. lui étoit auffi affurée que celle d'une rente fur la Ville, ou de tout autre effet public; qu'il a contracté en conféquence, des engagemens qui ne pourroient plus fubfifter, fi ce principal & les intérêts fe trouvoient de nouveau rifqués dans le commerce.

Je ne vois pas trop ce qu'on pourroit répondre à un Actionnaire qui raifonneroit ainfi. Cependant je ne donne cette raifon d'oppofition de fa part, que comme une conjecture que je foumets au jugement des Intéreffés eux-mêmes.

2° Examinons maintenant le projet d'emprunt hypothéqué fur l'extinction future des rentes viageres.

Il eft vrai que des 191 millions qui forment le capital de la Compagnie en Contrat, 136 millions feulement font aliénés en rentes perpétuelles, & que les 55 millions reftans fe libéreront fucceffivement par l'extinction des trois millions de rentes viageres. Mais quel ufage peut-on faire de cette propriété éventuelle? Il n'eft point de Prêteur qui confente à donner fes fonds, dans ce moment, pour n'en recevoir les intérêts qu'à mefure de l'extinction des rentes viageres: ces fortes de fpéculations éloignees ne font pas ordinaires au moins en France; nous voulons jouir promptement, & fi la Compagnie vouloit aujourd'hui vendre cette propriété, elle ne pourroit la vendre qu'à perte & feulement à des étrangers, accoutumés à une économie qui leur permet de fe paffer pendant quelque tems de leur revenu, dans l'efpérance d'accroître confidérablement leur capital, & qui même avec cette efpérance, ne prêteroient qu'à un prix exorbitant.

Jufqu'à l'extinction de ces rentes viageres, fur quels fonds

les

les prêteurs feront-ils affurés de toucher les intérêts de leurs capitaux ? On ne peut les affecter fur les bénéfices du commerce qui font nuls ou au moins très-incertains ; il faudra donc que la Compagnie emprunte annuellement les fommes néceffaires au payement de ces arrérages ; mais trouvera-t-elle à emprunter ? On fent combien ce projet feroit ruineux pour les Actionnaires qu'il dépouille de la feule reffource qui leur refte pour réparer les pertes qu'ils ont fouffertes, & pour les prêteurs qui courroient le rifque évident de ne toucher de long-tems leurs intérêts.

Plufieurs Actionnaires peuvent fe faire illufion fur la facilité avec laquelle le dernier emprunt a été rempli ; mais ce fuccès doit être attribué à diverfes caufes qui ne peuvent avoir lieu pour un emprunt proportionné aux befoins de la Compagnie.

Ces caufes font, 1° La forme de cet emprunt qui ne peut être employé que pour des befoins momentanés, & non pour des emprunts perpétuels. On peut rifquer au jeu une partie de fon fuperflu ; mais perfonne ne s'expofera à attendre tous les ans fon revenu du hazard d'une Loterie.

2° La fûreté du remboursement affecté fur la vente prochaine, dont la rentrée eft certaine au moins pour la fomme qui y a été engagée.

3° La briéveté du délai entre l'emprunt & le rembourfement ; ce terme n'eft tout au plus que de huit mois ; les billets & les lots doivent être pris pour comptant à la vente, ce qui abrége encore ce délai de deux mois.

4° La modicité de la fomme qui a pû être aifément fournie par le nombre de citoyens qui eft en état de rifquer une partie de fon fuperflu.

5° Il faut convenir que le Public s'eft fait payer un peu cherement fa confiance. Cet emprunt coûte à la Compagnie fur le pied de dix p. $\frac{o}{o}$ par an.

6° Enfin, il eft manifefte que cette forme d'emprunt ne peut être adoptée pour un engagement perpétuel d'une fomme beaucoup plus confidérable, & qu'il feroit ruineux pour les Actionnaires, & contraire au crédit public.

La Compagnie, dira-t-on, a d'autres biens libres ; tels font fes fonds actuellement circulans dans fon commerce &

R   ceux-mêmes

ceux-mêmes qu'elle empruntera dans ce moment dont les prêteurs pourront fuivre l'emploi, & qui continueront d'être leurs gages, auffi bien que les bénéfices que le commerce donnera.

Il eft inutile de nous arrêter à prouver que les nouveaux capitaux, confiés à la Compagnie, ne peuvent pas fe fervir d'hypotheque à eux-mêmes; à ce compte il n'y auroit aucune entreprife de commerce, quelque décriée qu'elle fût, pour laquelle on ne pût trouver de fonds. Les nouveaux prêteurs courroient tous les rifques du commerce, & les Actionnaires en retireroient les bénéfices fi l'on pouvoit en efpérer : on fent combien cette forme d'emprunt feroit contraire aux régles de la juftice & de la bonne foi.

On convient que, tant que le commerce fera heureux, les capitaux feront affurés, ainfi que le paiement des intérêts; mais au premier revers, la Compagnie ceffera de payer les intérêts, & peut-être les Créanciers auront-ils de la peine à retirer une partie de leurs capitaux.

Quant aux bénéfices futurs, ce que nous avons dit plus haut de leur diminution fucceffive depuis 1725 jufqu'à préfent, & de la certitude qu'ils diminueront encore, empêche d'établir aucune efpérance raifonnable fur ce fondement, & par conféquent de donner fur cet objet aucune fûreté recevable par de nouveaux prêteurs.

Je ne doute pas cependant qu'on ne fourniffe des plans de nouvel emprunt qui feront fort ingénieufement combinés. Jamais la fubtilité financiere ne fe trouve arrêtée par le défaut de projets. Elle en produira avec la plus grande facilité, & fi on prend la peine de les difcuter les uns après les autres & d'en montrer les vices & l'impoffibilité, elle en fournira de nouveaux qu'il faudra difcuter encore. Ce font les têtes de l'Hydre, mais il faut les couper en un coup & toutes à la fois, en difant qu'avec les pertes qu'a effuyées la Compagnie & dans les circonftances actuelles, les Actionnaires ne trouveront pas foixante, ni quarante, ni même trente millions pour continuer leur commerce. Si cette affertion a befoin d'être prouvée au long, ce ne peut être que pour les gens à qui on ne prouve rien.

Mais,

Mais, diront les défenseurs du Privilége exclusif, nous convenons que la Compagnie ne peut pas se soutenir par ses propres forces ; c'est à l'Etat à l'aider, comme il a déja fait plusieurs fois ; si le Roi veut lui continuer sa protection & ses secours, elle se relevera de l'abaissement où elle est, & reprendra son ancienne splendeur ; elle n'est donc pas dans l'impossibilité absolue de continuer son commerce.

Il faut que l'intérêt ou les préjugés aveuglent les esprits de ceux qui donnent de pareilles raisons, ou qui les trouvent bonnes.

1º Toute entreprise de commerce qui ne se soutient pas par elle-même, qui a besoin de secours étrangers & continuels, est à la lettre dans l'impossibilité absolue de subsister ; parce qu'il est de l'essence & de la nature d'une entreprise de commerce de s'alimenter par ses profits. C'est une extravagance, le terme n'est pas trop fort, que de vouloir continuer une entreprise qui ruine ses Entrepreneurs. Certainement si à la création de la Compagnie on eut annoncé au public que le commerce de l'Inde ne donneroit par lui-même que des pertes, mais que l'Etat le soutiendroit d'une partie de son revenu, la Compagnie ne se seroit jamais formée, & le Gouvernement lui-même ne se fût pas prêté à son établissement, s'il eut prévu en 1717, que cette entreprise lui coûteroit, en quarante ans, près de quatre cents millions.

Si l'on ne regarde pas aujourd'hui ces dépenses du Gouvernement comme un très-grand abus, c'est qu'on s'est accoutumé à voir faire ces sacrifices qui n'en sont pas moins contraires au bien public, pour avoir été faits souvent.

2º Que de choses plus utiles, ou du moins aussi utiles que de maintenir le commerce exclusif de l'Inde, que l'Etat ne peut pas exécuter ! Il seroit utile que les chemins du Royaume fussent en beaucoup plus grand nombre ; qu'ils fussent construits d'une maniere moins à charge aux habitans des campagnes. Il seroit utile que la France fut traversée de canaux navigables. Il seroit utile que les impôts fussent moins pesans, soit par leur quotité, soit par la forme de leur administration. Il seroit utile que les dettes de l'Etat fussent liquidées, &c. & sans doute tous ces objets seroient d'une utilité plus vraie,

plus

plus durable, plus importante que le maintien du commerce exclufif de l'Inde, quelque avantageux qu'on le fuppofe.

Cependant telle eft la fituation des affaires, (& prefque tous les Etats politiques de l'Europe font à cet égard comme la France) que l'Etat ne peut faire toutes ces entreprifes, dont plufieurs feroient des fources abondantes de richeffes : on a beau voir clairement qu'elles apporteroient des avantages infinis ; on eft forcé d'y renoncer pour fatisfaire à des befoins plus preffans ; & fur-tout à celui de foulager les Peuples, & de liquider les dettes de l'Etat.

3° Les demandes que font aujourd'hui au Gouvernement les Députés & Adminiftrateurs de la Compagnie, fuffifent pour prouver combien il eft impoffible de la foutenir. Ils veulent que le Roi s'affocie au commerce, en achetant 3,079 actions pour, avec les 36,921 actuellement exiftantes, faire en tout 40,000 actions.

Que le Roi fe reconnoiffe Débiteur envers la Compagnie d'un nouveau capital de 30 millions au denier 25, dont partie fera en paiement des 13 à 14 millions actuellement dus par le Roi, & les 16 ou 17 millions d'excédent repréfenteront la perte qu'on lui a fait fouffrir en lui retirant le Privilége de la traite des Noirs, en permettant l'introduction des caffés, & en laiffant à fa charge des dépenfes de Souveraineté dans les différens comptoirs de l'Inde.

On ne peut s'empêcher de trouver ces deux demandes bien extraordinaires en elles-mêmes, & d'après les motifs fur lefquels elles font fondées.

En 1764, le Roi a donné à la Compagnie 11,835 actions dont il étoit Propriétaire depuis long-temps, on lui propofe d'en racheter une partie : cela eft il jufte ? Le Gouvernement n'a-t il pas lieu de craindre qu'on ne veuille les lui revendre encore aux premiers befoins de la Compagnie ?

On ne comprend pas non-plus comment les Députés & Adminiftrateurs peuvent imaginer qu'outre ce premier article, qui fe monteroit à environ 5 millions, le Roi leur donnera, en pur don, 16 ou 17 millions par-delà la fomme de 13 ou 14 dont il leur eft redevable. Ils auroient du fentir qu'il y a aujourd'hui des befoins plus preffans à fatisfaire, des devoirs

mêmes

mêmes plus importans à remplir de la part du Gouvernement.

Les raisons qu'ils alléguent tombent au premier examen. L'Etat ne doit point d'indemnité pour un Privilége retiré ou restraint. Mais, en tout cas, la Compagnie a été indemnisée & par-delà, de la perte de son Privilége à la traite des Noirs par une augmentation de $\frac{3}{2}$ liv. par tonneau d'exportation, qui lui a été accordée par l'Arrêt du Conseil du 31 Juillet 1767: augmentation qui lui a été beaucoup plus utile que le commerce du Sénégal & de Guinée; ces deux branches de leur Privilége lui ayant toujours été à charge par les dépenses excessives des établissemens de Gorée & du Sénégal.

Quant au préjudice que la Compagnie a souffert, par l'introduction des caffés de Marseille, nous ne saurions l'évaluer; mais cet objet ne peut être que très-modique.

Enfin, les dépenses de Souveraineté sont une condition nécessaire de l'exploitation du Privilége; &, puisque la Compagnie vouloit en avoir les bénéfices, il étoit juste qu'elle en supportât les charges.

Les 21 ou 22 millions que la Compagnie demande (abstraction faite des 13 ou 14 qui lui sont dus) seroient donc un nouveau don du Roi absolument gratuit, auquel la Compagnie n'a aucun droit, & qu'il faudroit ajouter à tout ce qu'il en a déja coûté à l'Etat, depuis 1725, pour le soutien du Privilége exclusif. On ne croit pas qu'aucun homme désintéressé & citoyen puisse penser, après un peu d'attention, qu'il soit ni juste ni raisonnable que le Gouvernement fasse cette nouvelle dépense pour la Compagnie.

Mais ce sacrifice seroit d'autant moins raisonnable qu'il seroit insuffisant. En effet, la Compagnie ne peut pas espérer que le Roi lui paye comptant aucune partie de cette valeur de trente-cinq millions. Cela est trop clair & trop connu pour avoir besoin de preuve. Or que fera-t-elle avec cette augmentation de trente & tant de millions de son contrat sur le Roi? trouvera-t-elle en argent les fonds dont elle a besoin? ou les trouvera-t-elle à un intérêt raisonnable? Non. Il lui sera donc impossible de continuer son commerce, & les nouveaux

veaux facrifices que lui aura faits l'Etat, feront perdus comme les anciens.

La Compagnie croira-t-elle trouver une reffource dans un emprunt par voie d'appel ? Elle demande en effet à y être autorifée. Elle propofe de faire un appel de trois cent livres par action avec l'interêt légal de quatre p. $\frac{0}{0}$, & quatre p. $\frac{0}{0}$ à prendre fur le bénéfice des ventes, & que l'Actionnaire qui ne fournira pas à cet appel, fubroge le prêteur jufqu'à due concurrence defdits quatre p. $\frac{0}{0}$. d'interêt à l'hypotheque de fes actions & à celle de la rente de 80 liv. qui lui a été affectée.

On voit combien cette reffource eft infuffifante. 1° On attribue à cet emprunt un intérêt fixe & certain de quatre p. $\frac{0}{0}$, & un fecond intérêt égal à prendre fur le produit des ventes. Les prêteurs fentiront bien qu'ils ne peuvent compter que fur le premier, & en effet ils feront prefque affurés de ne pas toucher, au moins en tems de guerre, les quatre p. $\frac{0}{0}$ à prendre fur les ventes; ainfi cet emprunt offre beaucoup moins d'avantages que l'achat fur la place des promeffes de paffer contrat, qui, avec une hypotheque plus ancienne, offrent près de fept p. $\frac{0}{0}$ & un accroiffement d'un quart du capital en cas de rembourfement.

D'ailleurs les Actionnaires fe font déja refufés à confentir de fubroger de nouveaux prêteurs à l'hypotheque qui leur a été refervée par l'Edit d'Août 1764, & l'on ne doit pas compter qu'ils changent d'avis, lorfqu'ils feront inftruits du peu de bénéfice, ou plutôt des pertes que donnent le commerce, même en tems de paix.

Enfin ces fecours feroient infuffifans : ils ne procureroient que douze millions, en fuppofant que l'emprunt eut le plus grand fuccès ; &, fuivant les calculs des Députés eux-mêmes, ils auroient encore befoin de dix millions au mois de Mars & autant au mois d'Août de l'année prochaine, & cela indépendemment des vingt-huit millions qu'ils ont compté en recette & qui ne leur rentreront pas. Comment efperent-ils trouver ces nouveaux fonds ? ils n'en indiquent pas même les moyens. Ainfi quand le Roi leur accorderoit des demandes auffi exorbitantes, ils fe trouveroient bientôt encore plus embaraffés.

Les

Les demandes de la Compagnie au Gouvernement sont donc d'une part mal fondées, tandis que de l'autre elle ne seroit pas en état de continuer son commerce, quand le Roi es lui accorderoit. Il en faut conclurre qu'elle est dans l'impossibilité de trouver les moyens de continuer son commerce. C'est le but auquel nous avons voulu arriver par l'examen de notre seconde Question.

TROISIÉME

TROISIÉME QUESTION.

Est-il de l'intérêt de l'État de soutenir le Privilége exclusif de la Compagnie des Indes?

L'EXAMEN des deux premieres Questions & la solution que nous y avons donnée, pourroit nous dispenser de traiter celle-ci. En effet, s'il est vrai qu'il ne soit pas de l'intérêt des Actionnaires de continuer le commerce de l'Inde, il est inutile d'examiner si l'Etat peut souffrir de la suppression ou de la suspension du Privilége.

Cette utilité ne seroit pas une raison suffisante pour obliger un Corps de Négocians, & un nombre considérable de Particuliers à y sacrifier une partie de leur fortune ; toute Entreprise devant être de quelque profit, ou du moins ne devant pas être une cause de ruine pour des Entrepreneurs qui ont fourni des fonds librement, & qui ne les ont fournis que dans la vue de retirer quelque avantage de cet emploi de leurs capitaux.

A la vérité on entend des Actionnaires, & sur-tout de ceux qui ont quelque intérêt à l'administration, dire « qu'ils doi-
» vent continuer l'exercice de leur Privilége, quelque perte
» qu'il puisse en résulter pour eux ; que le sentiment flatteur de
» l'utilité du commerce de l'Inde pour l'Etat, doit les dédom-
» mager de ce sacrifice ; qu'il faut se montrer patriote, &c. »

De toutes les manieres de défendre la nécessité de conserver l'exercice du Privilége exclusif de la Compagnie, la plus mauvaise, sans doute, est celle de mettre en avant ce prétendu patriotisme que l'Etat ne demande point, & qu'on peut regarder avec raison, dans plusieurs de ceux qui s'en servent, comme l'ouvrage du préjugé, ou ce qui seroit pis encore, d'une inutile affectation.

Que fait le patriotisme dans une affaire pareille? Un Commerçant

merçant doit être patriote comme tout autre citoyen ; mais ce n'eſt pas en ſa qualité de Commerçant ; & en tout cas ſon patriotiſme ne peut pas conſiſter à faire pour le bien de l'Etat, un commerce ruineux pour lui-même.

On auroit ſans doute de meilleures raiſons d'exiger du patriotiſme d'un Propriétaire de mauvais terrein, d'employer tout ſon produit net à le cultiver, quand il ne devroit lui rendre que les frais de récolte, ou le conſtituer en perte réelle. Un pareil emploi de fonds ne ſeroit pas plus déraiſonnable, que l'exploitation d'un commerce qui donne des pertes continuelles. Cependant perſonne ne propoſera ſérieuſement une entrepriſe ſemblable de culture, & perſonne n'alléguera le patriotiſme comme un motif ſuffiſant pour y déterminer un Propriétaire.

Mais ce qu'il y a de plus étrange encore dans cette allégation de patriotiſme eſt, qu'elle eſt employée le plus ſouvent par des perſonnes qui ſe donnent le droit d'être patriotes aux dépens d'autrui. Je veux dire par les Adminiſtrateurs des intérêts des Actionnaires. En effet, les Membres de l'adminiſtration comme tels, ne ſont que les chargés d'affaire des Actionnaires qu'ils repréſentent. Or, quoiqu'ils puiſſent ſans doute faire en leur propre & privé nom de grands ſacrifices au bien public, & que pluſieurs d'entre eux fuſſent capables de cet effort, ils ne ſont pas en droit en leur qualité d'Adminiſtrateurs, de perdre un moment de vue l'intérêt particulier des Actionnaires ; tout ce qu'ils négligeroient de faire gagner, & tout ce qu'ils feroient perdre aux Actionnaires, ſeroit autant d'arraché à la propriété de leurs Commettans, qu'ils ſont obligés & de conſerver & d'augmenter.

Au reſte, je décrie ce patriotiſme prétendu, avec d'autant moins de ſcrupule, que je le trouve très-mal entendu & fondé ſur une idée fauſſe de la Société. Ceux qui s'en parent ſuppoſent que la Société peut avoir quelque intérêt à continuer un commerce qui ruine ceux qui le font, c'eſt-à-dire, que le mal particulier & conſtant d'un grand nombre de membres de la Société, pourroit être un bien pour la choſe publique. Or, je le demande, y a-t-il un paradoxe plus revoltant & une aſſertion plus fauſſe ? La Société entiere eſt conſtituée, ou

S   doit

doit l'être pour le bien de chaque individu, c'eſt là le premier ou plutôt l'unique motif de ſon établiſſement.

Loin que des négocians doivent ſe ruiner pour l'Etat, c'eſt à l'Etat à protéger les négocians & à empêcher leur ruine par tous les moyens qui ne ſont pas nuiſibles à la Société elle-même, c'eſt-à-dire, par la protection & la liberté; mais le cas eſt chimérique, où la ruine conſtante & ſuivie d'une claſſe de citoyens ſeroit de quelque utilité à la ſociété. Toujours le bien général réſulte du bien être des individus, & le bonheur particulier eſt la ſeule route qui conduiſe ſûrement au bonheur général.

D'un autre côté, ſi les Actionnaires ſont dans l'impoſſibilité de continuer leur commerce, il eſt encore ſuperflu de rechercher ſi l'Etat a quelque intérêt à cette continuation. En effet, quelque ſolution que l'on donne à cette derniere queſtion, les défenſeurs du Privilége excluſif de la Compagnie n'en pourroient encore tirer aucun avantage; car, que leur ſervira qu'on convienne avec eux que ce Privilége eſt d'une grande utilité pour l'Etat, ſi eux-mêmes ne le peuvent pas ſoutenir, & ſi l'Etat de ſon côté ne peut pas continuer de faire pour eux les ſacrifices onéreux qu'il leur a faits ſi long-temps. Or, l'impuiſſance de la Compagnie à ſoutenir l'exploitation de ſon Privilége excluſif, demeure prouvée par tout ce que nous avons dit de ſa ſituation actuelle dans l'examen des deux premieres Queſtions; & quant à l'impoſſibilité où ſe trouve le Gouvernement de ſacrifier aucune partie du revenu public au ſoutien de la Compagnie, elle n'eſt ignorée de perſonne, & les défenſeurs du Privilége de la Compagnie ne peuvent pas ſe la diſſimuler.

D'après ces deux Obſervations, la queſtion que nous annonçons devient au fonds oiſeuſe & inutile pour décider le parti qu'on doit ou qu'on peut prendre relativement à la Compagnie. Cependant comme elle eſt ſouvent agitée, que c'eſt de cette utilité qu'argumentent continuellement les défenſeurs du commerce excluſif de l'Inde, nous nous déterminerons à entrer dans cette diſcuſſion.

Si les dépenſes que le Gouvernement a faites pour le ſoutien du commerce excluſif de l'Inde, ont été infiniment plus onéreuſes reufes à l'Etat que le Privilége exclufif ne lui a apporté d'avantages, en fuppofant qu'il lui en ait apporté quelques-uns.

Si ces avantages, quels qu'ils ayent été & même de plus grands, pouvoient & peuvent être procurés à l'Etat par le commerce particulier & libre, & fans l'intervention d'une Compagnie exclufive, il n'eft pas de l'intérêt de l'Etat de foutenir le Privilége exclufif de la Compagnie. Or, je vais prouver ces deux propofitions.

§. I.

Le Privilége exclufif de la Compagnie a été plus onéreux à l'État, qu'il ne lui a apporté d'avantages.

Nous pourrions établir cette propofition, en calculant les frais & le produit du commerce de l'Inde ; ce qu'il exporte de matieres d'or & d'argent, & de marchandifes nationales ; ce qu'il importe de marchandifes étrangeres ; ce que les capitaux employés au commerce de l'Inde produifent d'excédent de valeur dans la Nation, fi tant eft qu'ils y en ayent jamais produit, &c.

On calculeroit d'un autre côté les effets qui pourroient réfulter d'un emploi différent des capitaux mis dans le commerce de l'Inde. Par exemple, ce que le Royaume auroit pu tirer d'avantages de ces mêmes capitaux verfés dans des entreprifes de culture, de navigation, de manufactures, de commerce étranger de quelque autre efpece. On rechercheroit aufli la fomme des valeurs prifes fur le revenu public pour foutenir le commerce de l'Inde depuis un certain nombre d'années ; on en feroit une année commune, qu'il faudroit ajouter aux dépenfes néceffaires pour l'exploitation du Privilége exclufif, & la comparaifon de ces différens élémens de calculs, donneroit un réfultat qui paroît, au moins au premier coup d'œil, ne pouvoir être favorable au Privilége exclufif.

Mais cette maniere de traiter la Queftion nous jetteroit dans des difcuffions longues & abftraites ; nous ferions obligés de remonter à des principes généraux, d'en tirer des conféquences, & d'en faire au cas dont il s'agit ici, des applications qui demanderoient des détails trop étendus.

S 2   Nous

Nous prendrons une voie plus courte & plus aisée à suivre : nous nous contenterons de donner un résultat exact, 1º de ce que l'Etat a dépensé pour la Compagnie depuis son établissement, 2º du produit des ventes en marchandises de l'Inde ; la comparaison de ces deux objets mettra le public & les Actionnaires à potée de juger si l'Etat a gagné ou perdu à soutenir le Privilége exclusif de la Compagnie.

Pour estimer les dépenses faites par l'Etat en faveur de la Compagnie & de son Privilége exclusif, il faut se rappeller ce qu'elle a eu de fonds originaire appartenant aux Actionnaires. Tout ce qu'elle aura reçu du Gouvernement en sus de ce premier fonds, lui aura été donné en considération de son Privilége exclusif, & n'auroit pas été dépensé par l'Etat, si ce Privilége n'avoit pas eu lieu.

L'Edit du mois de Décembre 1717, qui établit la Compagnie d'Occident, en fixa le fonds à cent millions, payables en billets d'Etat, pour lesquels le Roi créa quatre millions de rentes au profit de la Compagnie ; savoir, deux millions sur la Ferme des Contrôles, un million sur la Ferme du Tabac, & un million sur celle des Postes. Le 1er Août 1718, la Compagnie se rendit Adjudicataire de la Ferme du Tabac sur le pied de quatre millions 20,000 liv. ; & par l'Edit du mois de Septembre suivant, Sa Majesté aliéna au profit de la Compagnie, quatre millions sur cette Ferme, pour tenir lieu de la même rente créée par l'Edit de 1717.

Le 19 Septembre 1719, un Arrêt du Conseil réduisit à trois p. $\frac{0}{0}$ la rente du capital de cent millions, y affecta la Ferme du Tabac, & ordonna que la Compagnie retiendroit annuellement trois millions par ses mains pendant la durée de son Bail, & qu'ensuite les Adjudicataires qui lui succéderoient, lui payeroient la même somme de mois en mois à raison de 250,000 liv.

La jouissance du Bail fut interrompue pendant la Régie ordonnée par Sa Majesté, pour les affaires de la Compagnie & pour la reddition de ses comptes. Cette Régie ayant cessé, & le Roi ayant jugé à propos de rétablir la Compagnie dans la jouissance de ses effets, il fut rendu le 22 Mars 1723, un

Arrêt

Arrêt du Conseil qui lui accorda la vente exclusive du Tabac, *pour lui tenir lieu de la rente de trois millions* jusqu'à la concurrence de deux millions 700,000 liv., le Roi se réservant de pourvoir au payement des 300,000 liv. restans.

En conséquence il fut ordonné, par un Arrêt du 1ᵉʳ Septembre suivant, « qu'il seroit passé à la Compagnie des Indes » un contrat d'aliénation, *à titre d'engagement* du Privilége » exclusif de la vente du Tabac, pour demeurer quitte par » Sa Majesté de la somme de quatre-vingt dix millions sur la » somme de cent millions qui font l'ancien fonds de ladite » Compagnie, & qui, par elle, ont été portés au Trésor Royal » en exécution de l'Edit du mois de Décembre 1717 ».

Le Contrat fut passé le 19 Novembre 1723, & cette aliénation fut confirmée par l'Article VII de l'Edit du mois de Juin 1725.

La Compagnie, en jouissant du produit de la vente exclusive du Tabac, étoit donc censée n'avoir qu'un équivalent de deux millions sept cent mille livres de rente, & le Roi lui donnoit trois cent mille livres par an pour completter la rente à trois p. ⁰⁄₀ du capital de cent millions.

Ces faits une fois établis tout ce que la Compagnie a reçu par-delà l'intérêt à trois p. ⁰⁄₀ de quatre-vingt-dix millions, est une grace du Souverain prise sur les revenus publics, c'est-à-dire, en derniere analyse sur toutes les classes des citoyens.

Or, à ne compter que de 1723 au 30 Juin 1747, on trouve déja une somme de plus de 130 millions donnée par le Roi à la Compagnie par-delà ce qu'elle auroit dû recevoir, en vertu de sa rente de trois millions. En voici le calcul.

A trois millions par an la Compagnie n'auroit dû recevoir, à compter du premier Avril 1723 jusqu'au 1ᵉʳ Juillet 1747, que . . 60,625,000 l.

Dans ce même intervalle, la Compagnie a reçu en 1725 . . 7,900,000

De 1725 au 30 Avril 1730 annuellement 7,500,000

Du

Du 30 Avril 1730 à 1735 . . . . . : =
de prix de Bail des Fermiers-Généraux. 7,500,000
Et du 1er Juillet 1735 jusqu'au
1er Juillet 1747 8,000,000

Recette totale du 1er Avril 1723 au 1er
Juillet 1747 . . . . 191,012,353 l.
On a vu plus haut qu'elle n'auroit dû rece-
voir que . . . . : . . . 60,625,000
Ainsi elle a profité sur l'Etat & aux dépens
des autres citoyens de 130,387,353

Il semble que les Administrateurs auroient dû se contenter d'un bénéfice aussi considérable, qu'ils devoient craindre que le Ministere n'ouvrît les yeux, & qu'en les rame-
nant à l'exécution du titre originaire, il ne fut tenté de
procurer à l'Etat un soulagement de 5,300,000 liv. par an,
en retirant une concession dont le produit excédoit beaucoup
la dette de l'Etat, & qui étoit par-là manifestement faite
aux dépens de la chose publique. Cependant nous allons voir
la Compagnie s'efforcer de prouver au Gouvernement qu'elle
a souffert une perte réelle, faire de cette perte un motif
de demandes exorbitantes, & qui plus est obtenir de nouveaux secours aussi onéreux à l'État que les précédens : c'est
ce qui se passa en 1747.
On a vu ci-dessus que le capital de la Compagnie étoit
diminué de 1725 à 1743 de près de quatorze millions. Les
dépenses occasionnées par la guerre, qui suivit de près cette
époque, absorberent bientôt la plus grande partie des fonds
circulans dans son commerce. Elle suspendit le payement des
dividendes des années 1744 & 1745, & elle demanda aux
Actionnaires un supplément de fonds de deux cents livres par
action, auquel joignant les trois cents livres pour les deux
années de dividendes, elle donna en payement aux Actionnaires des billets d'emprunt de cinq cents livres, dont elle fit
l'intérêt au denier vingt ; par ce moyen elle épargna dans
ces

ces deux années un payement de quinze millions, & elle se procura un nouveau fonds de dix millions.

Malgré ces secours la continuation des mêmes dépenses augmenta encore la détresse & excita l'inquiétude des Actionnaires, qui jusqu'alors, s'étoient regardés comme de simples rentiers, & par cette raison avoient pris peu d'intérêt aux succès du commerce. Les Administrateurs de la Compagnie, pour ranimer la confiance des Actionnaires, eurent recours aux bontés de Sa Majesté.

Ils présenterent un Mémoire contenant douze chefs de demandes qu'ils firent monter à des sommes immenses. Si ces demandes avoient été discutées rigoureusement, il est vraisemblable qu'elles auroient été réduites bien plus encore qu'elles ne le furent; mais l'on crut nécessaire alors de soutenir cet établissement; les circonstances engagerent à donner à la Compagnie un nouveau crédit pour faire face à des emprunts qui lui étoient devenus nécessaires, & qui s'effectuerent peu après; & c'est d'après ces motifs que le Roi voulut bien 1° porter l'intérêt des anciens cent millions de trois à cinq p. $\frac{\circ}{\circ}$, 2° se reconnoître débiteur de quatre-vingt millions au denier vingt, ce qui fit monter le capital de la dette du Roi à cent quatre-vingt millions, & l'intérêt de la totalité de ce capital à neuf millions: ce sont les dispositions de l'Edit du mois de Juin 1747.

Arrêtons-nous d'abord sur cette conversion à cinq p. $\frac{\circ}{\circ}$ de la rente du capital de cent millions, qui n'avoit été constituée originairement qu'à trois p. $\frac{\circ}{\circ}$.

On ne démêle dans l'Edit aucun motif particulier de cette clause si avantageuse à la Compagnie & si onéreuse à l'Etat. Elle n'y est même énoncée qu'incidemment; comme si une disposition qui chargeoit l'Etat envers la Compagnie d'une rente de deux millions eut été d'une petite importance. On ne peut donc l'attribuer qu'à la résolution formée de soutenir la Compagnie, à quelque prix que ce fût, d'après les idées qu'on se faisoit alors de son utilité pour le commerce & pour les opérations de finance, idées un peu différentes de celles qu'on en a aujourd'hui.

Quoi qu'il en soit, le Roi, par cet Edit, donnoit en

pur

pur don à la Compagnie deux millions de rente ; elle les a perçus depuis l'époque de 1747 jusqu'à préfent, c'eft-à-dire, pendant 22 ans, c'eft une fomme de 44,000,000 qu'il faut compter parmi les fecours abfolument gratuits que le Roi a accordés
à la Compagnie, pour l'encouragement de fon commerce.

2° Pour mettre le public à portée de juger fi les 80 millions
étoient réellement dûs par l'État à la Compagnie, ou fi cette
conceffion ne doit être regardée, au moins en grande partie,
que comme une pure grace, il fuffit de quelques réflexions
fur le Mémoire qui a fervi de fondement à l'Edit du mois de
Juin 1747. Le Mémoire entier fe trouvera parmi les Piéces
juftificatives, & fervira à tout Lecteur défintéreffé d'une
preuve, entre cent autres qu'on pourroit donner, du peu de
modération des Compagnies exclufives dans leurs demandes
au Gouvernement.

Les motifs de la conceffion de la fomme de quatre-vingt
millions énoncés dans les demandes de la Compagnie, approu-
vés par le Roi en marge defdites demandes, ou articulés dans
l'Edit de Juin 1747, font 1° Que c'eft à la bonne exploitation
de la Compagnie que l'augmentation du produit de la Ferme
du Tabac doit être attribuée, que le produit n'étoit que de 3
millions lorfque la Ferme lui fut aliénée en 1723, qu'il a monté
fubitement à 8 millions en 1730, & qu'il eft de la juftice du
Roi de tenir compte à la Compagnie de toutes les dépenfes
qu'elle a faites pour l'améliorer.

2° Que la Compagnie étoit propriétaire du Privilége pour
en jouir, à quelque fomme que le produit en pût monter.

3° Qu'il étoit jufte que Sa Majefté fît raifon à la Compagnie du profit que l'Etat avoit retiré de la Ferme du Tabac
depuis 1738, outre & pardeffus les huit millions qui lui avoient
été annuellement payés.

Or ces trois prétextes font illufoires. Le premier eft établi fur deux faits peu conformes à la vérité. En 1718, la vente
exclufive avoit été affermée 4,020,000 liv. Depuis 1724, elle
avoit, jufqu'à 1730, conftamment produit 7,500,000 livres.
C'eft en 1730, c'eft-à-dire, à l'époque de la ceffation de la
Régie

Régie de la Compagnie que l'augmentation fucceffive a commencé. En voici la preuve dans l'état fuivant.

La Ferme du Tabac a produit net, déduction faite de tous frais année commune,

S A V O I R :

Du 1er. Octobre 1730 au 1er. Octobre 1732.	12,040,334 l.
De 1732 à 1738.	14,354,898
De 1738 à 1744.	18,509,444
De 1744 à 1750.	21,298,533
De 1750 à 1756.	25,114,392
De 1756 à 1762.	23,688,563

Il feroit donc plus naturel d'attribuer l'augmentation du produit à la Régie des Fermiers-Généraux. Mais la vérité eft qu'elle eft due à la fantaifie du public, à l'empire de la mode, ou fi l'on veut à la connoiffance plus répandue de ce nouveau befoin.

Le deuxiéme prétexte prétendu par la Compagnie eft encore bien moins recevable, quoique avoué par le Roi, dans l'Edit de Juin 1747. Il eft abfolument contraire au droit public du Royaume. Le Roi eft regardé comme pouvant toujours rentrer dans un engagement en rembourfant le prix qu'il en a reçu. Ce principe qui peut-être auroit befoin d'être modifié relativement aux Domaines fonciers & à d'autres objets, eft au moins rigoureufement applicable aux engagemens du revenu public. Comment a-t-on donc pu faire achetter au Roi le droit de rentrer dans une partie auffi confidérable du revenu de l'Etat ?

Si ce prétexte avoit eu alors quelque fondement, les actionnaires feroient également aujourd'hui en droit de demander que le Roi leur tint compte des vingt-trois ou vingt-quatre millions que produit la Ferme du Tabac. On conviendra que la

T   Compagnie

Compagnie pourroit en effet foutenir fonc ommerce, fi on lui accordoit ce fecours en confidération de fes premiers droits & de fes anciens fervices. Cette prétention ne feroit pas plus déraifonnable que l'autre.

Certainement tout homme qui aura jetté des yeux attentifs fur la nature des fociétés politiques, conviendra que lorfqu'un Citoyen ou une affociation particuliere de Citoyens ont obtenu du chef de la fociété une conceffion d'une portion du revenu public, fi l'intérêt public fe trouve lefé, le Gouvernement peut toujours reclamer les droits de la fociété.

Ce principe eft fondé fur ce que le Souverain, Adminiftrateur des revenus publics, n'en peut employer aucune partie que pour l'utilité publique, & que d'un autre côté il n'y a point de prefcription qu'on puiffe oppofer à l'utilité publique.

Je fais qu'on pourroit abufer de cette maxime; mais l'abus qu'on peut en faire n'eft pas une raifon de taire ou de cacher une vérité utile. D'ailleurs fi l'abus de cette maxime étoit à craindre ce ne feroit pas dans des circonftances de la nature de celles dont il s'agit ici.

C'eft à un particulier foible qu'on peut oppofer l'intérêt public, dans des cas où cet intérêt ne feroit qu'un prétexte pour mafquer l'injuftice & la violence; mais lorfqu'on fait valoir ce motif contre des corps ou des affociations pour lefquels on ne peut avoir d'affections ou d'inimitiés perfonnelles, il ne peut gueres arriver qu'on l'emploie injuftement.

Quant au troifiéme prétexte, pour en fentir toute la foibleffe il fuffit de favoir que de 1730 jufqu'en 1747 la Compagnie avoit retiré de la Ferme du Tabac près de 8 millions par an, c'eft-à-dire, un bénéfice annuel de 5,300,000 liv. au-delà de 3 millions, qui lui étoient dus pour la remplir de la rente qui lui avoit été conftituée. Après cela on ne conçoit pas comment la Compagnie ofe demander, & comment le Roi lui accorde *une indemnité du bénéfice qu'elle auroit pu faire fur la Ferme du Tabac* depuis 1730 jufqu'en 1747.

Les motifs de cette conceffion font donc illufoires & frivoles. Nous ne difcuterons pas ici les autres chefs de demandes à la faveur defquelles on l'a fait monter à 80 millions, & qui font tous, à l'exception de l'Article V, qui

eft

eſt un objet peu conſidérable, ſuſceptibles d'être contredits avec autant de fondement.

Reprenons maintenant & mettons ſous les yeux de nos Lecteurs le tableau des ſecours gratuits que le Roi a donnés à la Compagnie depuis ſon établiſſement.

ÉTAT des ſommes fournies par le Roi à la Compagnie des Indes, du 1ᵉʳ Février 1725 au 1ᵉʳ Janvier 1769.

Produit de la Ferme du tabac ; de la rente de 300,000 liv. ſur le Roi, qui a eu lieu depuis 1725 juſqu'en 1747 & de la rente de 9 millions repréſentans les intérêts de 100 millions des premiers fonds . . . 376,337,354 l.

A déduire quarante - quatre ans de la rente de 3 millions que le Roi devoit originairement aux Actionnaires. . . . 132,000,000

Reſte payé par le Roi au-delà deſd. intérêts.   244,337,354 l.

Augmentation de capital accordé par le Roi en 1747.   80,000,000

Dividendes des Actions appartenantes au Roi, remis à la Compagnie en 1749. . .   2,485,476

Droits par tonneau juſqu'au 30 Juin 1756. . . . . . 8,922,763 l. ⎫
Idem depuis le 30 Juin 1764 juſ- ⎬ 11,451,553
qu'en 1769. . . . . . 2,528,790 ⎭

Paſſeports & indemnités du Caffé juſqu'au 30 Juin 1756. . . 1,168,013 ⎫
Id. du 30 Juin 1764 au premier ⎬ 1,343,013
Janvier 1769. . . . . . 175,000 ⎭

                        339,617,396 l.

T 2   *De*

De l'autre part, ... 339,617,396 l.

Bénéfice des marchandifes faifies
jufqu'au 30 Juin 1756. . . 2,404,927
Id. du 30 Juin 1764 au premier
Janvier 1769. . . . . 176,143 } 2,581,070

Gratification fur les Noirs & fur
l'or du Sénégal & de Guinée,
jufqu'au 30 Juin 1756. . . 3,006,084
Id. du 30 Juin 1764 au premier
Janvier 1769. . . . . . 491,816 } 3,497,900

Droit de 10 liv. par tête de
Noirs pour permiffions de Guinée, jufqu'au 30 Juin 1756. 1,891,623
Idem du 30 Juin 1764 au pre-
mier Janvier 1769. . . . 444,250 } 2,335,873

Produit du dixieme de retenue fur les rentes viageres jufqu'au premier Janvier 1769. . . 3,543,378

11835 Actions appartenantes au Roi, & cédées
à la Compagnie en 1764, évaluées 1,200 liv.
fur le pied des 60 liv. du Dividende actuel,
non compris le nouveau fonds de 400 liv.
fourni par l'appel. 14,202,000

11835 Billets d'emprunt de 500 liv. pareillement cédés par le Roi à la même époque. . 5,917,500

Intérêts des billets d'emprunt & dividendes des
actions dus au Roi, du 30 Juin 1756 au 30
Juin 1764, dont Sa Majefté a fait pareillement remife. 5,107,400

Somme totale des fecours donnés par le Roi &
des dépenfes faites par l'État fur le revenu public pour le foutien du Privilége excluſif de
la Compagnie des Indes depuis 1725. . . 376,802,517 l.

On obfervera de plus que la Compagnie a joui
de l'exemption de plufieurs droits fur fes marchandifes d'importation & d'exportation.

Indépendamment

Indépendamment de ces fommes le Roi a verfé
   pendant la derniere guerre dans la caiffe de la
   Compagnie, toujours pour le foutien du Privilége. . . . . 65,000,000 l.

Il en a coûté de plus au Roi pour les Vaiffeaux
   de guerre armés dans les Ports, & autres dépenfes de Marine, au moins. 20,000,000

On omet les dépenfes que le Commerce de l'Inde a occafionnées à l'État pendant les guerres précédentes, qui pourroient
monter à des fommes très-confidérables.

Maintenant mettons en oppofition avec ce tableau celui du
produit des ventes de la Compagnie; nous pourrons juger par
là de l'importance réelle de ce même commerce pour lequel l'État a cru devoir faire les dépenfes qu'on vient de voir.

Nous nous bornerons à énoncer le produit des ventes des
marchandifes de l'Inde, & nous écarterons celui des marchandifes de Chine. En effet, les Partifans les plus décidés du
privilége exclufif font toujours convenus que le commerce de
Chine eft poffible fans privilége. S'il a été attribué exclufivement à la Compagnie, ce n'eft pas qu'on ait jamais penfé,
ni que la Compagnie elle-même ait prétendu qu'il ne pouvoit
fe faire autrement, c'eft plutôt pour lui faire trouver dans les
bénéfices confidérables du commerce de Chine de quoi foutenir celui de l'Inde.

Le commerce de Chine n'a jamais rien coûté à l'Etat.
Les dépenfes que le Gouvernement a faites pour la Compagnie n'ont jamais eu cet objet. Il eft donc jufte de ne pas
nous en occuper dans la comparaifon que nous voulons faire
de ce que le foutien du Privilége exclufif a coûté à l'Etat,
avec les avantages que ce même Privilége a pu procurer au
Royaume.

Nous avons d'auffi bonnes raifons pour écarter ici le commerce du Sénégal, de Guinée & du Canada pendant le tems
que la Compagnie les a poffédés exclufivement, puifqu'il ne
s'agit ici que du commerce de l'Inde, dans lequel nous comprenons le commerce de **Moka**, de **Surate** & de la **Côte
Malabar,**   *ÉTAT*

ÉTAT du produit des ventes, faites par la Compagnie des Indes depuis 1726 jusqu'en 1756 en marchandises de l'Inde, déduction faite des frais de vente des marchandises faisies dans le Royaume, & des marchandises achetées chez l'Étranger pendant les années 1749, 1750 & 1751.

Tiré des Regiſtres de la Compagnie.

Du premier Février 1725 au 30 Juin 1736.	99,157,112 l. 14 ſ. 5 d.		
Année commune. 9,014,282 l. 19 ſ. 5 d.			
Du premier Juillet 1736 au 30 Juin 1743.	88,043,523	15	4
Année commune. 12,577,646 5 0			
Du premier Juillet au 30 Juin 1756.	118,046,217	18	5
Année commune. 9,837,184 16 6			

Total des retours. . . . . 305,246,852 liv.

Année commune des retours depuis 1725 jusqu'en 1756. . . . . 9,846,672 l.

Mais nous avons vu plus haut que l'État a dépenſé pour ſoutenir le Privilége excluſif de la Compagnie. . . 376,802,517 l.

C'eſt année commune depuis 1725. . . . 8,586,420 l.

Si l'on veut y joindre ſeulement les frais de la derniere guerre, l'année commune ſera d'environ . ' . . . . 10,500,000 l.

Voilà donc une dépenſe annuelle de plus de dix millions
prise

prife fur le revenu public, fournie par les citoyens de tous les ordres, enlevée aux diverfes entreprifes de culture, d'induf-trie, de navigation, de commerce, pour être employée au foutien d'un commerce exclufif, dont les retours * font, année commune, au-deffous de dix millions. En bonne foi, cette dé-penfe étoit elle raifonnable, & la perte a-t-elle été compen-fée par le profit.

L'agriculture favorifée par quelque bonne loi, ou plutôt par la révocation de quelques loix, les péages fupprimés, un foulagement d'impôt accordé à une feule Province, la conftruction d'un chemin, d'un canal, d'un port, une feule de ces opérations qui toutes enfembles n'auroient pas deman-dé une dépenfe fur le revenu public aufli grande que celle qui a été faite pour la Compagnie; une feule, dis-je, de ces opérations auroit produit au Royaume des avantages infini-ment plus grands, plus réels & plus durables que tous ceux que les partifans de la Compagnie des Indes peuvent attri-buer à leur commerce exclufif.

Qu'eft-ce d'ailleurs pour un pays puiffant & riche, pour une Nation active & induftrieufe, pour un Royaume tel que la France, qu'un commerce de dix millions? Que de genres de commerce n'avons-nous pas plus riches, plus étendus, plus utiles auxquels le gouvernement n'a jamais dépenfé la dixiéme partie de ce qu'il lui en a coûté pour le commerce de l'Inde, qui font floriffans, & qui fe foutiennent par eux-mêmes fans mettre l'Etat à contribution.

Tel eft notre commerce dans le Nord, celui de nos vins de Guyenne, celui de nos toiles avec l'Efpagne, de nos draps avec le Levant, celui de nos Colonies de l'Amérique, &c.

Une confidération fe préfente encore, qui fait fentir plus fortement la petite importance de ce commerce; c'eft

---

* Il faut bien remarquer que nous difons dix millions de *retours*, & non pas dix millions de bénéfice net, de profit du commerce. Nous ne voulons pas entrer ici dans la difcuffion qu'il faudroit faire pour fixer le bénéfice : on fent feule-ment qu'il ne peut jamais former un objet affez important, pour que l'état dé-penfe à fe le procurer dix millions par an du revenu public.

l'étendue

l'étendue de pays qu'il embraffe, comparée au peu qu'il fait.
L'Afie entiere, les deux tiers du monde font abandonnés à
une petite Compagnie; & pour ne parler que de l'Inde feule,
un pays auffi grand que l'Europe, eft fermé à nos Navigateurs,
à notre commerce, à notre induftrie. Si l'on veut juger de ce
que la liberté eût pu y faire, on n'a qu'à voir ce qu'elle a
fait dans quelques petites Ifles de l'Amérique, qui ne font
pas la dix millieme partie de ces vaftes pays, livrés au mono-
pole de la Compagnie.

Les retours de la Martinique & de la Guadeloupe font évalués 36 millions ceux de S. Domingue 80 millions. La navigation à ces deux Colonies employe dans nos ports 450 à 500
vaiffeaux.

Voilà des commerces intéreffans, & non pas celui qu'on
nous fait tant valoir, dont les retours font de dix millions,
& qui employe douze vaiffeaux.

Enfin, quelque chofe qu'on dife en faveur de la Compagnie, il faut en revenir toujours à comparer la grandeur des
fecours que l'Etat accorde avec l'importance de l'objet pour
lequel il les accorde. Il n'y a point de fubtilité qui puiffe faire
entendre que l'Etat a bien fait de facrifier en quarante ans
près de quatre cent millions pour foutenir un commerce qui
rapporte par an dix millions de retours. Nous nous en tiendrons à cette feule affertion, que nous ne croyons pas qu'on
puiffe contefter, & nous pafferons au deuxiéme objet que
nous avons à traiter, la poffibilité du commerce particulier
aux Indes Orientales, & l'inutilité d'un Privilége exclufif pour
fon exploitation.

§. II.

§. I I.

Quand le Commerce de la Compagnie auroit procuré à l'E-
tat des avantages réels, & capables de compenser les dépenses
excessives que le Gouvernement a faites pour elle, ce ne seroit
pas une raison de lui conserver son Privilége exclusif; si le
commerce particulier & libre peut être substitué au commerce
exclusif de la Compagnie, & produire pour l'Etat les mêmes
avantages & de plus grands. Or, c'est ce que nous entrepre-
nons de prouver.

Nous devons avertir que, pour faire cette discussion avec
plus de connoissance de cause, nous avons lu plusieurs Mémoires faits, en faveur du Privilége exclusif de la Compagnie,
par des personnes employées dans son administration, qui ont
demeuré sur les lieux, & qui nous paroissent avoir rassemblé
les raisons les plus fortes qu'on puisse opposer à la liberté.

L'opinion établie dans ces Mémoires est commune parmi
ceux qui ont eu part à l'administration de la Compagnie dans
l'Inde; mais nous ne croyons pas que cette question puisse
se décider par ce genre d'autorité.

On sent que l'habitude & l'intérêt particulier peuvent influer beaucoup sur cette décision. On est accoutumé depuis
plus de cent ans à voir exercer ce commerce par des Compagnies exclusives, on en conclut qu'il n'est pas possible qu'il
soit exercé par des particuliers. L'intérêt des personnes, attachées à la Compagnie, agit aussi sur l'esprit d'une maniere cachée & le détourne insensiblement du chemin de la vérité:
on ne voit plus que les obstacles qui s'opposent à la liberté;
on cherche même à les grossir, tandis qu'on se dissimule les
ressources puissantes que l'industrie humaine fait mettre en
usage, toutes les fois qu'elle n'est pas gênée dans son action.

Nous avons donc examiné & pésé les raisons qu'on oppose à la liberté, & c'est d'après cet examen que nous croyons
pouvoir décider que le commerce particulier & libre peut
s'établir & se soutenir dans l'Inde, & procurer au Royaume
tous les objets de sa consommation avec plus d'abondance, de

V   facilité

facilité & de bon marché, que n'a fait jufqu'à préfent le commerce exclufif de la Compagnie.

Mais, avant d'entrer dans les détails locaux & rélatifs à chaque branche de commerce de l'Inde, nous allons tâcher de bien établir l'état de la queftion. Cette précaution eft néceffaire, parce que les partifans du Privilége exclufif font tout ce qu'ils peuvent pour nous en écarter, en raifonnant d'après des fuppofitions que nous ne pouvons pas leur paffer.

Ils fuppofent (& on en verra la preuve dans la fuite de cette difcuffion) ils fuppofent, dis-je, que le commerce particulier & libre dont nous foutenons la poffibilité dans l'Inde, y fera abandonné à lui-même, fans fecours, fans protection de la part du Gouvernement, fans établiffement. Il oppofent toutes les difficultés & écartent toutes les reffources. Ils imaginent le vaiffeau d'un Négociant de Nantes ou de Bordeaux, arrivant dans les ports de l'Inde comme à une plage tout à fait inconnue, habitée par des Sauvages, & n'y trouvant aucun Européen qui puiffe le diriger ou s'intéreffer à fon commerce en en partageant les profits; ils fe repréfentent toute l'Afie armée pour écarter des Européens qui leur paroiffent devoir être traités en ennemis, parce qu'ils font les ennemis de leur Privilége. Ils prononcent que le commerce particulier eft impoffible, & on les croit.

Peut-être que même en adoptant toutes leurs fuppofitions, on pourroit encore fe refuser aux conféquences qu'ils en tirent. Peut-être qu'en imaginant les Anglois, les Indiens, les Chinois, la Compagnie elle-même luttant de toutes leurs forces contre l'établiffement du commerce libre dans l'Inde, faudroit-il encore penfer que le commerce libre s'établira en plus ou moins de tems malgré tous ces obftacles. C'eft jufques-là que doit conduire le fyftême de la liberté, quand il eft embraffé dans toute fon étendue, & qu'on en fuit comme on doit faire, toutes les conféquences : celle-là ne m'effraye point, je la crois jufte & vraie. Je crois qu'il n'eft point de difficultés que l'activité d'une Nation comme celle-ci ne puiffe vaincre elle feule. Je crois qu'au moins perfonne n'eft en droit de borner les effets de cette multitude de forces toujours agiffantes, dirigées par l'intérêt particulier qui fait fi bien atteindre à fon but.

Par

Par exemple, le commerce particulier ne trouvera point de correspondances, d'Agens déja établis dans l'Inde; il s'en créera à lui-même. Il n'y aura personne occuppé de ménager ses intérêts avec les gens du pays; l'appât d'un profit à faire en suscitera.

Il ne trouvera point de marchandises toutes fabriquées: il fera les premieres cargaisons moins complettes. Mais comme, par cette raison même, les marchandises, les toiles fabriquées & prêtes à l'arrivée des vaisseaux auront été mieux vendues, l'année suivante on en trouvera davantage de faites, & ainsi, jusqu'à ce que le commerce ait pris la forme la plus convenable aux intérêts combinés des acheteurs & des vendeurs.

Les Princes de l'Inde chargeront les marchandises, ou le commerce particulier, de droits plus considérables que ceux que paye la Compagnie; le commerce se tournera vers ceux qui le traiteront le plus favorablement, & cette préférence seule engagera quelques-uns d'entre eux à se relâcher un peu de leur premiere rigueur.

Ces droits seront encore fort pesants; le commerce particulier se réduira à une plus grande économie pour conserver des profits plus grands. On mettra plus d'intelligence dans les armemens, plus de sagesse dans les dispositions des voyages. Si ces moyens ne suffisent pas, on se contentera de profits beaucoup moindres, sans que le commerce cesse pour cela de se faire & de s'étendre.

Les Européens établis dans l'Inde vexeront les Négocians particuliers; on achettera l'exemption de ces vexations d'eux-mêmes, & en la payant fort cherement, le commerce particulier pourra faire encore de grands profits.

Si le joug est trop pesant, on s'écartera; on formera des établissemens à distance des leurs; on aura pour secours les naturels du pays & toutes les autres Nations qui s'appuyeront les unes les autres contre la plus puissante.

Beaucoup d'obstacles réunis empêcheront telle & telle espéce de commerce dans tel & tel endroit; on découvrira d'autres lieux, d'autres branches de commerce nouvelles, & peut-être plus lucratives.

Si l'on demande quelles assurances on peut avoir que les

V 2   choses

choses se passeront ainsi ; je dirai que ces espérances sont fondées sur une grande vérité qu'on ne peut méconnoître, la force puissante de l'intérêt particulier, & sur l'expérience mille fois répétée de tout ce que l'intérêt & la liberté réunis ont fait faire aux hommes de difficile & de grand.

Ce ne sont pas en effet les Loix, les Réglemens, les Priviléges, les Compagnies qui ont inventé & perfectionné les Arts & les Sciences, découvert des mondes inconnus, rendu plus facile & plus fréquente la communication des hommes entre eux, étendu l'astronomie, la navigation, le commerce, &c. Tout cela est l'ouvrage de la liberté, de l'industrie agissante, quelquefois foiblement protégée, communément abandonnée à elle-même, plus souvent encore traversée dans ses entreprises, & triomphant de mille obstacles.

Ce ne sont pas des Compagnies qui ont découvert l'Afrique & l'Amérique ; ce n'est pas une Compagnie à Privilége exclusif qui a doublé le Cap de Bonne-Espérance ; Magellan n'étoit pas gagé par une Compagnie. Le Maire, après avoir passé le détroit qui porte son nom & perdu les trois quarts de son équipage dans la mèr du Sud, arrive à Batavia, voit son vaisseau confisqué, & meurt en prison pour avoir donné atteinte au Privilége de la Compagnie Hollandoise.

Qu'on y prenne garde, les Compagnies & les Privilégiés ne sont jamais qu'à la piste de l'industrie. Un Commerçant particulier se meut, s'agite dans l'enceinte où sa fortune & son état actuel le tiennent renfermé. Il parvient bientôt à l'étendre. Il cherche & découvre de nouvelles routes à la richesse, & les suit avec ardeur. Il porte ses spéculations au Nord, au Midi, en Asie, en Amérique ; des vaisseaux volent à ses ordres, & apportent de toutes les parties de la terre des objets de desirs & de besoins pour les hommes, & des richesses pour lui.

A son exemple d'autres hommes industrieux suivent la route qu'il a tracée, ou s'en ouvrent de nouvelles ; le commerce s'étend & fleurit. Alors s'éveille le *Privilége*, qui, comme un vil frêlon, vient occuper la cellule & dévorer le miel de l'abeille laborieuse. Alors se forment les associations exclusives. Alors on tâche de prouver au Gouvernement que cette
plante

plante née toute feule à l'ombre de la liberté , qui a déja jetté des racines étendues, qui eft vive & vigoureufe, va fe deffécher fi on ne lui donne pas un nouveau genre de culture. On dit que le commerce manquera de capitaux ; qu'il lui faut des grands établiffemens, des comptoirs, des flottes, des priviléges de tous les genres, &c.

Si l'on ne perfuade pas une chofe auffi peu vraifemblable, on obtient au moins des Adminiftrateurs qu'ils agiffent comme s'ils en étoient perfuadés.

La Compagnie s'éleve donc ; bel édifice en apparence, mais qui a toujours une étendue plus grande que celle de fes fondemens, & dont la chûte inftruit bientôt (ceux qui veulent s'inftruire) du peu de confiance qu'on devoit avoir aux grandes promeffes de ceux qui l'ont conftruit.

Voilà l'hiftoire de toutes les Compagnies à Privilége exclufif, toutes fe font établies fur les débris du commerce particulier, floriffant déja fans Privilége, & par la feule influence de la liberté. Le commerce particulier avoit donc déja furmonté ou commencé de furmonter ces difficultés qu'on prétend devoir lui être infurmontables. Il pourra donc les vaincre aujourd'hui.

Je me raffure encore contre la crainte des difficultés que peut éprouver dans l'Inde le commerce libre , par une confidération générale qui mérite d'autant plus d'être développée, qu'elle peut être utile à faire connoître les vices de tous les établiffemens contraires à la liberté du commerce.

Les difficultés font évaluables en argent , & celui qui peut en mettre le plus à les vaincre , en triomphe fûrement. Or le commerce particulier a bien plus de reffources pour cela , parce qu'il fait moins d'autres frais inutiles. Il faut qu'une Compagnie paye des Directeurs, des Syndics, des Gouverneurs , des Employés fans nombre. Elle fe croit dans la néceffité de repréfenter. On fubftitue le fafte & la dignité à la fimplicité du Négociant. Le commerce libre épargne ces dépenfes, en grande partie néceffaires aux Compagnies. Or ce qu'il épargne ainfi, il l'emploie à vaincre les difficultés , ou à fe contenter d'un moindre profit.

Si le commerce de la Compagnie des Indes a été à charge
jufqu'ici ;

jufqu'ici, ce n'eft pas qu'il n'ait donné, & qu'il ne donne mé-
me encore des bénéfices bien capables d'exciter l'induftrie des
Négocians; mais ces bénéfices ont été abforbés par des frais
immenfes : en effet, on voit que les frais ordinaires montent
à près de 10 millions pour un commerce d'environ 15 millions de retours; c'eft-à-dire, que ces frais font de plus de
70 p. $\frac{o}{o}$ du fonds du commerce. Que le commerce particulier
épargne feulement 30 ou 40 p. $\frac{o}{o}$ de ces frais, qu'il les emploie
à ouvrir & applanir la route qu'il veut faire, il n'y a point
d'obftacle qui puiffe l'arrêter.

Une autre différence à l'avantage du commerce libre, &
qui met le Commerçant particulier en état de furmonter les
difficultés, eft qu'il eft exempt, au moins en grande partie, des
pertes que les Compagnies effuyent par la négligence ou par
l'infidélité de leurs Employés, de leurs Chefs mêmes & de
leurs Adminiftrateurs. Parmi ceux qui font leurs affaires, qui
achettent ou vendent pour elles, qui font dépofitaires de leurs
effets, qui en reçoivent des falaires à quelque titre que ce
foit, il y en a toujours un grand nombre qui facrifient les intérêts de la Compagnie au leur, & qui lui caufent fouvent
des pertes d'autant plus grandes, que l'entreprife eft plus
confidérable.

Or ce genre de pertes ne tombe que rarement fur les
particuliers, dans le cas d'un commerce libre. Un Négociant
voit par fes yeux; ce font fes enfans, fes parens, fes affociés
qui l'aident dans fes entreprifes; tous font également intéreffés
à menager les fonds du commerce qui leur appartiennent,
& à multiplier les profits qu'ils doivent partager. Quant aux
fubalternes, ils font veillés de plus près. Comme ils ont à répondre de leur conduite à peu de perfonnes & quelquefois
à une feule, la malverfation eft fûrement punie. La protection
d'un Directeur prévenu foutient quelquefois un fripon, dans
un pofte important, contre le bien des affaires d'une Compagnie. Un Négociant chaffe fon Commis fans tant de façons.
Cette juftice prompte & éclairée maintient l'exactitude & la
fidélité, retranche des caufes de déprédations, augmente les
profits du commerce, & par conféquent les moyens de vaincre
les difficultés qui peuvent le traverfer.

Nous

Nous pouvons fortir de ces généralités, & appliquer à la Compagnie tout ce que nous venons de voir, fans que perfonne puiffe contefter la juftelle de cette application. On peut le dire; puifque c'eft une chofe connue. La Compagnie n'a jamais fait à fon profit plus de la moitié du commerce de l'Inde. Un vaiffeau de 900 tonneaux n'emporte pas communément plus de 500 tonneaux en marchandifes pour le compte de la Compagnie à fon départ d'Europe. Je ne dirai rien de tout ce qui peut fe paffer dans l'Inde & en Chine de contraire à fes intérêts. Au retour, la pacotille des Officiers & Employés fait une grande partie du chargement. Tous les frais du commerce font payés par Elle, tandis qu'elle voit lui échapper une grande partie des profits. Si un Négociant particulier veut facrifier le tiers de fon gain à faciliter fon expédition, je ne crois pas que perfonne puiffe foutenir, avec quelque connoiffance de caufe, que le commerce dans l'Inde lui fera impoffible. Or, en faifant ce facrifice, il fera encore but à but avec la Compagnie. Le commerce particulier & libre pourroit donc fe fuffire à lui-même pour vaincre tous les obftacles, & triompheroit dans l'Inde de tous ceux que les Défenfeurs du Privilége exclufif fuppofent qu'il y trouvera, quand ces obftacles feroient auffi nombreux & auffi réels qu'ils tâchent de nous le faire croire.

Mais, pour foutenir la poffibilité du commerce particulier dans l'Inde, il n'eft pas néceffaire de pouffer auffi loin les efpérances qu'on peut fe faire de la liberté. Les obftacles ne font pas fi grands qu'on les fuppofe.

Il n'eft pas queftion d'établir un commerce dans un pays inconnu, habité par des Antropophages. Les Côtes & les Ifles de l'Inde font peuplées de Nations civilifées, remplies d'Européens, qui y font prefque naturalifés, qui favent s'y faire entendre, qui en connoiffent les mœurs & les loix. Le commerce y eft connu. Les Naturels du pays y font accoutumés. Les divers travaux qui fourniffent des marchandifes aux Européens, font établis & ne cefferont pas, parce que les acheteurs cefferont d'avoir un Privilége exclufif. Les Particuliers traiteront avec les mêmes Marchands du pays, qui font aujourd'hui le commerce de la Compagnie. Les comptoirs de la Compagnie pourront être,

être, comme aujourd'hui, les points de ralliement du commerce, & les établiffemens François, entretenus par le Roi, pourront y fervir de fauve-garde au commerce François. Les Chefs de ces comptoirs pourront faire, dans les Ports de l'Inde, ce que font nos Confuls auprès des Puiffances Européennes, dans les Echelles du Levant, & jufques chez ces Nations de Pirates, plus féroces & plus étrangeres à la juftice & à la raifon que les Nations de l'Inde.

On laifferoit fubfifter le nom de Compagnie, parce que, toutes les poffeffions & tous les Priviléges dont jouit la Nation, dans le Continent de l'Inde, lui ayant été accordés fous ce nom, il y auroit lieu de craindre que les Princes du pays n'en priffent prétexte pour révoquer leurs conceffions, & les autres Compagnies pour troubler les Particuliers François dans leur commerce.

Les chefs des Comptoirs, repréfentans non plus la Compagnie actuelle, mais la Compagnie vraiment *Françoife* de tous les Négocians de la Nation, veilleroient à l'exécution des marchés faits entre les François & les gens du pays. Ils auroient, pour punir & empêcher les friponneries entre les Nationnaux, la même autorité dont ils jouiffent aujourd'hui. En cas de vexations, ils porteroient les plaintes du commerce aux Princes du pays. Si les Nations Européennes le traverfoient, ils s'en plaindroient en France, & on fauroit bien faire ceffer les injuftices & les violences. En un mot, toutes les facilités que les établiffemens de la Compagnie donnent à fon commerce aujourd'hui, pourroient être, & feroient en effet à l'ufage du commerce libre. L'exercice du Privilége exclufif auroit, malgré lui, frayé la route à la liberté.

Quelle difficulté pourroit-il donc y avoir à l'établiffement du commerce libre, le Privilége de la Compagnie venant à ceffer? Le commerce exclufif aura été une efpece d'effai, une préparation à la liberté générale du commerce. Le Privilége étant fupprimé, fi le Gouvernement continue de protéger le commerce François dans l'Inde; pourquoi ne fe trouveroit-il perfonne qui voulut fuivre une route déja frayée? Quelle raifon en empêcheroit dans la paix, dans ces tems où toute l'induftrie d'une Nation eft en mouvement? Sans doute que plufieurs Négocians tourneront leurs vues fur un commerce avantageux,

avantageux, &, à la fuite de ceux-là, plufieurs autres. Les employés, les intéreffés dans l'ancienne Compagnie feront les premiers à le continuer, & ils le feront comme le faifoit la Compagnie elle-même.

J'entends bien que ce projet de fubftituer infenfiblement le commerce particulier & national à celui de la Compagnie, peut déplaire à beaucoup de perfonnes: on pourra même voir une efpece d'injuftice à faire ainfi fervir la Compagnie ou au moins fon nom, à l'établiffement de la liberté. Des Actionnaires diront, puifque nous ne continuons plus le commerce exclufif, nous voulons diffoudre tout-à-l'heure toute Société entre nous; nous partagerons nos fonds, tous nos effets, nous les employerons tout de fuite de quelqu'autre maniere; mais nous ne voulons pas contribuer nous-mêmes à l'établiffement de la liberté qui s'éleve fur nos ruines; nous ne voulons plus entendre parler de Compagnie ni de commerce de l'Inde, fous quelque forme qu'on nous le préfente. Voilà des fentimens que peut dicter l'humeur d'un moment; mais qui ne peuvent tenir contre la voix de la juftice & de la raifon. C'eft ce que nous allons faire voir à l'aide de quelques réflexions.

Les Actionnaires, renonçant à toute efpece de commerce, retirant tout ce qu'ils ont de fonds réel & en leur poffeffion actuelle, vendant leurs établiffemens, leurs effets, meubles & immeubles dans l'Inde & en Europe, fe retrouvent créanciers de l'Etat, pour la rente de 9 millions au principal de 180 millions. Au premier afpect leur fort peut paroître affuré & tranquille; mais un examen plus attentif peut leur donner quelque inquiétude. Il faut parler nettement. Je fuppofe un Citoyen dont l'état & la fortune font intéreffés à la fituation des finances du Royaume, ou qui craint l'accroiffement des impofitions, ou qui, membre de la Société, ne peut voir fans inquiétude, la dépenfe publique excéder le revenu. Un tel homme a fans doute quelque droit à examiner les titres qu'un Actionnaire de la Compagnie produit en faveur de fa créance; or, voici les réflexions auxquelles cet examen pourra le conduire.

La Compagnie des Indes a été favorifée par nos Souve-

X   rains

rains d'une infinité de Priviléges & de fecours très-puiffans pendant une longue fuite d'années, comme exerçant un commerce utile ; on trouve que l'État lui a payé une fomme de 376 millions, dans l'efpace de quarante-quatre ans; ces dépenfes ont été fournies par des Citoyens de tous les ordres, fous le prétexte de je ne fais quels avantages d'un commerce dans l'Inde. Peut-être que feulement à raifon de ces graces accordées à la Compagnie, même en fuppofant le commerce de l'Inde aujourd'hui défavantageux; peut-être, dis-je, le Gouvernement pourroit-il forcer les Actionnaires à le continuer. Il pourroit leur dire : vous avez été favorifés des plus puiffans fecours, dans des tems plus heureux, parce que vous avez perfuadé que votre commerce étoit utile à la Nation ; vous avez mis à profit ces fecours du Gouvernement, pour votre fortune particuliere ; vous avez joui long-temps de dividendes beaucoup plus confidérables que ne le comportoient les profits de votre commerce & le prix commun de vos actions *. Aujourd'hui, que les circonftances vous font moins favorables, vous voulez quitter le commerce ; c'eft ce que l'adminiftration ne peut pas vous permettre ; vous avez gagné dans des tems plus favorables, il faut que vous fachiez perdre aujourd'hui.

L'État n'exigera pourtant pas de vous un pareil facrifice; mais comme il craint, avec raifon, que vous ne foyez dans l'impoffibilité de foutenir votre commerce, en continuant d'exercer votre Privilege exclufif, & qu'il ne veut plus faire pour vous les dépenfes exceffives auxquelles il s'eft laiffé aller, il vous engage à renoncer à votre Privilége, à ouvrir le commerce de l'Inde à tous les Citoyens, & à préparer les voies à l'etabliffement du commerce particulier, fans aucun rifque pour votre fortune ; fi vous refufez de vous

---

* On en trouvera la preuve dans un État du prix commun des actions fur la place, depuis 1725, jufqu'au premier Janvier 1769, que nous placerons à la fin de ce Mémoire.

prêter

prêter à cet arrangement; fi vous ne voulez renoncer à votre Privilége, qu'en renonçant en même tems à toute affociation; à la bonne heure: mais le Gouvernement qui vous laiffe le choix entre les deux partis, ne peut pas vous laiffer ignorer ce qu'il doit faire, fi vous embraffez celui qui eft le moins favorable à la Nation, le moins utile à la confervation d'un commerce dans l'Inde; il ceffera de faire pour vous, aux dépens de l'Etat & des Citoyens, des dépenfes qui font à la charge de l'Etat & des Citoyens, auxquels vous ceffez d'être utiles.

Quelle eft en effet l'origine & la nature des engagemens que l'Etat a contractés avec vous. Il étoit votre Débiteur de trois millions de rente au principal de cent millions. Il ne vous a accordé le Privilége de la vente du tabac que pour vous tenir lieu de cette rente. Tout ce qui vous a été accordé par delà ne vous a été donné qu'à raifon de l'utilité vraie ou prétendue de votre Privilége pour l'Etat.

Si donc vous ceffez d'être Commerçans, votre droit à la continuation de cette grace s'évanouit. Pourquoi l'Etat, c'eft-à-dire en derniere analyfe, les Citoyens; pourquoi les hommes induftrieux qui exercent le commerce & les arts; pourquoi les agriculteurs, pourquoi les claffes les plus pauvres de la fociété, pourquoi les riches mêmes, pourquoi tous les ordres des citoyens feront-ils forcés de fournir une partie de leurs fubfiftances, ou fi l'on veut de leur aifance, à un petit nombre d'hommes qui ont reçu d'eux ce tribut à un titre au moins équivoque; c'eft-à-dire, comme exerçant le commerce de l'Inde, & qui refuferoient de fe prêter au maintien du commerce de l'Inde?

En un mot, fi, en renonçant à toute efpéce d'affociation, vous vous réduifez vous-même à la fimple qualité de créanciers de l'Etat, il ne vous eft plus dû qu'une rente de trois millions, & vous n'avez plus aucun droit à tout ce que vous avez obtenu du Gouvernement à titre de grace & d'encouragement de votre commerce.

Cette réflexion mérite d'être pefée avec attention par ceux d'entre les Actionnaires qui feroient tentés de s'oppofer au

X 2   projet

projet de faciliter l'établiſſement du commerce particulier dans
l'Inde, & qui voudroient détruire tout de ſuite toute la
partie du ſyſtême de la Compagnie, qui, ſans être liée avec
le Privilége excluſif, pourra ouvrir la route du commerce à
la liberté.

Cela poſé, les Comptoirs de la Compagnie elle-même
pourroient être le berceau du commerce libre. Il y pourroit
croître à l'ombre de la protection du Roi & de l'Etat, & payer
bien-tôt les ſoins qu'on auroit pris de ſon enfance.

Voilà le point de vue ſous lequel il faut voir le nouveau
commerce de l'Inde, & on ne ſera plus ſi effrayé des monſtres
qui doivent, dit-on, le dévorer à ſa naiſſance.

C'eſt par ces précautions & de ſemblables que le commerce particulier pourra s'établir. Je ne puis pas détailler ici
avec plus d'étendue le plan d'après lequel on pourroit le conduire. On ſent qu'il ne peut être que très-ſimple & très-facile
à former & à ſuivre. Je le ſuppoſerai mis à exécution, & c'eſt
dans cette ſuppoſition qu'on ne doit pas perdre de vue que
je prouverai la poſſibilité du commerce particulier dans l'Inde,
en parcourant ſucceſſivement les diverſes branches du Privilége de la Compagnie.

Les différentes eſpeces de commerce exercées juſqu'à préſent par la Compagnie, ſont le commerce de Moka, celui
de Surate, celui de la Côte de Malabar, celui du Bengale
& de la Côte de Coromandel, enfin celui de Chine.

Le commerce du Bengale & de la Côte Coromandel ſont
ici l'objet principal, ſoit parce que les retours en ſont plus
conſiderables, ſoit parce que c'eſt celui pour l'exploitation
duquel le Privilége excluſif a toujours paru le plus néceſſaire. Nous pourrions donc nous borner à prouver que des
Négocians particuliers peuvent le faire auſſi bien & avec
autant d'avantages pour l'Etat que la Compagnie elle-même.

Mais comme nous ne voulons négliger aucune preuve, ni
laiſſer ſans réponſe aucune des objections, nous prouverons
ſucceſſivement la poſſibilité de tous ces genres de commerce
abandonnés à la liberté.

Commerce de Moka.

On doit commencer par obferver que le commerce qui procure les caffés de Moka par l'Inde, n'eft ni important ni néceffaire. La quantité de caffés de Moka confommés en France eft bornée à 4 ou 500 milliers. Ce retour donne peu de bénéfice. Le caffé coûte fur les lieux 18 à 20 fous, y compris les frais du vaiffeau, & fe vend en France 40 fols; mais comme cette denrée eft d'un grand encombrement, les frais de tranfport abforbent le bénéfice de l'achat à la vente.

On eft fondé à croire que ce commerce ne fouffrira point d'interruption, & continuera comme il fe faifoit fous l'ancienne adminiftration.

La Compagnie y employoit un vaiffeau particulier de cinq à fix cens tonneaux; & comme elle n'avoit pas les fonds fuffifans pour faire l'achat de la totalité des Caffés qu'elle vouloit fe procurer, les particuliers chargeoient dans ce vaiffeau les marchandifes de l'Inde propres au commerce de Moka, dont le produit fervoit à l'achat des caffés: on convenoit, avant le départ, de l'intérêt que la Compagnie devoit payer aux particuliers pour leurs avances, & du fret pour le retour des caffés à Pondichery, & on payoit le tout ou en argent avec les fonds qui étoient arrivés en France dans cet intervalle par les vaiffeaux d'Europe, ou en marchandifes, ou en lettres de change fur France.

Rien n'empêchera que les particuliers de l'Inde ne s'affocient pour armer & charger le vaiffeau, qui, à la même époque, partira tous les ans de Pondichery pour Moka. Chacun y chargera les marchandifes de la Côte qui font propres à ce commerce, en payant le fret convenu; un ou deux Subrecargues feront chargés de la vente des marchandifes, & de l'achat des caffés qu'ils feront toujours fous le nom de la Compagnie, pour profiter de la modération des droits; on donnera comme ci-devant 5 p. $\frac{0}{0}$ du prix de la vente au Subrecargue, & le vaiffeau retournera à Pondichery; ou, ce qui paroîtroit beaucoup plus utile aux Armateurs, il ira à l'Ifle de France, y dépofera fa cargaifon, & y prendra les marchandifes d'Europe qu'il portera à Pondichery.

l'Ifle

L'Ifle de France pourroit auffi faire ce commerce directement avec Moka. M. David, Commandant aux Ifles de
France & de Bourbon, avoit été fur le point de l'établir, & on a un Mémoire de lui qui en démontre les avantages. Ainfi cette branche de commerce ne paroît pas devoir
fouffrir de la liberté.

Enfin le commerce du Levant pourroit feul nous procurer
tout le caffé de Moka néceffaire à notre confommation, à
auffi bon marché que la Compagnie.

Les Mémoires que j'ai cités ne combattent la poffibilité de
ce commerce fans l'intervention de la Compagnie, que par
des affertions entiérement gratuites. On dit « que les caffés
coûteroient beaucoup plus cher aux Particuliers; que ce n'eft
qu'au moyen des Priviléges dont jouit la Compagnie dans le
pays qu'elle peut en obtenir; que fes Subrecargues mêmes
effuient des avanies de la part des Gouverneurs de Moka &
de Bétel-Fagui, & que les vaiffeaux particuliers y feront encore plus expofés, &c. »

D'abord, comme ce ne font-là que de fimples affertions
dont on ne donne point de preuve, il nous fuffit de les nier.

Il n'eft ni probable ni poffible que des gens qui ont une
denrée à vendre, maltraitent davantage des acheteurs libres
que des acheteurs au nom d'une Compagnie. Au fonds, les
avanies ne font qu'un enchériffement de la marchandife; fi
le Gouverneur de Moka fe fait payer un droit arbitraire, ce
droit peut toujours être regardé comme une partie du prix
du caffé; fi ce droit eft exorbitant, le caffé n'eft plus ache-
table, & le Gouverneur lui même perd fon droit. C'eft uniquement cette crainte d'écarter les acheteurs qui contient ces
hommes avides. Or cette crainte eft la même pour eux, foit
que le commerce foit libre ou qu'il fe faffe par la voie de la
Compagnie; elle peut même être moins grande dans l'état
actuel; car la Compagnie foutiendra plutôt & plus long-
tems les vexations de cette efpéce que des particuliers.
Elle tient plus aux diverfes branches de commerce qu'elle fait;
elle veut s'affortir, & payera la denrée plus cherement, dût-
elle y perdre. Au lieu que le commerce libre, lorfqu'il éprouve des difficultés & des augmentations de frais trop grandes
fur un objet, fe tourne plus facilement vers un autre.

Ajoutons que felon ces Mémoires, les vaiffeaux de la Compagnie ne font pas exempts d'avanies & de droits arbitraires. Le commerce particulier fera donc à cet égard dans la même pofture que celui de la Compagnie.

Enfin, ceux qui difent que les Gouverneurs de Moka & de Betel-Fagui ont toujours vexé les vaiffeaux des particuliers, nous donnent gain de caufe fans y penfer. Car cela pofé, le commerce particulier s'y fait donc, s'y fait en concurrence avec la Compagnie, & s'y fait par conféquent avec profit malgré les avanies. Nous prétendons qu'il continuera de fe faire, qu'il prendra même plus d'étendue ; il nous femble que nos efpérances font mieux fondées que les craintes qu'on y oppofe.

Commerce de Surate.

On n'a rien à perdre à l'égard de ce commerce, qui autrefois étoit très-intéreffant ; mais qui eft infiniment tombé par la fuite des troubles qui fe font élevés dans le pays. La Compagnie n'y envoie plus de vaiffeaux depuis très-long temps ; elle y tient cependant un ou deux Employés pour y protéger le commerce particulier, & elle leur fait paffer de tems en tems, quelques effets & marchandifes, objet peu confidérable. Toutes les Nations Européennes font également admifes dans cette Ville ; mais les Anglois en font aujourd'hui les maîtres, & fe font emparés de prefque tout le commerce. Cette Ville offre un grand débouché de draps & autres marchandifes d'Europe : on en tire les plus beaux cottons de l'Inde, qui s'envoient dans le Bengale. Les Particuliers continueront à faire ce commerce, & avec beaucoup plus d'avantage qu'une Compagnie, parce que l'intérêt étant plus immédiat, y apportera plus d'induftrie : quoi qu'il en foit, d'après l'état actuel on ne peut que gagner fur cet objet.

Ajoutons que le dépériffement du commerce de Surate, entre les mains de la Compagnie, confirme ici tous nos principes. Que peuvent en effet répondre à cet exemple les Défenfeurs du Privilége exclufif? Voilà un commerce très-intéreffant, celui de toute l'Inde, qui offroit le plus de débouchés à nos manufactures & fur-tout à nos draps, que la Compagnie a laiffé s'anéantir entre fes mains ; que pouvoit il arriver de pis, s'il eût été libre?

Commerce

Commerce des Poivres à la Côte de Malabar.

Les poivres font prefque la feule production que l'on charge à la Côte de Malabar pour le commerce d'Europe. On en tire ordinairement de Mahé environ 1500 milliers pefant, qui, vendus en France 1 l. 10 l. la livre, font un retour de . . . . 2,250,000 l.

Ce comptoir pourroit en fournir jufqu'à deux millions pefant.

Cette denrée eft d'un très-grand encombrement, eu égard à fa valeur; c'eft par cette raifon qu'il n'en vient qu'une partie en facs; le refte fe répand fur les balles des autres marchandifes plus précieufes, qu'il préferve d'avaries, & dont il fixe l'arrimage.

Si les befoins de la navigation n'obligeoient pas d'avoir un établiffement à la Côte de Malabar, on feroit tenté d'abandonner celui de Mahé qui a toujours plus coûté à la Compagnie, qu'il ne lui a procuré de bénéfices; mais les Mouffons, qui fixent la navigation des mers de l'Eft & de l'Oueft de la Prefqu'Ifle de l'Inde, rendent ce comptoir néceffaire pour la relâche des vaiffeaux.

La Côte de Coromandel ceffe d'être navigable depuis la fin de Septembre jufqu'en Janvier, elle eft même encore dangereufe jufqu'en Avril qui eft le tems où commence ce qu'on appelle à cette Côte la grande Mouffon.

La Côte de Malabar n'eft au contraire pratiquable que depuis la fin de Septembre jufqu'à la fin de Mars; ainfi la navigation doit néceffairement fe partager entre ces deux Côtes.

D'ailleurs ce comptoir eft néceffaire au commerce particulier, dont un des principaux objets eft l'échange des marchandifes du Bengale & de la Côte de Coromandel avec celles de la Côte de Malabar.

Au refte, ce commerce peut fe faire par les particuliers à peu près comme celui de Moka, & comme il fe faifoit pendant l'adminiftration de M. Dupleix,

Vers

Vers le mois de Septembre on expédioit un vaisseau particulier de la Côte de Coromandel pour Mahé. Le Conseil qui ordinairement n'avoit point de fonds à destiner à ce commerce, en recevoit des particuliers en argent ou en marchandises, & les prenoit à la grosse de 20 p.%. Ce vaisseau arrivoit en Octobre à la Côte de Malabar ; il y étoit adressé au conseil de Mahé, qui vendoit les marchandises pour le compte des particuliers, &, tant avec ce produit qu'avec l'argent qui lui étoit envoyé, achetoit les poivres, & de préférence ceux de l'année précédente ; quand ils ne suffisoient pas, on prenoit ceux qui venoient d'être recoltés ; le vaisseau repartoit en Mars ou au commencement d'Avril, & arrivoit en Mai à la Côte de Coromandel : alors on soldoit avec les Grosseurs, soit en argent qui arrivoit de France dans ce tems, ou à défaut d'argent, en billets du Conseil à l'intérêt de 8 p.%, ou même en Lettres de Change sur France.

Cette opération pourra se continuer dans la même forme, excepté qu'au lieu que les particuliers donnent leurs fonds à la grosse, ils feront faire des achats pour leur propre compte, & ces poivres de retour à Pondichery, ils les chargeront sur les vaisseaux qu'ils destineront pour Europe, ou ils les vendront à ceux qui seront chargés de marchandises du Bengale ou de la Côte de Coromandel. Peut-être même ces particuliers trouveront-ils le moyen de tirer des poivres de Calicut ou de Coleche, ou de quelqu'autres parties de la Côte de Malabar. On se le persuadera sans peine, si l'on considére que ce commerce est assez avantageux pour exciter l'industrie ; car indépendemment des profits que procurent les poivres, comme retours en Europe, ils sont un objet intéressant pour le commerce des autres parties de l'Inde, & pour celui de Chine.

On trouve dans les Mémoires cités différentes raisons contre la possibilité du commerce des poivres à la côte de Malabar & à Mahé en particulier ; mais ces raisons sont très-foibles, & on y fait des aveux très-favorables au commerce particulier. On dit 1º que pour avoir des poivres à Mahé, *il est absolument nécessaire d'y envoyer des fonds à l'avance en Novembre, avant le tems de la récolte, ce que ne peut pas faire le commerce particulier ; & que sans cette précaution, les fraudeurs, c'est-à-dire, des vaisseaux par-*

Y
ticuliers

ticuliers Anglois & les Portugais de Macao, qui le payent toujours plus cher, l'auroient de préférence.

2° *Qu'il faut de plus avoir des bateaux armés, & des détachemens de Soldats qui empêchent le poivre de sortir en contrebande du pays de Cartenate, soit par mer, soit par terre, & payer fort cherement le Roi de Cartenate pour la continuation du Privilége de la Compagnie.*

3° *Que les Anglois de Talichery, comptoir situé à une lieue de Mahé, ne cessent de faire au Roi de Cartenate des propositions avantageuses, pour arracher à la Compagnie le Privilége dont elle jouit ; & qu'il est très à craindre que ce Prince séduit à la fin par leurs offres, ne saisisse le plus léger prétexte pour manquer à ses engagemens, ce qui malheureusement est de l'intérêt du Roi de Cartenate & de son Royaume.*

Il me semble que ces trois allégations sont autant de raisons très-fortes contre le maintien du Privilége exclusif, & en faveur du commerce particulier.

Il faut bien qu'il ne soit pas nécessaire au commerce particulier de faire des fonds d'avance, d'avoir des bateaux armés, de payer fort cherement le Roi de Cartenate, pour avoir des poivres à Mahé ; puisque sans faire tout cela, les Commerçans particuliers Anglois & les Portugais de Macao enleveroient, selon l'Auteur, tous les poivres de la Compagnie, & sont à tous momens à la veille de les lui enlever.

L'Auteur nous explique lui-même comment & pourquoi le commerce particulier des Anglois & des Portugais est si à craindre pour la Compagnie, en nous apprenant que ces fraudeurs payent le poivre plus cherement ; mais c'est précisément parce que le commerce particulier est en état de payer le poivre plus cherement, qu'il sera possible d'avoir du poivre sans Privilége exclusif. Si l'on prétendoit qu'il n'y aura que les particuliers Anglois & Portugais qui sont en état d'y mettre un meilleur prix, nous demanderions la raison de cette différence que nous ne pouvons pas imaginer.

Ce que l'Auteur dit du danger continuel où est la Compagnie de perdre cet établissement, est encore une raison très-forte de rendre la liberté. Alors le Roi de Cartenate sera moins tenté de se laisser gagner par les Anglois, pour

leur

leur accorder un Privilége exclufif, qui le mettroit dans leur
dépendance. Il fera au contraire de fon intérêt d'accueillir
les concurrens, que la liberté donnera au comptoir Anglois de
Talichery ; mais en tout cas, fi il eft de l'intérêt du Roi de Cartenate & de fon Royaume , d'ôter à la Compagnie fon Privilége,
il faut croire que ce Privilége ne pourra pas fubfifter long-tems.
Ce mot décide la queftion. Que nous importe de conferver à la
Compagnie excluſivement un commerce qui exige plus de dépenfes qu'il n'apporte de bénéfices , & que nous fommes toujours
à la veille de perdre? Par quel paralogifme prouvera-t-on
qu'il faut faire un commerce ruineux ? On ne craint pas fans
doute que nous manquions de poivre en France. Il doit même arriver qu'en l'achetant des autres Nations, nous le paye-
rons moins cher de tout l'excédent de dépenfes que nous fommes obligés de faire en l'achetant nous-mêmes. Il n'y a à cet
arrangement, ni obftacle invincible, ni inconvénient.

Commerce de la Chine.

On convient communément que le commerce de Chine
eft, de tous ceux qu'embraffe le Privilége exclufif de la Compagnie, le plus facile & le plus fufceptible d'être fait par des
Particuliers. Si l'on a cru néceffaire de le réunir à la Compagnie, ç'a été uniquement pour compenfer, par les grands bénéfices qu'il apporte, les dépenfes qu'entraînoit l'adminiftration des autres branches du Privilége exclufif.

En effet, on n'a point à y entretenir des établiffemens coû-
teux; les Commerçans Européens ne font point obligés de
tirer les marchandifes de l'intérieur des terres. La Ville de
Canton eft un marché très-confidérable, dans lequel font
admifes toutes les Nations: elles y vivent & y contractent fous
l'autorité des loix du pays. Les conteftations, auxquelles leur
rivalité peut donner lieu, ne s'y décident point par la violence; enfin elles ne peuvent y combattre que par les efforts de
l'induftrie.

Les achats fe font au cours du marché; les vendeurs y
font les marchands du pays, qui, dans l'état actuel, forment
une Compagnie exclufive fous l'infpection des Magiftrats.

Les paiemens fe font à mefure des livraifons, excepté les foies de Nankin & les étoffes de foie, pour lefquelles on donne les ⅓ du prix d'avance, & dont la livraifon fe fait ordinairement au bout de 90 ou 100 jours. Enfin le commerce particulier ne peut y rencontrer aucun des obftacles qui, felon quelques perfonnes, s'oppofent à fon établiffement dans l'Inde.

Tout concourt donc à établir la poffibilité du commerce particulier en Chine, & il n'y a que le deffein formé de foutenir, dans toute fon étendue, le Privilége exclufif de la Compagnie, qui ait pu faire dire à quelques-uns de fes Défenfeurs, feulement dans ces derniers tems, que la confervation du commerce de Chine étoit attachée à celle du Privilége exclufif.

Voyons cependant les raifons qu'on allégue contre la liberté.

« On dit que la Compagnie a un Comptoir fédentaire en Chine, & que fes Subrecargues y demeurant pendant l'hiver, & employant les fonds qu'on leur a laiffés, lui procurent par cela feul un bénéfice de 30 p. ⁰⁄₀, avantage dont le commerce particulier ne pourra pas jouir ».

Je réponds 1° que le commerce particulier n'a pas befoin pour fe foutenir de tous les avantages que la Compagnie a trouvés dans fon commerce de Chine. Ce commerce lui a rendu jufqu'à 140 p. ⁰⁄₀ de bénéfice d'achat à la vente. On conçoit facilement que des Négocians de Nantes ou de Bordeaux, qui font des commerces dans lefquels le bénéfice de l'achat à la vente n'eft pas la dixieme partie de celuilà, pourront fort bien entreprendre & foutenir le commerce de Chine. Le défaut d'Employés fédentaires à la Chine pourroit donc laiffer au commerce libre des gains beaucoup moins confidérables que ceux de la Compagnie, fans qu'il ceffât d'être poffible & de fe foutenir.

2° La Compagnie elle-même a été long-tems fans avoir de Comptoir fédentaire à Canton ; chaque expédition conduifoit en Chine & ramenoit en France les Subrecargues & autres Employés néceffaires. La nouvelle adminiftration a penfé, avec raifon, que ces Employés fédentaires feroient utiles à fon commerce,

merce, parce qu'ils font plus à portée de prendre des con-
noiffances de détail & de former des fpéculations dont ils
peuvent profiter à l'arrivée des vaiffeaux ; mais elle foutenoit
fon commerce fans ce moyen ; le commerce libre pourra donc
s'en paffer.

" 3° Cet avantage n'eft pas tellement attaché au Privilége exclufif de la Compagnie, que le commerce libre n'en puiffe jouir.

Selon la remarque que nous avons faite en commençant
cette difcuffion, dans le cas de la diffolution de la Compagnie,
on pourroit laiffer fubfifter à Canton un Comptoir fédentaire.
Les Employés de ce Comptoir pourroient, à leur propre profit, fervir d'Agens au commerce particulier, & faire tout ce
qu'y font les Subrecargues de la Compagnie. Les bénéfices
de ce commerce fe partageroient alors entre ces Agens & le
Négociant qui en fourniroit les fonds.

Il eft même très-poffible qu'une Compagnie fans Privilége
exclufif, où un Négociant qui a de gros fonds, laiffe à fa
première expédition un Subrecargue qui puiffe lui préparer la
feconde. Les frais de l'hyvernage d'un ou de plufieurs Employés ne font pas affez confidérables pour n'être pas cou-
verts par les bénéfices qu'on en retireroit. Ainfi, à cet égard,
le commerce particulier jouira des mêmes avantages que la
Compagnie.

On oppofe en fecond lieu la grandeur des fonds qu'il faut
pour le commerce de Chine, & que le commerce particulier
ne pourroit pas fournir. « La Compagnie, dit-on, a toujours
employé à ce commerce des vaiffeaux de 900 tonneaux, &
il feroit difficile que les Particuliers en employaffent d'un
moindre port, parce qu'alors les frais feroient plus confidérables en proportion des bénéfices, & particuliérement par
la nature des droits qui fe payent en Chine, & entr'autres
le droit du Houpou qui eft de 16,000 l. par vaiffeau grand
ou petit. Chaque vaiffeau exigeroit un avance de 14 ou 15
cents mille livres ».

1° Dans un État riche & puiffant comme celui-ci, jamais
on ne manquera de fonds pour un commerce qui donne des
bénéfices auffi confidérables que celui de Chine. On trouvera

foit à Paris, foit dans les différens Ports du Royaume, à former plufieurs fociétés qui expédieront chacune un vaiffeau.
Il eft à croire que l'empreffement des Négocians aura plutôt
befoin d'être contenu qu'excité. On a la preuve de ce qu'on
avance ici dans plufieurs lettres de différens Ports du Royaume.

2º Cette objection contre le commerce particulier a d'autant plus mauvaife grace, de la part des Défenfeurs du Privilége excluf, que la Compagnie elle-même n'a jamais été
en état de donner au commerce de Chine l'étendue dont il
eft fufceptible, faute de fonds. C'eft-là une chofe connue &
conftante. Mais c'eft ce qu'on verra prefque toujours arriver
dans les entreprifes de Compagnie à Priviléges exclufifs,
parce que leurs fonds font bornés; au-lieu que ceux du commerce général n'ont de bornes que celles que met la nature
même de l'entreprife à la quotité des bénéfices, qui font encore fuffifans pour le commerce particulier, long-temps après
avoir ceffé de l'être pour une Compagnie.

On nous fait craindre en troifiéme lieu les effets funeftes
de la concurrence des Négocians particuliers en Chine, &
l'augmentation exceffive du prix des marchandifes, & fur-tout
des thés qui en fera la fuite. On dit « que la feule concurrence des Compagnies entr'elles a fait monter les thés à un
prix exorbitant; que ce fera bien pis encore, quand il fe
trouvera plufieurs vaiffeaux d'une même Nation qui, jaloux
les uns des autres, montreront un empreffement qui n'échappe
jamais aux Chinois; que bientôt il n'y aura plus de bénéfices à faire, ni par conféquent de poffibilité de foutenir le
commerce ».

« On ajoute à cela que le débit des marchandifes en Europe, & principalement celui des thés dépend de plufieurs
circonftances critiques, dans lefquelles l'état du commerce
dans l'intérieur de la France n'entre pour rien, puifque ce
Royaume en confomme très-peu ».

« Que fi cette marchandife eft trop abondante, fi la communication avec l'Angleterre eft interrompue, fi la fraude enfin
n'a pas lieu au retour des vaiffeaux particuliers, il n'y a plus
de vente, jufqu'à ce que les chofes reviennent dans leur état
ordinaire.

ordinaire. Les Compagnies étrangeres n'auront qu'un effort à faire, & dès l'année fuivante, on ne verra plus un François à la Chine ».

1° Les *funeſtes effets de la concurrence*, font l'éternelle objection des partifans des Priviléges exclufifs, & des ennemis de la liberté du commerce. Objection cent fois détruite, & par le raifonnement & par l'expérience. Nous y répondrons plus bas, en traitant du commerce de Bengale & de la Côte de Coromandel, & tout ce que nous dirons en cet endroit, fera exactement applicable au commerce de la Chine.

2° Les rifques que peut courir le commerce particulier pour les marchandifes de l'Inde, à leur retour en Europe, & furtout pour les thés, lui font communs avec la Compagnie ; ainfi on ne peut pas en faire un argument contre la liberté du commerce.

La ceſſation de la contrebande de nos thés en Angleterre, eſt un inconvénient, auquel la Compagnie ne trouvera pas plus aifément un reméde, que le commerce particulier. La Compagnie ne fe flatte pas fans doute d'obtenir du Gouvernement Anglois, qu'on rétabliſſe les droits à l'entrée des thés dans la Grande-Bretagne, pour qu'elle puiſſe y vendre les fiens plus facilement. Si ce nouvel obſtacle peut être furmonté, c'eſt bien plutôt par l'induſtrie particuliere & libre, toujours active, ingénieufe & cachée, que par une Compagnie, dont tous les mouvemens font lents, & toutes les démarches publiques.

Pour achever de diſſiper tous les doutes fur la poſſibilité du commerce particulier en Chine, je puis citer les aveux que fait l'Auteur d'un des Mémoires qu'on m'a communiqués. Je tranfcrirai ici fes paroles. « En tout cas, dit-il, s'il eſt vrai » que le commerce de la Chine eſt le plus facile & le plus ▪ avantageux, il y auroit de l'injuſtice à en priver la Compa- » gnie des Indes, qui en le faifant avec fageſſe & connoif- » fance, y trouve un dédommagement de ce qu'elle peut ▪ perdre ailleurs, & des dépenfes indifpenfables que fes éta- » bliſſemens lui occafionnent.

1° On voit par cet endroit que les Défenfeurs du Privilége exclufif de la Compagnie font tout prets de convenir que le commerce de Chine eſt poſſible aux particuliers , puiſqu'ils ſe retranchent ſur l'injuſtice qu'il y auroit à le leur ôter.

2° Que ce commerce donne des bénéfices capables de couvrir d'autres dépenſes conſidérables qui lui ſont étrangeres , & auxquelles le commerce particulier ne ſera pas ſujet. D'où ſuit encore la poſſibilité du commerce particulier , puiſque ceux qui l'entreprendront pourront gagner encore autant que la Compagnie, en gagnant, de moins qu'elle, tout ce qu'elle eſt obligée de prendre ſur ſes profits de Chine pour les dépenſes de ſes autres établiſſemens.

Commerce de Bengale & de la Côte de Coromandel.

Nous voici arrivés à la partie la plus importante de la diſcuſſion préſente ; la poſſibilité d'établir le commerce libre au Bengale & à la Côte de Coromandel. Avant d'entrer dans les détails , nous préparerons l'eſprit de nos Lecteurs par quelques réflexions générales.

I. Les difficultés qui s'oppoſent à l'établiſſement du commerce de l'Inde ne paroiſſent de quelque importance, que parce qu'on en raiſonne dans une ſuppoſition tout-à-fait fauſſe, que les ennemis de la liberté tâchent d'accréditer autant qu'ils peuvent, & ſur laquelle ils établiſſent preſque tous leurs raiſonnemens.

Ils ſuppoſent qu'il ne s'agit pour eux que de prouver que le commerce particulier ne réuſſira pas la premiere année de ſon établiſſement ; & que d'ici à la fin des ſiécles on ne verra plus un ſeul vaiſſeau François paſſer le Cap , ſi les retours des premieres expéditions ne ſont pas auſſi conſidérables que ceux de la Compagnie dans les tems de ſa plus grande proſpérité.

Il leur importe beaucoup d'établir cette opinion, parce qu'ils voyent d'une part qu'on ne ſauroit leur nier que le commerce libre trouvera quelques difficultés à vaincre dans les premiers momens de ſon établiſſement, qu'il lui faudra un peu de tems pour ſe faire ſa route à lui-même. Ils ſentent fort bien qu'en lui accordant quelque délai , il écartera ou ſurmontera peu-à-peu tous les obſtacles. Ils tâchent donc de perſuader que ſi on manque le premier coup , tout eſt perdu

du , que le commerce libre doit prendre toute fa confiſtan-
ce & toute fon étendue dès la premiere année, fans quoi il
ne s'établira jamais.

Cette maniere de préfenter la queſtion, eſt d'ailleurs un bon
moyen d'effrayer les efprits timides & impatients, efpece d'hommes trop commune aujourd'hui, & que le manque de caractere, & plus encore celui de principes, multiplie tous les jours.

Mais heureufement, il y a encore des gens qui n'ont pas peur,
& qui favent attendre. Ce font ceux-là qui fentiront fort bien
qu'il eſt abfolument indifférent que le commerce particulier
s'établiſſe en 2 ou en 10 ans; qu'en gouvernant un grand Etat,
dont la durée comprend des fiécles, ce font encore des mefures
fages, que celles qui amenent au bout d'un certain nombre
d'années un plus grand dégré de profpérité dans une Nation,
fans qu'on en voie tout de fuite les falutaires effets.

N'eſt-il pas juſte d'ailleurs de laiſſer faire à la liberté, pendant
quelques années, les eſſais qu'ont faits fi infructueufement & fi
long-tems, les Compagnies avec leurs Priviléges. Depuis plus
d'un fiécle & demi, le commerce exclufif eſt en poſſeſſion de
l'Inde, les Compagnies fe font détruites les unes après les autres, on en a toujours élevé une nouvelle à la place de celle
qui tomboit. Celle-ci eſt encore fur le penchant de fa ruine.
Si elle fe diſſout, donnons auſſi à l'induſtrie libre de la Nation,
du tems & de l'efpace, & nous lui verrons élever un édifice
plus folide & plus grand.

II. Dans l'examen de la poſſibilité du commerce de l'Inde,
les défenfeurs de la liberté ont un grand avantage. C'eſt que les
principes généraux font pour eux, de l'aveu même de leurs
adverfaires. On convient généralement, que le commerce peut
tout avec la liberté, que la liberté eſt fon aliment. Quelques
perfonnes feulement prétendent qu'il faut faire une exception à cette maxime pour le commerce de l'Inde. Il fuit de-là,
que les premiers n'ont rien à faire pour établir leur opinion,
point de preuves pofitives à en donner. Il leur fuffit d'avancer
que le commerce de l'Inde doit & peut être libre, comme
tout autre efpece de commerce; & ils peuvent s'en tenir à
cette aſſertion, jufqu'à-ce qu'on prouve clairement la néceſſité

Z   de

de faire une exception à la maxime générale, pour le commerce de l'Inde en particulier.

III. Je vais plus loin, & je dis, que les objections particulieres qu'on fait contre la liberté du commerce de l'Inde, sont de nature à n'avoir pas besoin qu'on les refute chacune en détail. Ces objections consistent presque toutes à dire : le commerce exclusif se conduit de telle & telle maniere, la Compagnie fait ceci ou cela, elle paye à l'avance, elle fait blanchir & visiter les toiles, elle assortit ses achats, elle trouve ses carguaisons toutes formées à l'arrivée de ses vaisseaux, &c. Or, le commerce libre ne pourra pas employer tous ces moyens, donc il est impossible de faire le commerce dans l'Inde sans Privilége exclusif.

On voit que pour que la conséquence de ce raisonnement soit légitime, il faut supposer que la maniere dont la Compagnie fait le commerce, prise dans ses plus petits détails, est absolument l'unique qu'on puisse employer, & telle que si le commerce particulier ne peut pas la pratiquer exactement, il lui soit dès-lors impossible de se former & de se soutenir.

Mais les défenseurs de la liberté peuvent dire que la méthode employée par la Compagnie n'est pas l'unique qui existe dans la nature ; que sans qu'ils puissent indiquer celle que suivra le commerce particulier, ils sont en droit de nier qu'il puisse être arrêté par l'impossibilité de suivre la même marche que le commerce exclusif.

Qu'en accordant que les Négocians particuliers ne pourront ni payer les toiles à l'avance dans les terres, ni les faire blanchir & battre eux-mêmes, ni trouver leurs carguaisons préparées par leurs propres Employés, &c. ils pourront encore ou faire le commerce sans tout cela, ou faire faire tout cela par des moyens que nous n'imaginons pas, & dont nous ne sommes pas en droit de nier la possibilité. Qu'il s'ensuit seulement des détails qu'on leur oppose, que le commerce libre ne pourra pas se faire de la même maniere & sous la même forme que celui de la Compagnie ; ce qu'on peut avouer, & ce qui ne fait rien au véritable état de la question.

Ces objections vagues contre la possibilité de faire telle
ou

ou telle chofe ne peuvent jamais être d'aucune force fur un bon efprit ; parce qu'elles font toujours fondées fur une énumération incomplette des moyens à prendre pour arriver au but auquel on prétend qu'on ne peut atteindre. Je les comparerois à l'affurance avec laquelle les fpectateurs des tours d'un joueur de gobelet prononcent, qu'il ne dévinera pas la carte, ou ne fera pas repic dans la couleur demandée. Ils ne fe croient fi bien affurés que parce qu'ils imaginent connoître toutes les manieres poffibles de les tromper. On les trompe cependant & toujours par des moyens qu'ils n'ont pas prévus. C'eft ainfi que le commerce libre s'établira dans l'Inde & s'y foutiendra malgré les prétendues impoffibilités qu'on voit à fon établiffement, parce qu'il trouvera l'art de fe paffer des moyens que nous connoiffons, & d'en employer que nous n'imaginons pas.

Si ces réflexions font vraies, comme elles me le paroiffent, elles rendent la caufe de la liberté bien facile à défendre. Car d'abord elles nous difpenfent de donner des preuves pofitives de la poffibilité du commerce dans l'Inde, qui doit être regardé comme poffible en conféquence des principes, tant qu'on n'aura pas démontré clairement fon impoffibilité. Elles nous mettent encore en droit de réfoudre toutes les objections tirées du local, en difant que fi le commerce particulier ne peut pas employer les moyens qu'employe aujourd'hui la Compagnie, ou il en trouvera d'autres, ou il aura l'art de s'en paffer.

Nous ne profiterons pourtant que du premier de ces avantages qu'on ne fauroit nous contefter ; &, en nous difpenfant de prouver pofitivement la poffibilité du commerce libre dans le Bengale & à la Côte de Coromandel, nous réfoudrons toutes objections de détail qu'on y oppofe.

La premiere eft la crainte des inconvéniens de la concurrence des Négocians François dans l'Inde.

« Quand on connoît l'Inde & qu'on y a paffé quelques » années, on peut affurer, avec une certitude prefque phy-» fique, que fon commerce avec l'Europe étant libre à tous » les Particuliers pendant deux ou trois ans, il arrivera que

les

» les effets de France y feront vendus à plus bas prix qu'en
» France même, & que ceux de l'Inde monteront à plus
» de 50 à 60 p. $\frac{0}{0}$ au-deſſus de ce qu'ils valent actuelle-
» ment.

» Le commerce des Indes feroit, continue-t-on, à fa dé-
» cadence entiere, s'il n'avoit été exploité juſqu'à préſent
» par des Compagnies excluſives & puiſſantes, qui ne payant
» les marchandiſes de l'Inde qu'à des prix fixes, & ne livrant
» celles d'Europe qu'à meſure qu'on les recherche, en ont
» retardé la deſtruction, & peuvent même l'empêcher de
» périr. Malgré cette attention, il a fallu diminuer les béné-
» fices ſur les envois, & augmenter le prix des marchandiſes
» de retour.

» L'intérêt particulier de chacun de ces Négocians arri-
» vés dans l'Inde, fera néceſſairement oppoſé à l'intérêt des
» autres. Qu'on ſe repréſente 15 ou 20 vaiſſeaux en con-
» currence, arrivant dans l'Inde après un long voyage de
» fix mois, avec une avidité extrême de vendre & d'ache-
» ter, ils vendront à perte & acheteront à l'envi les mar-
» chandiſes qui doivent former leurs cargaiſons de retour :
» gênés par les mouſſons conſtantes des Indes, & pouvant être
» forcés à un féjour d'un an de plus dans l'Inde, s'ils négligent
» de profiter des vents, il n'eſt pas douteux qu'ils n'employent
» toutes fortes de moyens pour vaincre les obſtacles qui peu-
» vent retarder leurs opérations, qu'ils ne ſe relâchent par
» conſéquent ſur la vente des effets d'importation, en les
» cédant à plus bas prix, & qu'ils ne payent plus cher celles
» d'exportation ».

1º Je remarquerai d'abord que cette difficulté alléguée
contre la poſſibilité du commerce particulier de l'Inde, a été
oppoſée à une infinité de genres de commerces dont l'expérience a démontré la poſſibilité.

C'eſt ſur ce même prétexte que l'on s'eſt fondé dans tous
les tems pour former des Compagnies excluſives, & notamment pour la traite des Négres à la côte d'Afrique, & pour
le commerce à l'Amérique. On oppoſoit, alors comme aujourd'hui, à la liberté du commerce les riſques que courroient les Négocians, la témérité avec laquelle ils feroient
des

les entreprifes, les inconvéniens de leur concurrence dans achat des Noirs en Afrique, & dans leur vente en Améri-ue, &c. Ces raifons & d'autres de pareille force ont été vancées & foutenues avec chaleur.

Cependant on a vu de puis que cette concurrence, bien loin .'être deftruâive du commerce, en étoit le foutien, & pou-oit feule lui donner toute l'étendue dont il étoit fufceptible. .e commerce a été rendu libre au - moins en partie, & aux Négocians Nationaux.

Les établiffemens François en Amérique étoient demeurés ufques-là dans la foiblelfe la plus grande, la liberté les a rani-nés. La Martinique, la Guadeloupe, Saint-Domingue, font levenues des Colonies riches & puiffantes. L'expérience a uftifié les efpérances. Ayons encore la même confiance en a liberté, qui n'a jamais trompé les Adminiftrateurs qui ont ompté fur elle.

2° Si la crainte des funeftes effets de la concurrence avoit quelque fondement, elle agiroit affez puiffamment fur l'efprit les Négocians du Royaume, pour les détourner du commerce le l'Inde ; car il eft impoffible de foutenir férieufement, que les habitans de nos Villes maritimes, qui entendent affurément e commerce auffi bien que des Citoyens de Paris, joueront ainfi leur fortune & celle de leurs commettans, fans des efpé-ances raifonnables de réuffir. Cependant tous les ports du Royaume attendent avec impatience qu'on leur ouvre le com-merce de l'Inde. Or, n'eft-il pas abfurde d'imaginer que des hommes accoutumés aux fpéculations de commerce, qui ont le plus grand intérêt à n'en pas faire de fauffes, fe tromperont auffi groffiérement. Ceux qui prétendent que le commerce de 'Inde n'eft pas poffible fans Compagnie, & qui difent que cette impoffibilté eft fi claire, croyent-ils en avoir feuls le fe-cret ? Les raifons qu'ils apportent ne font-elles pas connues de ces mêmes Commerçans, qui doivent fe ruiner dans le com-merce de l'Inde ; & fi ceux-ci n'en font pas touchés malgré le grand intérêt qu'ils ont à ne pas fe tromper dans l'examen qu'ils en font, n'eft-ce pas que ces raifons font mauvaifes ? Leur obftination à vouloir fe ruiner n'eft-elle pas une preuve qu'ils ne fe ruineront pas ?

L'autorité

L'autorité des Négocians qui demandent la liberté du commerce de l'Inde, me paroît même devoir être aux yeux du Gouvernement d'un tout autre poids que celle des Défenseurs du Privilége exclusif; car enfin, jusqu'à présent, le plus grand nombre de ceux-ci est de gens intéressés au Privilége. Ce sont, ou des Actionnaires, ou des Administrateurs de la Compagnie, ou ses Agens, ses Correspondans, ses Employés. Supposons même qu'il y a encore un grand nombre de personnes absolument neutres dans cette affaire, & qui opinent contre la liberté; je dis que, s'il est question de décider d'après l'autorité, celle des Négocians qui la demandent, est plus forte que celle de tous ceux qui s'y opposent. Les personnes intéressées à la conservation de la Compagnie peuvent se laisser tromper par le desir de soutenir leur Privilége, qu'ils regardent comme une propriété & comme une propriété utile. Celles qui sont neutres peuvent se laisser effrayer par des difficultés de détail, auxquelles il est long & difficile de répondre; mais elles n'ont rien à perdre en se trompant, & peuvent faire cet examen avec négligence. Il n'y a que les Négocians demandant la liberté, qui non-seulement n'ont aucun intérêt à en soutenir la possibilité, mais qui au contraire ont l'intérêt le plus grand à ne pas se tromper, en croyant le commerce possible supposé qu'il ne le soit pas.

On allegue le caractere de la Nation. On dit que les François, Nation turbulente & inconsidérée, ne connoissent point de bornes dès qu'ils n'ont plus de frein; que c'est leur génie d'outrer tout, &c.

Malheureusement pour ce grand raisonnement, on le trouve employé par les défenseurs des Compagnies exclusives, chez des Nations, dont le caractere est un peu différent du nôtre. Le flegme des Hollandois ne les a pas mis à l'abri de ce reproche. *On objecte*, disoit Jean de Witt, il y a plus d'un siécle, en plaidant la cause de la liberté du commerce aux Indes Orientales, *que le caractere des Hollandois est tel, que si le commerce étoit ouvert en Asie, ils rempliroient tous ces pays de marchandises au-delà de leur consommation, & détruiroient ainsi ce commerce.* Je ne raporterai pas les réponses que cet habile homme fait à l'objection. Il nous suffit ici de voir qu'on l'a faite en Hollande,

lande, pour voir combien elle eſt futile, & pour ſe convaincre que ce n'eſt qu'un lieu commun qu'on employe, faute de raiſons.

3º On ne peut craindre les effets de la concurrence des Négocians particuliers dans l'Inde, qu'autant que cette concurrence rendroit, en fin de compte & à la vente en Europe, les marchandiſes achetées dans l'Inde, plus cheres pour les vendeurs particuliers, qu'elles ne le ſont pour la Compagnie. Or, c'eſt ce qui n'arrivera pas.

Le prix auquel on achete les marchandiſes dans l'Inde , leur valeur vénale n'eſt pas ſeulement ce qu'on en donne en argent dans l'Inde, c'eſt tout ce qu'on a dépenſé pour parvenir à exécuter cet achat. Il eſt bien clair que ſi un Négociant de Saint-Malo va faire à Dantzik un chargement de grain, le prix de ce grain n'eſt pas ſeulement ce qu'il paye à Dantzik en argent pour chaque ſeptier, ce ſont encore tous les frais de la navigation & du commerce, les gages des Matelots, la portion de la valeur du navire, détruite & conſommée par le voyage, la partie correſpondante des frais de ſa maiſon de commerce à Saint-Malo, &c. Or, de ces éléments de la valeur vénale des marchandiſes de l'Inde, il y en a un qui eſt conſtamment plus conſidérable pour une Compagnie que pour des particuliers, & c'eſt l'article des dépenſes diſtinguées du payement en argent; d'où il ſuit, que quand on ſuppoſeroit que les particuliers, à raiſon de leur nombre ſeul, payeroient plus en argent dans l'Inde, comme ils payeroient moins en autres dépenſes , il pourroit encore arriver que le prix total des marchandiſes de l'Inde fût moindre pour eux, ſi leurs dépenſes ſont moindres que celles de la Compagnie. Or, c'eſt ce qui arrivera infailliblement. Car en ajoutant au prix payé dans l'Inde, tout ce qu'il faut qu'une Compagnie excluſive dépenſe pour y exécuter ſes achats, on trouvera qu'elle achetera plus chérement que les particuliers.

4º Lorſqu'on prétend que les Compagnies excluſives achetent moins cherement dans l'Inde, parce que dans l'achat par Compagnies privilégiées, il y a moins de concurrence entre les acheteurs qui ſont en moindre nombre : que dans l'état préſent, il n'y a que quatre acheteurs, les Anglois, les François,
les

les Hollandois, les Danois; que le commerce particulier en établiroit vingt, quarante, qui, renchériffant tous à l'envi, porteroient le prix dans l'Inde infiniment plus haut; lorfqu'on fait, dis-je, ce raifonnement, on fuppofe que le prix des marchandifes d'Europe & celui des marchandifes de l'Inde feront affectés très-fortement dans l'Inde, par la feule caufe de l'augmentation du nombre des Négocians d'Europe qui s'y rendront.

Ceux qui argumentent ainfi, n'ont probablement pas imaginé que la fuppofition fût conteftable. Elle l'eft cependant, & c'eft ici une preuve, entre beaucoup d'autres, que les paralogifmes fe gliffent avec la plus grande facilité dans les difcuffions économiques, fi on n'apporte pas la plus grande attention à les éviter.

Le premier, le vrai principe de la valeur vénale d'une marchandife, c'eft-à-dire de fon prix au marché, n'eft point la proportion numérique du nombre des vendeurs & du nombre des acheteurs en tant que diftincte de la quantité plus ou moins grande de marchandifes offertes ou demandées. Le rapport de la quantité de marchandifes mifes en vente, ou qui peuvent y être mifes à la quantité qu'on en demande ou qu'on peut en demander eft la véritable caufe qui détermine la valeur vénale.

Suppofons cent vendeurs ayant chacun pour dix mille francs à vendre, & cent acheteurs ayant befoin chacun d'une valeur de dix mille francs en marchandifes: fi l'année fuivante le nombre des vendeurs, ayant chacun la même quantité de marchandifes à vendre, eft augmenté fans que celui des acheteurs foit diminué, la valeur vénale pourra diminuer, & réciproquement fi le nombre des acheteurs augmente, chacun d'eux ayant les mêmes befoins, & formant les mêmes demandes, le nombre des vendeurs demeurant le même. Mais pour cela, il faut que dans l'un & l'autre cas, chaque acheteur n'ait befoin que de la même quantité de marchandifes, & que chaque vendeur n'ait pas plus de marchandifes à vendre. Car fi l'on fuppofe qu'au lieu de cent acheteurs il n'y en a que cinquante ayant chacun befoin de vingt mille francs de marchandifes, la valeur vénale demeurera à peu près la même, quoique la proportion

d u

du nombre des acheteurs à celui des vendeurs diffère beaucoup de ce qu'elle étoit auparavant.

Il faut dire la même chose, si au lieu de cent acheteurs de dix mille francs de marchandises chacun, nous en suppofons deux cents qui n'ont besoin chacun que de cinq mille francs de marchandises ; la proportion numérique des vendeurs aux acheteurs fera encore plus altérée. Si la valeur vénale hausse , ne voit-on pas que ce ne peut être que très-foiblement. Mais si , sans changer le rapport du nombre des acheteurs & des vendeurs, nous suppofons la demande totale des acheteurs augmentée du double ou diminuée de moitié, si nous imaginons deux millions ou 500 mille francs d'achats à faire sur la place au lieu d'un million , certainement la valeur haussera fortement dans le premier cas , & baissera beaucoup dans le deuxiéme , quand on suppoferoit les acheteurs & les vendeurs en même nombre qu'auparavant.

La valeur vénale de toute marchandise dépend donc du rapport de la quantité mise en vente, & de la quantité demandée, infiniment plus que du rapport du nombre des vendeurs à celui des acheteurs.

La proportion du nombre des vendeurs à celui des acheteurs influe cependant un peu sur le prix au marché , toutes les autres circonstances étant égales ; mais ce n'est que très-foiblement. S'il n'y a qu'un vendeur , ayant une valeur d'un million à vendre , & vingt acheteurs ayant besoin entr'eux de ce million de marchandises , le vendeur pourra gagner quelque chose de plus, que si au lieu de vingt acheteurs on n'en suppofe que dix, ayant besoin de la même valeur en marchandises, parce qu'il pourra plus facilement fe faire valoir , ufer des petites finesses marchandes pour foutenir le prix de fa denrée , &c. mais cette circonstance ne lui fera pas d'un grand avantage , la quantité de marchandises étant la même , parce que l'estimation de cette quantité fera la même , & par conféquent l'offre des acheteurs & la demande du vendeur feront à peu près les mêmes dans l'un & dans l'autre cas.

A examiner même cette circonstance du petit nombre d'acheteurs ou de vendeurs, on voit que lorfqu'elle contribue à enchérir ou à avilir la marchandise, ce n'est que parce qu'elle

A a   rentre

rentre dans celles auxquelles nous attribuons uniquement l'influence fur les prix, c'eft-à-dire, les circonftances de la petite quantité de marchandife demandée ou préfumée demandée, & de la grande quantité de marchandife offerte ou préfumée offerte. Lorfque le nombre des acheteurs eft petit, ils ne tirent avantage de leur petit nombre que parce que le vendeur a lieu de penfer que par cela même il y a une moindre quantité demandée, & que lorfqu'il y a beaucoup d'acheteurs, on en demande davantage. La preuve de cela eft que fi le vendeur fait que le petit nombre demande beaucoup, & que le grand nombre demande peu, il augmentera fa marchandife dans le premier cas, & la diminuera dans le deuxiéme. Je ne poufferai pas plus loin cette difcuffion qui m'écarteroit trop de mon fujet. Ce que j'en ai dit doit fuffire pour faire entendre une propofition qui peut nous raffurer contre la crainte des mauvais effets de la concurrence des Négocians dans l'Inde.

Le rapport abftrait du nombre des acheteurs & de celui des vendeurs, n'influe que très-foiblement fur la valeur vénale. Donc de l'augmentation du nombre des vendeurs des denrées d'Europe, acheteurs des marchandifes de l'Inde, augmentation qui aura lieu, fi le commerce eft rendu libre, il ne réfultera pas un aviliffement des premieres & un enchériffement des dernieres auffi confidérables qu'on le prétend. Il faudra affigner d'autres caufes de ces deux effets, fi l'on foutient qu'ils feront la fuite de la liberté, ou qu'ils pourront être un obftacle invincible au foutien du commerce de l'Inde, abandonné aux particuliers.

Je trouve cette crainte des effets de la concurrence, appuyée dans les Mémoires cités fur un raifonnement qui n'eft qu'un paralogifme. On prétend que les Indiens vendront leurs marchandifes tout ce qu'ils voudront aux Négocians particuliers, parce que le commerce de l'Inde eft d'une nature bien différente de tous les autres. « Les Peuples de l'Inde n'ont, » dit-on, aucun befoin des productions de l'Europe, & peuvent » s'en paffer abfolument. Nous allons chercher avec empreffement tout ce que fournit leur belle contrée; il en doit » réfulter cet effet naturel, que ce qu'on leur demande augmente, & que les fignes avec lefquels on les paye (à » l'exception

» l'exception de l'or & de l'argent) doivent s'avilir, ce qui
» arrive progreſſivement depuis quarante ans, & ce qui
» rend inſenſiblement le commerce des Indes moins avan-
» tageux.

Ce raiſonnement péche par plus d'un endroit : 1° il attaque auſſi fortement le commerce de la Compagnie que le commerce particulier. Le beſoin que les Européens ont des marchandiſes de l'Inde & le peu de beſoin que les Indiens ont de celles
que nous leur portons, doivent enchérir celles-là, & avilir celles-
ci pour des privilégiés, auſſi bien que pour le commerce libre.

2° Tout commerce eſt fondé ſur un beſoin réciproque &
égal. Les Indiens ont autant de beſoin de notre argent & de
notre or, que nous avons beſoin de leurs toiles. Car ils ne
fabriqueroient pas de toiles pour de l'argent, s'ils n'avoient pas
beſoin de notre argent.

3° C'eſt une grande erreur que de prétendre que les choſes que
nous leur portons s'aviliſſent *à l'exception de l'or & de l'argent*; car c'eſt ſuppoſer que l'or & l'argent éprouvent moins
les variations de valeur vénale que les autres marchandiſes :
mais l'or & l'argent ſont eux - mêmes marchandiſes exactement & uniquement de la même maniere que toutes les
autres choſes vénales contre leſquelles on les échange.
Ces métaux enchériſſent quand ils s'échangent en moindre
quantité contre les mêmes quantités des autres marchandiſes,
& ils s'aviliſſent quand les autres marchandiſes ne ſont données dans l'échange que pour une plus grande quantité d'or
& d'argent. Si donc les choſes que nous portons aux Indes
s'y aviliſſent tous les jours, l'or & l'argent ne ſont pas exempts
de ce malheur.

4° Une autre faute encore eſt d'appeller *ſignes* les choſes avec
leſquels on paye & l'or & l'argent ; car on ne paye point avec
un *ſigne*, & l'or & l'argent ne ſont pas plus *ſignes* que le vin
& le bled. Je releve ces erreurs pour inſpirer quelque dé-
fiance de la logique des ennemis de la liberté du commerce
de l'Inde. Car comme il faut autant de ſagacité & de ſuite
dans l'eſprit pour bien voir un fait même ſur les lieux, &
pour en tirer des conſéquences légitimes, que pour raiſonner
ſur les matieres les plus abſtraites, nous ſommes en droit de

A a 2   ne

ne compter que très foiblement fur ce que difent de l'impoffibilité de faire le commerce dans l'Inde, des gens qui raifon-
nent fi peu exactement fur les principes du commerce.

5º Enfin fi les marchandifes de l'Inde augmentent, & fi
les nôtres & notre or & notre argent s'y aviliffent, c'eft une
fuite naturelle & néceffaire de la marche du commerce, indépendamment de la liberté que nous pouvons lui accorder ou
lui refufer. Le Privilége de la Compagnie au commerce
de Chine fubfifte encore en fon entier. Il a rendu jufqu'à
140 p. $\frac{1}{2}$ de bénéfice d'achat à la vente; il ne rend plus
que 80, ce n'eft pas le commerce libre qui a produit cet
effet. Il en eft de même du commerce de l'Inde. La concurrence des nations de l'Europe entr'elles (& non pas celle
des Particuliers d'une même Nation) la confommation plus
grande en Europe, & par conféquent la demande plus grande dans l'Inde des marchandifes de l'Inde ont diminué les
profits ; il n'y a point de moyen d'empêcher cet effet. Les
Priviléges exclufifs de chaque Nation ne pourront le retarder que fort peu & au grand défavantage des Etats qui s'obfti-
neront à tenir captives l'induftrie & l'activité de leurs Commerçans.

II. On oppofe en fecond lieu au commerce libre dans l'Inde,
l'impoffibilité où les vaiffeaux particuliers feront, dit-on, de
trouver leur cargaifon toute préparée, condition effentielle-
ment néceffaire & particuliere à ce commerce.

« On fuppofe un vaiffeau partant d'Europe pour le Ben-
» gale au mois de Janvier 1770. Pour que ce vaiffeau puiffe
» faire fon retour en 1771, il faut qu'un autre expédié en
» 1769 ait porté les fonds néceffaire pour préparer fa car-
» gaifon ; il en portera lui-même pour préparer la cargaifon
» de celui qui devra être expédié en 1771, & ce dernier fera
» encore obligé d'en porter huit ou dix mois avant le retour
» de ceux envoyés par le vaiffeau parti en 1769 ».

» On ne peut pas attendre l'arrivée des vaiffeaux pour former
leurs cargaifons ; on ne trouve pas de marchandifes, parce qu'il
n'y a pas là de marchés publics, ni même de Négocians particuliers qui en raffemblent dans des magafins, pour les vendre

dre enfuite à ceux qui en auront befoin ; on ne fabrique que
des marchandifes commandées d'avance & les tifferands même
ne travaillent qu'au moyen des avances qu'on leur fait des deux
tiers ou des trois quarts du prix des ouvrages qu'ils doivent
fournir. Il faut que ces avances foient faites dès le mois de
Février ou de Mars, pour les marchandifes dont on a befoin
en Octobre ou Janvier fuivant. »

» Il réfulte encore de-là un inconvénient qui n'eft pas de petite importance pour la Compagnie elle-même, mais que le
commerce particulier ne pourra jamais foutenir ; c'eft qu'il faut
avancer des fonds. Or, il ne fe paffe pas d'années qu'il n'y ait
des non-valeurs caufées, tantôt par la mort de quelques Marchands, tantôt par celle de quelques Tifferands infolvables,
ou enfin par des banqueroutes, ce qu'on ne peut guere eftimer
moins de 10 p. $\frac{o}{o}$. »

» Dans l'état actuel, les Marchands Indiens avec lefquels on
contracte, forment à Pondichery un corps compofé de huit ou
dix qui font folidaires entr'eux. Ils ne fortent point de la ville
fans une permiffion du Gouverneur ; mais il y a toujours quelques pertes, & il eft difficile de folder avec eux autrement, qu'en faifant paffer d'un contrat fur l'autre les fommes
dont ils font arrierés. On eft obligé de faire les mêmes avances à des Marchands particuliers dans les comptoirs de Ma-
fùlipatan & d'Yanaon ».

Je continue ; comme on voit, de rapporter fidélement &
dans toute leur force, les objections qu'on oppofe à la liberté,
& j'avoue que je ne trouve pas celle-ci meilleure que toutes
les autres.

Cette impoffibilité que le commerce particulier ait des cargaifons préparées, comme la Compagnie elle-même, ne me
paroît point du tout prouvée.

Je fuppofe une maifon de commerce, ou fi l'on veut une
affociation de quelques Négocians qui puiffe & veuille mettre
quinze cent mille francs de fonds au commerce de l'Inde ;
je fuppofe qu'elle expédie un vaiffeau chaque année pendant
trois années confécutives ; le premier préparera la cargaifon
du fecond, le fecond celle du troifiéme, le troifiéme celle du
deuxiéme voyage du premier, & ainfi de fuite. Je demande
quelle

quelle impoſſibilité on voit à cet arrangement ?

A la vérité le premier vaiſſeau ſera retardé, ſi l'on veut d'une année pour ſon retour ; mais cet inconvénient n'aura plus lieu pour la ſuite, & il s'agit ici d'un commerce établi.

2° Sans ſuppoſer que chaque maiſon de commerce d'Europe faſſe elle-même les fonds de trois expéditions pour jouir de l'avantage de trouver des cargaiſons toutes préparées, ne peut-il pas s'établir, & ne s'établira-il pas des maiſons de commerce à Pondichery, Chandernagor, &c. qui ramaſſeront les marchandiſes aſſorties pour l'arrivée des vaiſſeaux d'Europe. Ces pays ſont remplis d'Européens de toutes les Nations, qui pouvant réunir & le commerce d'Inde en Inde, & la fourniture des vaiſſeaux d'Europe, verront dans ces entrepriſes un profit conſidérable & certain ; & par-tout où il y a un profit à faire, le commerce & l'induſtrie ne manquent jamais de s'établir.

Les Mémoires que j'ai cités, combattent l'établiſſement de ces maiſons dans l'Inde.

» 1°. Parce qu'elles n'auront jamais les marchandiſes de
» l'Inde à ſi bas prix que la Compagnie.

» 2°. Parce qu'elles les vendront aux Négocians de France
» au moins 40 p. $\frac{\circ}{\circ}$. de plus qu'elles ne coûtent à la Com-
» pagnie. »

Comme on ne donne aucune preuve de la premiere aſſertion, je puis me diſpenſer d'y répondre. Je dirai cependant qu'il eſt tout-à-fait improbable que des maiſons de commerce établies dans le pays, qui adminiſtreront leurs propres affaires, qui y mettront le plus grand intérêt, ne parviennent pas à obtenir les marchandiſes au même prix, pour ne pas dire à beaucoup meilleur marché que la Compagnie.

Quant à la deuxieme aſſertion, voyons les preuves dont on l'appuye.

» L'intérêt de l'argent, dit-on, eſt ordinairement à 10, 12
» & 15 p. $\frac{\circ}{\circ}$. à Mahé, Pondichéry & Bengale, & générale-
» ment dans l'Inde. Les marchandiſes que les Négocians éta-
» blis dans l'Inde, feront fabriquer pour les fournir aux vaiſ-
» ſeaux d'Europe, auront non-ſeulement cette augmenta-
» tion, puiſqu'elles avanceront leurs fonds un an d'avance dans

« les

» les manufactures des terres, mais elles auront auſſi celles des
» non-valeurs, toujours inévitables, quand on fait fabriquer, qui
» ſont de 9 à 10 p. %., & de plus, d'autres frais, dont les dé-
» tails ſont immenſes. Sur quoi en ajoutant un bénéfice nature
» de 15 p. %. en ſus de l'intérêt de l'argent, elles reviendront
» au moins à 35 p. %. plus cher. Les effets qui auront couru
» des riſques ſur mer ; comme ceux venant de Moka, de Mahé,
» d'Yanaon, &c ; c'eſt-à-dire, les caffés, les poivres, les toiles
» & les mouchoirs, comporteront des frais de tranſport, de
» commiſſions & d'aſſurances, qui les renchériront encore plus
» que les premieres.

» Pour peu qu'on ſoit inſtruit des avantages, que des Né-
» gociants intelligents trouvent dans le commerce d'Inde en
» Inde, ou ne ſera pas étonné qu'ils veuillent un bénéfice
» au moins égal ſur celui qu'ils feront avec les vaiſſeaux d'Eu-
» rope. Or, la groſſe d'un voyage de ſix mois dans le com-
» merce d'Inde en Inde, eſt de 20 p. %. »

J'ai voulu rapporter cet endroit en entier, parce qu'il ren-
ferme un paralogiſme ſenſible. L'Auteur du Mémoire compte
comme dépenſes des maiſons de commerce dont il eſt queſtion.
1° L'intérêt de l'argent, 2° les non-valeurs pour les avances qu'il
évalue à 10 p. %. 3° un bénéfice qu'il appelle naturel de 15 p.%.
en ſus de l'intérêt. Il ne peut conclure de ce détail, que les
maiſons de commerce vendront les marchandiſes de l'Inde aux
vaiſſeaux d'Europe 35 p. %. de plus qu'elles ne coûtent à la
Compagnie, qu'autant que la Compagnie ne feroit pas ces
mêmes frais. Car ſi la Compagnie paye auſſi au moins une
partie de l'intérêt de ces fonds, ſi elle eſſuye les mêmes non-
valeurs, il ne faudra pas regarder l'accroiſſement de prix des
marchandiſes de l'Inde, qui réſulte de ces diverſes charges,
comme particuliere aux marchandiſes vendues par les maiſons
de commerce dont il s'agit.

Or, il eſt bien clair, qu'une grande partie de ces frais affecte auſſi le prix des marchandiſes achetées par la Compagnie avant leur embarquement pour l'Europe ; puiſque la Compagnie avance auſſi ſes fonds aux marchands & fabriquans
dans les terres ſelon l'intérêt établi à la côte ; puiſqu'elle eſſuie
auſſi des pertes & des non-valeurs, puiſqu'elle paye des frais

. de

de tranfport, & que tous ces frais font fupportés par les marchandifes qu'elle charge fur fes vaiffeaux.

Quant à ce qu'ajoute l'Auteur du Mémoire, que ces mai-
fons établies *voudront* gagner 40 p. $\frac{0}{0}$. fur la fourniture des vaiffeaux, parce que le commerce d'Inde en Inde eft très-lucratif;
je ne vois aucune liaifon entre ces deux chofes. Un commerçant ne gagne pas ce qu'il *veut* gagner, mais ce que la concurrence, les befoins des acheteurs, &c. lui permettent de gagner.
Il s'enfuivroit de-là que tous les commerces, ou au moins
ceux qui feroient faits par le même Négociant, devroient toujours rapporter le même profit. La même maifon pourra fort
bien gagner 40 p. $\frac{0}{0}$. fur ce qu'elle fera de commerce d'Inde en
Inde, & 20 p. $\frac{0}{0}$. fur les approvifionnemens des vaiffeaux d'Europe. Ces deux commerces font de nature toute différente.
Le premier eft accompagné de rifques plus grands, il eft maritime, & les dangers de la mer doivent l'enchérir. Le commerce néceffaire pour l'approvifionnement des vaiffeaux d'Europe, n'eft pas fujet aux mêmes rifques, & peut donner par-
conféquent de moindres profits.

3° Dans la fuppofition d'un commerce particulier, il y a une
autre reffource pour les vaiffeaux d'Europe, au moyen de laquelle ils pourront former leur cargaifon à peu près auffi promptement que ceux de la Compagnie. Ces mêmes marchands Indiens qui font aujourd'hui le commerce dans les terres pour
la Compagnie, qui font fabriquer & amener les toiles dans
les comptoirs, feront la même chofe pour des vaiffeaux d'Europe; fi ce n'eft pas dès la 1re année, au moins avec un peu
de tems. Ils formeront à Pondichéry, Chandernagor, les affortiments de marchandifes, & ainfi on les aura de la 1re main,
à auffi bon marché que la Compagnie elle-même, ou du moins
à un prix qui laiffera encore de grands profits aux Négocians
pour la vente en Europe.

« On fe tromperoit, dit-on, fi l'on compte fur des dif-
» pofitions de cette nature, & cela eft fans exemple jufqu'à
» préfent. Les Indiens ne rifquent point fur mer, & ils n'o-
» pèrent qu'à coup fûr. Quelques riches qu'ils foient, ils ne
» travaillent qu'avec les fonds qu'on leur avance. Il eft dans
» leur génie de ne point fe défaifir de l'argent qu'ils poffé-
dent,

« dent, ils en jouiſſent, ils théſauriſent & prêtent très-rare-
» ment, ou ne prêtent que ſur gages. On ne doit donc pas
» eſpérer de leur faire changer de façon de penſer.

Ce raiſonnement eſt fondé ſur ce qu'on prend ce qui ſe
paſſe actuellement dans l'Inde, conſéquemment à la forme que
la Compagnie y a donnée à ſon commerce, comme tenant à
des cauſes invariables, & ce qui ſe fait aujourd'hui, comme la
borne du poſſible.

La Compagnie a un certain nombre de marchands Indiens
pour ainſi dire à ſa ſolde, pour faire des achats dans les terres ſur les fonds qu'elle-même leur fournit ; ces marchands n'ont
point de fonds, donc les marchands Indiens n'en auront jamais.
Mauvaiſe maniere de raiſonner. Les achats faits pour la Compagnie ſont demeurés concentrés entre les mains de dix à douze
marchands qui doivent être regardés plutôt comme des Employés de la Compagnie que comme des Négocians. En cette qualité ils n'ont point de capitaux ; eſt-ce une raiſon de
croire qu'aucun Indien n'en a & ne voudra les employer?

On n'imagine une ſi grande difficulté d'avoir des marchands
qui employent des capitaux à ce commerce, que parce qu'on
ſuppoſe fauſſement que les achats dans les terres doivent ſe
faire par un petit nombre de marchands, à chacun deſquels
il faut un gros capital : mais cela n'eſt nullement néceſſaire,
il y aura un grand nombre de marchands qui auront chacun
un petit capital, mais dont les capitaux réunis ſeront auſſi
conſidérables qu'il ſera néceſſaire pour l'approviſionnement des
vaiſſeaux d'Europe.

Quant à ce qu'on dit du génie des Indiens, qui ne leur
permet que d'être commiſſionnaires & employés de la Compagnie, cette allégation ne mérite pas de réponſe ſérieuſe.

J'avoue que je me défie beaucoup de tous ces raiſonnemens qu'on fait ſur le génie, le caractère, les mœurs des
Nations pour établir des opinions d'ailleurs contraires à tous
les principes. Du tems des Priviléges excluſifs de la Compagnie elle-même, au commerce de la Côte d'Afrique, aux
Iſles & dans le Nord de l'Amérique, on prétendoit auſſi que
le caractere & les mœurs des Afriquains & des Sauvages du
Canada s'oppoſoient à l'établiſſement du commerce libre. Le

B b   caractere

caractere & les mœurs des Turcs ne permettent pas non plus, difent les contradicteurs de la liberté du commerce du Levant, de porter librement des draps de Languedoc à Smyrne & à Conftantinople. Il faut des arrangemens, des maifons privilégiées, des envois bornés, & toutes les contraintes, fous lequel ce commerce a gémi long-tems, dont il commençoit à fe délivrer, & dont on projette aujourd'hui de l'accabler de nouveau. La vérité eft qu'en matiere de commerce, les hommes de toutes les Nations & de tous les climats agiffent de la même maniere, parce qu'ils font tous guidés par le même principe, c'eft-à-dire, par l'intérêt.

Les Indiens comme toute autre Nation feront le commerce, fi le commerce leur apporte de grands profits, & c'eft précifément les avantages du commerce qu'ils apprendront des Européens faifant le commerce, & qu'ils n'ont jamais appris de la Compagnie.

III. La troifiéme objection que nous ayons à réfoudre eft celle qu'on tire de la néceffité de faire vifiter, auner, blanchir, & emballer les toiles qui font l'objet principal des retours de l'Inde, tant du Bengale que de la Côte de Coromandel. Voici fur cela l'extrait des Mémoires qu'on nous a communiqués.

» Dans l'Inde plus que par-tout ailleurs, les tifférands avi-
» des & fripons, cherchent tant qu'ils peuvent à diminuer
» les qualités, & à gagner quelque chofe fur l'aunage; auffi
» la Compagnie y apporte-t-elle la plus grande attention.
» Elle a dans le Bengale, comme dans les autres parties de
» l'Inde, des Agens qui traitent pour elle & en fon nom;
» ils forment un Confeil d'adminiftration dans lequel toutes
» les affaires font difcutées & décidées.

» Ce Confeil a fous fes ordres un corps de Marchands In-
» diens, à qui il s'adreffe pour la vente & pour l'achat des
» marchandifes.

» C'eft avec ce corps de Marchands que le Confeil fait
» dès le mois de Février ou de Mars de chaque année, le
» contrat pour le chargement des vaiffeaux de la Compagnie
» qui doivent arriver dans l'Inde depuis Juin jufqu'en Se-
» ptembre.

» Comme

» Comme chaque efpece de marchandife eft diftinguée
» par fortes, que toutes ont une marque particuliere, & que
» chaque forte eft diftinguée par des échantillons foigneufe-
» ment confervés, le Confeil met fous les yeux des Mar-
» chands l'état diftinct & détaillé de toutes les marchandifes
» qui doivent former les cargaifons de retour proportionné-
» ment au nombre & à la grandeur des vaiffeaux.

» Les quantités convenues, on fixe les prix pour chaque
» forte qui fera fournie, conforme autant qu'il eft poffible
» à l'échantillon revêtu du cachet du Confeil, & qui refte
» entre fes mains.

» Quand le montant du prix des contrats eft arrêté &
» figné, les Confeillers donnent à ces Marchands qui font re-
» connus fûrs & folvables, & d'ailleurs folidaires, des avan-
» ces en argent; c'eft avec ces avances que ces Mar-
» chands vont fur les lieux où l'on fabrique, ordonner aux
» Tifferands la quantité de marchandifes demandées.

» Quand le tems eft venu de livrer les marchandifes con-
» tractées, la vifite s'en fait dans un endroit public, où les
» Marchands & les Tifferands font admis.

» Il y a quatre perfonnes à chaque table de vifite, favoir
» un ou deux Confeillers & deux autres Employés, les échan-
» tillons de chaque forte de marchandifes contractées font tou-
» jours fous leurs yeux.

» Lorfqu'à chaque table on a décidé de la qualité d'une
» piéce vifitée & de la forte dans laquelle elle doit entrer,
» on l'ouvre pour voir s'il n'y a pas de trous, ou d'autres
» défauts; on la mefure & fi elle n'eft pas conforme en tout
» à l'échantillon, on la rebute; fi elle s'y trouve conforme,
» on la range dans la claffe de fes pareilles; on forme enfuite
» des balles de toutes les piéces qui font de la même claffe
» à proportion du nombre qui s'en trouve.

» Comme ces Marchands rendent leurs toiles en écru; on les
» donne à laver à un gros corps de blanchiffeurs à gages pendant
» toute l'année: les toiles font remifes immédiatement après à
» un nombre d'autres gens pareillement gagés pour les battre &
» leur donner le dernier aprêt. Les employés de la Compagnie
» les vifitent une feconde fois, pour les affortir & fixer leurs

B b 2 » qualités;

» qualités ; & enfin , ces toiles font emballées par des embal-
» leurs payés & entretenus annuellement uniquement à cet
» effet.

» Les vaiffeaux de la Compagnie qui n'ont rien à démê-
» ler avec les gens du pays, reçoivent leurs cargaifons des
» mains du Confeil , & ils partent dans la faifon convenable
» pour faire leur retour en France.

» Telle eft la manutention qu'on eft obligé d'obferver pour
» compofer les cargaifons qui forment les ventes de l'Orient,
» fans laquelle elles ne feroient ni dans leurs qualités , ni
» dans leurs aunages, ni préparées , ni blanchies convenable-
» ment ; en un mot , elles ne feroient pas ce qu'on appelle
» marchandes.

» Voilà par quels moyens une Compagnie puiffante & ex-
» clufive foutient & fait fleurir la branche de commerce dont
» l'exploitation lui eft confiée.

» Mais ces moyens feront-ils également entre les mains des
» particuliers ? croit-on qu'ils puiffent embraffer ce fyfteme
» fuivi, ces précautions de détail, ces rapports fi étendus,
» ce concert & cette correfpondance d'opérations , au moyen
» defquels tous les Comptoirs , toutes les forces & toutes les
» reffources de la Nation dans l'Inde ne font qu'un , & font
» conftamment dirigés vers un feul & même but ? C'eft le
» contraire qui doit arriver dans l'état de liberté ».

Voilà fans doute un beau plan, de belles mefures & une
entreprife de commerce bien conduite ; c'eft dommage que tout
cela ne prouve rien en faveur du Privilége excluñf ; j'en vais
donner plus d'une preuve.

1° Si tout cet appareil & toutes ces précautions coûtoient
plus à la Compagnie qu'elles ne lui rapportent, elles feroient
mauvaifes, & on ne pourroit rien faire de mieux que de s'en
abftenir, puifque toute dépenfe faite, pour le fuccès du commerce , doit être payée par le fuccès même du commerce. Il
ne fuffit donc pas de nous dire, que la Compagnie fait ceci
& cela ; il faudroit ajouter encore & prouver , que les dépenfes dans lefquelles la jette ce fyfteme d'adminiftration dans
l'Inde , font payées par un excédent de profit qui en eft la
fuite , & que la Compagnie ne prenant pas toutes ces précautions

tions, les marchandifes lui revenant moins cher, & étant fi l'on veut moins parfaites, elle ne gagneroit pas davantage ; or, c'eft ce qu'on ne prouve point & ce qu'on ne prouvera jamais.

2º Lorfqu'on voit tout cet attirail de précautions pour le fuccès du commerce, employé par une Compagnie qui fe ruine dans fon commerce, n'eft-on pas fondé à croire, ou que les précautions font inutiles, ou qu'elles coûtent trop cher ?

3º Ce beau tableau de l'adminiftration de l'Inde reffemble parfaitement à ce que j'ai oui dire & lu plus d'une fois de l'adminiftration de certaines manufactures privilégiées, de certains commerces exclufifs, pour lefquels l'exclufion & le Privilége font pourtant manifeftement inutiles & contraires au bien général.

On connoît la manufacture d'Abbeville des fieurs Vanrobais ; on a entendu parler de l'ordre qui y regne, de la difcipline à laquelle les ouvriers font foumis, des précautions prifes pour le choix des matieres, pour la filature, pour la perfection de la fabrication ; en lifant ces détails dans les Mémoires faits par ces fabriquans pour foutenir leur Privilége, beaucoup de gens en concluoient, qu'on ne pouvoit pas fabriquer de bon drap fans Privilége exclufif ; comme on prétend ici que tant de foins font néceffaires dans l'Inde pour avoir de bonnes toiles. On difoit auffi : *telle eft la manutention qu'on eft obligé d'obferver pour faire fabriquer de beaux draps. Voilà par quels moyens les Négocians poffeffeurs d'un Privilége exclufif, foutiennent & font fleurir la branche de commerce qui leur eft confiée.*

Cependant, il eft reconnu (depuis environ un an), qu'il eft poffible de fabriquer de beaux draps à Abbeville, fans privilége. On fait que les Anglois & les Hollandois en font d'auffi beaux, on fait même que les draps de Louviers, ceux de Sedan, ceux de Carcaffonne, &c. le difputent aux draps d'Abbeville. Ne découvrira-t'on pas auffi quelque jour, que fans confeil à Fondichéry & à Chandernagor, fans vifites de fi grand appareil, fans blanchiffeurs & fans emballeurs à gages, on peut tirer de l'Inde les mêmes toiles que la Compagnie nous fournit aujourd'hui.

4º Que la Compagnie n'a-t-elle obtenu du Nabab de Bengale ou d'Arcatte, des ftatuts pour les tifferands Indiens, & des

réglemens

réglemens pour le nombre des fils, la largeur & la longueur des toiles ? Elle nous les auroit fait traduire de l'Indou & elle nous auroit affurés que fans ces réglemens, il lui feroit impoffible d'avoir de bonnes marchandifes. Elle eût eu des raifons auffi fortes pour nous le faire croire, que celles qu'elle allégue aujourd'hui, pour nous prouver la néceffité d'un corps d'adminiftration pour examiner des toiles; d'un corps de blanchiffeurs pour les blanchir ; & d'un corps d'emballeurs pour les emballer.

5° Parlons plus férieufement. Ne voit-on pas encore ici que les défenfeurs du Privilége exclufif, donnent les pratiques que fuit la Compagnie, dans l'adminiftration de fon commerce, comme les feules qu'on puiffe employer pour arriver au but, c'eft-à-dire, pour faire le commerce. Outre que cette prétention ne peut avoir aucun fondement folide, on peut la combattre par des affertions bien plus vraifemblables. Les toiles feront bien vifitées, bien blanchies, bien mefurées, bien emballées par les Négocians particuliers, parce qu'il fera de leur intérêt que tout cela fe faffe avec foin, & qu'ils trouveront bien les moyens de faire bien faire, fans Privilége exclufif, une chofe que leur intérêt demande qui foit bien faire. Les gens du pays actuellement employés à ces travaux, les continueront pour le commerce particulier ; les Adminiftrateurs de la Compagnie pourroient même les conferver pour cela, pendant les premieres années, & fe faire rembourfer par les Négocians qui les employeront. On pourra donc fe paffer très-facilement du Privilége exclufif.

IV. « Un autre inconvénient que l'on veut rendre particulier au commerce du Bengale & de la Côte, & dont l'application pourroit fe faire également à toute autre efpéce de commerce, eft la prétendue néceffité des affortiments des retours. Les cargaifons de la Compagnie font, dit-on, afforties par les Employés de la Compagnie, en differentes natures de marchandifes, dont les unes fervent à faciliter la vente des autres, & qui toutes, dans leurs qualités & quantités, font proportionnées à la poffibilité de la confommation, & au goût des confommateurs. Ces affortimens ne fe feront jamais bien par le commerce particulier, il y aura trop d'une marchandife & pas affez de l'autre, les Négocians ne pouvant fe concerter fe nuiront, &c. &c ». Mais

Mais cette objection n'auroit-elle pas la même force contre la liberté du commerce avec nos Colonies. Tous les vaiſſeaux qui partent des différens ports du Royaume ne ſe concertent point ſur la nature de leurs chargemens. Il en réſulte, à la vérité, des variations dans les prix des ventes, ſuivant l'abondance ou la rareté des denrées importées dans les Colonies, & c'eſt ce qui fait le jeu du commerce. L'on ne voit pas que ce riſque, quoique très-réel, ait fait tomber ce commerce, & dégoûté les Négocians françois : pourquoi feroit-il plus funeſte au commerce de l'Inde ? On peut être aſſuré qu'une année on apportera une trop grande quantité d'une eſpéce de toile, & pas aſſez d'une autre. Il en réſultera qu'un Négociant gagnera plus que l'autre ; mais celui-ci aura ſon tour dans une autre expédition. On croit inutile d'inſiſter davantage ſur ces queſtions tant de fois diſcutées, & toujours à l'avantage de la liberté.

V. Je ne dirai qu'un mot de la néceſſité d'avoir des capitaux conſidérables pour le commerce de l'Inde, néceſſité qu'on regarde comme un obſtacle invincible au commerce particulier.

« Les retours, dit-on, ne peuvent arriver que plus de
» deux ans après la miſe hors des fonds. Une entrepriſe qui
» exige des avances ſi conſidérables, & dans laquelle il faut
» néceſſairement perdre ſes fonds de vue pendant près de
» trois années, eſt au deſſus des forces des particuliers, & ne
» peut être embraſſée dans toute ſon étendue que par une
» Compagnie excluſive ».

Je ne conviens point de cette impoſſibilité de trouver des fonds pour le commerce de l'Inde devenu libre. Les capitaux ne manquent pas en France ; ce ſont les emplois des capitaux qui y ſont gênés & reſtraints en mille manieres, & notamment par les Priviléges, les Compagnies, & toutes les entraves qu'y éprouve le commerce. Les capitaux ſe portent par-tout où il y a des profits à faire, à moins que des obſtacles, qui viennent toujours des hommes & jamais des choſes, ne s'oppoſent à leur emploi ; il y aura à gagner dans le commerce, il s'y verſera donc des capitaux.

A la vérité, je n'aſſurerai pas que ce commerce aura, dès

la

la première ou la feconde année, tous les capitaux qu'il emploie aujourd'hui. Je crois cependant que perfonne n'eft en droit de le nier. Mais ce qu'on peut efpérer fans le moindre doute, c'eft que, dès que les chofes auront repris leur état naturel, ce commerce aura tous les fonds dont il a befoin.

D'ailleurs, comme je l'ai déja remarqué à propos du commerce de Chine, les Partifans du Privilége ne peuvent pas faire cette difficulté de bonne-foi, puifqu'ils favent bien que la Compagnie n'a jamais eu les capitaux dont elle avoit befoin pour l'exploitation de fon commerce; que ce défaut de fonds l'a forcée conftamment & en mille occafions de refferrer fon commerce, loin de l'étendre.

Enfin le commerce libre, qui fournit des capitaux immenfes à cent autres entreprifes plus confidérables & moins lucratives, en trouvera bien pour le commerce de l'Inde, auffi-tôt qu'il fera ouvert à la liberté.

VI. Enfin la derniere objection qu'on oppofe à la fuppreffion du Privilége exclufif, eft la puiffance des Anglois dans l'Inde, qui ne fouffriront jamais que le commerce libre s'y établiffe, & dont les violences ne peuvent être contenues que par une Compagnie exclufive.

Développons cette objection dans les termes même employés par les Mémoires que je parcours.

« Les François ne peuvent efpérer de fuccès dans l'Inde » qu'aux dépens des autres Nations commerçantes; mais fe » flatte-t-on qu'elles voyent froidement un événement auffi » intéreffant pour elles, fans y oppofer les plus grands ob- » ftacles, peut-être même une violence ouverte? C'eft une » vérité inconteftable que les François ne peuvent rendre le » commerce des Indes libre à tous les Négocians, fans for- » cer les Anglois & les Hollandois à le faire de la même » maniere. S'il n'eft pas de leur intérêt de le pratiquer ainfi, » il eft indubitable qu'ils s'efforceront d'empêcher notre com- » merce par toutes fortes de moyens. Or, il leur fera très- » facile d'y réuffir dans les circonftances actuelles.

» Tout eft changé dans l'Inde, & fur-tout dans le Bengale » pour les Européens. Les Anglois y ont acquis une puiffance » fi extraordinaire, ils y ont des forces fi confidérables, ils

» y

» y exercent, soit ouvertement, soit sous le nom du Nabab,
» qu'ils tiennent dans leurs fers, une autorité si étendue,
» qu'on peut craindre à chaque instant de les voir s'emparer
» exclusivement de cette branche de commerce. Ils souffrent
» avec peine la concurrence des Compagnies Européennes,
» & ils nous font éprouver en particulier des obstacles que
» la réunion & le concours de tous nos moyens ne peuvent
» vaincre que très-difficilement. Des Particuliers, qui n'au-
» ront jamais autant de forces ni de ressources qu'en a une
» Compagnie Nationale, qui d'ailleurs seront nécessairement
» en rivalité les uns avec les autres, pourront-ils résister à
» la concurrence & à la puissance des Anglois ? Les Anglois
» les laisseront-ils exercer paisiblement leur commerce ? L'on
» a agité à Londres si l'on s'empareroit exclusivement du
» commerce de Bengale ; en sorte que l'Angleterre devînt
» l'entrepôt général où toutes les Nations Européennes se-
» roient forcées de venir s'approvisionner de l'Inde. La
» question est restée indécise ; mais elle seroit bientôt déci-
» cidée, si les Anglois n'avoient plus à faire qu'à des Par-
» ticuliers isolés dont ils ont mille moyens de traverser & de
» ruiner les opérations.

« Enfin si cette branche de commerce sort un instant des
» mains de la Compagnie pour passer dans celles des An-
» glois, elle n'y rentrera que très - difficilement, & peut-être
» jamais. »

On demêle dans ce que nous venons de voir quelques
assertions qu'il est important de distinguer.

1º Que les Anglois traverseront le commerce particulier
dans l'Inde plus fortement que le commerce de la Compagnie.

2º Qu'ils y réussiront plus facilement.

Examinons ces deux assertions :

Sur la premiere je remarque qu'alléguer la puissance actuelle
des Anglois dans l'Inde, c'est s'écarter du véritable état de
la question. Il s'agit de savoir si le commerce particulier est
possible ou non, abstraction faite de la situation politique
actuelle des Puissances Européennes dans l'Inde : cette situation étant très-mobile, ayant été différente il y a peu d'années,

nées, & pouvant changer d'un moment à l'autre, ne doit entrer pour rien dans notre difcuffion, où il s'agit de rechercher fi, dans l'état commun & conftant, le commerce peut s'exercer & fe foutenir fans Privilége exclufif.

Si donc les preuves que nous avons données jufqu'à préfent, étoient folides, la queftion feroit décidée pour le gouvernement, fauf à lui à trouver des expédiens qui ne manqueront pas, & auxquels l'Angleterre ne fauroit fe refufer, de maintenir l'exécution des traités en Afie auffi bien qu'en Europe.

Une autre obfervation bien décifive nous eft fournie par l'aveu que font ici les défenfeurs du Privilége. « C'eft, difent-
» ils, une vérité inconteftable que les François ne peuvent
» rendre le commerce des Indes libre, fans forcer les An-
» glois & les Hollandois d'en faire autant, ainfi il eft indu-
» bitable que ces Nations s'efforceront d'empêcher notre
» commerce particulier par toutes fortes de moyens.

Si cela eft, je demande ce que deviennent toutes les objections ci-deffus oppofées à la liberté. Si en confervant leur Compagnie, les Anglois ont fi fort à craindre les effets de la liberté chez nous, il faut donc que le commerce libre foit poffible même en concurrence avec la Compagnie Angloife. Si la forme de Compagnie & de Privilége exclufif eft fi avantageufe & fi indifpenfablement néceffaire au commerce de l'Inde (à moins qu'on ne prétende que c'eft pour les François feulement que le commerce de l'Inde a befoin d'un Privilége), la violence ne leur fera pas néceffaire pour empêcher l'établiffement de notre commerce particulier; car ils feront feuls à l'abri des *funeftes effets de la concurrence*; feuls ils trouveront *des cargaifons préparées*; feuls ils pourront *faire blanchir, préparer, emballer leurs toiles*. Seuls ils pourront, fans rifque, faire *des avances de fonds* dans les terres, feuls ils auront *des capitaux* à mettre au commerce de l'Inde: ils ne s'inquiéteront donc pas de nous voir rendre la liberté au nôtre; ou s'ils s'en inquiétoient, ce feroit une preuve évidente que le commerce particulier eft poffible.

On avance en fecond lieu, que les Anglois réuffiront à empêcher notre commerce particulier.

Nous fommes convenus nous-mêmes plus haut, de la puiffance

fance actuelle des Anglois dans l'Inde, & des obstacles qu'ils peuvent mettre à notre commerce de Compagnie; nous ne nierons pas qu'ils ne puissent traverser aussi notre commerce particulier. Mais il faudroit nous prouver qu'ils auront plus de facilités pour cela, si notre commerce y est libre. Or, c'est ce qui n'est, ni vraisemblable, ni vrai. Nous l'avons déjà dit, le commerce particulier échappe bien plus aisément aux vexations & à la violence. Ses opérations, quoique plus grandes & plus étendues, font moins publiques, moins en butte à cette jalousie nationale; préjugé funeste que l'ignorance enfanta, & qui subsiste encore avec plus de force chez les Anglois, que chez nous.

Il est constant, qu'indépendamment du commerce que la Compagnie Angloise fait dans le Bengale, tous les Employés y font des achats immenses pour leur compte, & qu'ils s'approprient même de préférence, les marchandises les plus belles, & des meilleures qualités.

Cette circonstance contraire au bien de la Compagnie Angloise; contraire en même tems à l'intérêt de la nôtre, par la collusion qui doit nécessairement s'établir entre les Employés de l'une & de l'autre, est infiniment favorable au commerce particulier; en effet, les Employés Anglois ne pouvant plus vendre leurs marchandises à la Compagnie, chercheront à s'en procurer le débouché par les vaisseaux François, & pour cela, ou ils les chargeront à fret sur nos vaisseaux particuliers, ou ils les vendront à des Négocians François, avec le même bénéfice auquel ils les vendent à la Compagnie, & ils en recevront la valeur en lettres de change payables en Europe; ce genre de commerce différera peu de celui qui subsiste aujourd'hui; & en cédant à la supériorité actuelle des Anglois dans l'Inde, nous ferions le commerce dans l'Inde.

On peut donner en preuve de cette facilité qu'aura le commerce françois, lorsqu'il sera devenu libre, un fait qui a donné lieu à des plaintes très-graves & très-fondées de la part de la Compagnie de France. Elle a été instruite qu'il étoit arrivé à la fin de l'année derniere à Lisbonne deux cargaisons très-riches de marchandises de Bengale & de la Côte de Coromandel; elle a été assurée que ces cargaisons avoient été

C c 2   chargées

chargées fur deux vaiffeaux Portugais pour le compte des propres Employés de la Compagnie Françoife, & que probablement elles provenoient en partie des achats qu'i s avoient fait des Anglois. Ce que les Employés ont fait en fraude du Privilége de la Compagnie, il eft vraifemblable qu'ils le feront bien plus aifément lorfqu'ils pourront adreffer ces mêmes marchandifes à des correfpondans François, & que ces envois feront par conféquent beaucoup plus confidérables. Difons encore qu'on fait que l'année derniere, il eft arrivé à l'Orient pour plus de deux millions de marchandifes de l'Inde en pacotilles par les vaiffeaux de la Compagnie, & qu'il étoit encore refté à l'Ifle de France le chargement d'un vaiffeau en marchandifes de l'Inde, qui n'avoit pu trouver place fur les vaiffeaux de la Compagnie.

A la vérité, cette maniere de conduire le commerce pourra donner de moindres bénéfices; ce feroit même une dépendance honteufe de la Nation : mais au moins, jufqu'à ce qu'on eût pris les mefures néceffaires pour nous en affranchir, le commerce particulier fe foutiendroit.

Certainement la Compagnie ne peut pas oppofer au commerce particulier un état de foibleffe & de dépendance où elle fe trouve elle-même, & où elle n'a pas pu fe défendre de tomber. Il ne pouvoit rien arriver de pis à des commerçans libres & fans appui, que ce qui arrive aujourd'hui à la Compagnie. Cet appareil, ce Privilége exclufif, toute la forme donnée chez nous jufqu'à préfent au commerce de l'Inde n'ont pas empêché que tous les établiffemens de la Compagnie n'aient été ruinés par les Anglois, qu'ils n'y foient devenus les maîtres de fon commerce, & ne lui dictent aujourd'hui les loix les plus dures. C'eft des Anglois qu'elle achete une grande partie de fes cargaifons. C'eft un fait connu. Les effets de la vente prochaine lui ont été vendus par les Anglois ; nos marchands n'ayant prefque plus la liberté d'acheter directement des tifferands, ni dans les harams, & étant obligés d'acheter de la feconde main. Que rifquons-nous donc à rendre la liberté ?

Mais pourquoi ferions-nous réduits à ces petits expédients En ouvrant au commerce libre la route de l'Inde, le Gouvernement

vernement ne le laiſſera pas opprimer par les Anglois.

Les Négociants particuliers, pour n'être pas réunis en Compagnie, en feront-ils moins François & moins citoyens, en auront-ils moins de droit à la protection du Roi, & cette protection ne fera-t-elle pas auſſi efficace pour les mettre à l'abri des violences de la Compagnie Angloiſe, ſi elle en exerçoit?

La Compagnie Angloiſe elle-même, n'eſt-elle pas ſoumiſe au Gouvernement de la grande Bretagne, n'obſervera-t-elle pas les traités? Car enfin, de deux choſes l'une, ou elle laiſſera à notre commerce particulier toute la liberté qu'il a droit de réclamer, d'après les conventions réciproques des deux Nations en Europe; ou, ſi contre les ordres du Miniſtere Anglois, elle commet des hoſtilités envers nos Négocians, ce ne ſera plus une guerre de Compagnie à Compagnie; mais de la Compagnie Angloiſe avec la nation Françoiſe. Or, nous ne croyons pas que la Compagnie Angloiſe puiſſe jamais prendre un parti ſi déraiſonnable, & j'ajoûte, ſi contraire à ſes véritables intérêts. Elle ne peut donc ſe diſpenſer de ſe conformer, & elle ſe conformera aſſurément, aux conventions réciproques des deux Nations. Elle ne pourra donc pas employer la force contre l'établiſſement du commerce François particulier.

A la vérité, elle pourra ſe ſervir de tous les moyens que lui donneront ſa conſtitution, la grandeur de ſes capitaux, ſes établiſſements, &c. & il n'y a rien de plus juſte. Ce ſera la lutte de la plus puiſſante des Compagnies, contre le plus difficile de tous les commerces particuliers. On verra là la force ou la foibleſſe du privilége ou de la liberté; & j'avoue que je ne crains pas pour la liberté.

En un mot, en pleine paix, & tant que les Anglois garderont la foi des traités, les particuliers feront tout ce que fait la Compagnie : en état de guerre, les particuliers eux-mêmes, ou conſerveront leur commerce au milieu de la guerre, ou le défendront avec autant & plus de ſuccès que la Compagnie : Enfin, l'Etat défendra le commerce particulier, comme il défendroit celui de la Compagnie.

Je l'avouerai : cette objection tirée de la puiſſance des
Anglois,

Anglois, me paroît dictée par une pusillanimité honteuse.
N'est-il pas bien étrange qu'on imagine qu'une Nation puissante comme la France, ne pourra pas faire jouir ses citoyens
du droit des gens , & de la foi des traités.

Dira-t-on que le Gouvernement n'aura pas les mêmes motifs
pour protéger le commerce particulier ; c'est tout le contraire : il
ne sera plus question de défendre des Privilégiés, une Société
particuliere. Ce sera vraiment toute la Nation, dont chaque
membre a droit à la protection du gouvernement , & un droit
plus sacré que celui d'une Compagnie privilégiée. Si l'on con-
noissoit mieux les principes, on regarderoit une Compagnie,
à raison même de son Privilége exclusif, comme ayant abandonné tout droit à la protection publique , & comme chargée
du soin de se défendre elle-même. C'est une petite Société
qui est presque en état de guerre avec tous les individus qui
forment la grande, ou du moins qui s'en est isolée ; qui veut
avoir ses affaires, son profit, son bien être à part des autres
membres de l'Etat. C'est donc à elle à trouver en elle-
même tous les moyens de se soutenir. Au contraire le Négociant particulier n'a point relâché les chaînes qui le lient à
la Société pour s'en imposer de nouvelles : il tient immédiatement
à l'Etat, qui lui doit toute sa protection au titre le plus ri-
goureux, & je ne crains pas de dire qu'il est plus juste de
faire une guerre de dix ans pour venger la violation du droit
des gens , faite en la personne d'un seul Négociant particulier,
que de dépenser cent mille francs pour protéger une Compagnie
de commerce à Privilége exclusif, son fonds fût-il formé de
cent mille actions.

Je ne puis quitter cet article sans me prévaloir encore ici
d'un aveu qu'on fait à l'occasion du commerce de Chine
dans les Mémoires qui m'ont été communiqués ; aveu décisif
en faveur du commerce de l'Inde. On dit « que cette permission
» accordée aux particuliers pour le commerce de la Chine ,
» permission déja refusée autant de fois qu'elle a été deman-
» dée, donnera une mortelle atteinte au Privilége exclusif
» du commerce de la Compagnie dans les mers des Indes,
» parce que tous les vaisseaux qui auront la liberté de passer

» le Cap de Bonne-Espérance, sauront bientôt éluder la
» défense d'aller aux Indes; que leur intérêt sera plus fort
» que le risque, que les prétextes ne leur manqueront jamais
» pour autoriser des relâches, & que les moyens de se pro-
» curer des pacotilles ne leur échapperont pas ».

Si la seule permission de passer le Cap, accordée à
des Négocians qui auroient la liberté d'aller en Chine, seroit
une atteinte mortelle au Privilége exclusif de la Compagnie dans
l'Inde, parce que ces Négocians auroient un intérêt d'aller
dans l'Inde plus grand que les risques qu'ils essuyeroient ; si
les moyens de faire des pacotilles dans l'Inde ne manqueront
pas à ces Négocians; donc le commerce de l'Inde n'est pas
impossible, comme on le prétend ; & j'oserois ajouter que selon l'Auteur lui-même, il faut qu'il soit facile, puisqu'il a si
grande peur de le voir s'établir aussi-tôt qu'on rendra la liberté
à celui de Chine.

Telles sont les raisons sur lesquelles nous croyons pouvoir
établir la possibilité du commerce de l'Inde sans Privilége exclusif & par les seules ressources de la liberté. Nous n'avons
négligé aucune des objections, quoique plusieurs nous aient
paru ne pas mériter de réponses bien sérieuses ; tandis que
d'un autre côté, nous pouvons dire avec vérité, que nous
n'avons pas recueilli à beaucoup près toutes les preuves que
nous pouvions donner de notre sentiment.

Cette omission n'est pas tout-à-fait volontaire, elle est la
suite nécessaire de la nature de la cause que je défens. Car
pour prouver que le commerce s'établira dans l'Inde, par tous
les argumens qu'on pourroit employer, il faudroit indiquer en
détail tous les moyens qu'il prendra,& c'est une chose impossible.

L'industrie humaine libre, a tant d'activité, tant de souplesse,
d'intelligence, de sagacité, de constance, qu'on n'a jamais le
droit de prononcer qu'elle ne trouvera pas les moyens de ren-
verser ou de surmonter toute espece d'obstacles, même quand
on ne connoît aucun de ces moyens ; à plus forte raison quand
on en entrevoit quelques-uns, faut-il se défendre de croire
qu'elle n'en trouvera aucun autre. Cette réflexion, bien
que générale ne doit pas paroître vague, & quant à moi,
j'avoue

j'avoue que c'eſt une de celles qui me font augurer le plus favo-rablement de la liberté, & que j'en tire une certitude pref-que géométrique de la poſſibilité de l'établiſſement du com-merce particulier dans l'Inde, malgré tous les faits allégués au contraire, & tous les cris qui effrayent encore plus que les faits.

J'ai promis de prouver non ſeulement la poſſibilité du com-merce particulier de l'Inde, mais les avantages qu'apporte-roit à l'Etat la ſuppreſſion du Privilége excluſif.

J'aurois beaucoup à dire, ſi je voulois faire au commerce de l'Inde l'application de tous les argumens généraux, em-ployés par les meilleurs eſprits en faveur de la liberté du commerce ; l'étendue qu'elle procure au commerce ; les moyens & les motifs qu'elle fournit pour l'accroiſſement du commer-ce, de la population & de la richeſſe ; l'activité qu'elle don-ne à l'Agriculture, à la Navigation, à tous les genres d'arts & d'induſtrie, & à tous les principes du bonheur des ſociétés ; les effets contraires & funeſtes produits par les Priviléges excluſifs ; l'injuſtice dont ils ſont accompagnés, en ce qu'ils ôtent à un grand nombre de Citoyens le droit naturel & lé-gitime de chacun à employer ſes talens & ſes fonds , &c.

Mais ces vérités ſont connues & établies, les partiſans mê-me du Privilége de la Compagnie ne les conteſtent pas, tant qu'on veut bien leur permettre d'en excepter leur établiſſe-ment favori. Il nous ſemble que ce ſeroit auſſi prendre un ſoin inutile que de leur prouver en détail que chacune de ces raiſons générales eſt appliquable au Privilége de la Com-pagnie. Les yeux qui ſe ferment à la lumiere ne verront pas, & quant à ceux qui l'aiment, ils n'ont pas beſoin que nous la leur préſentions.

Nous nous bornerons donc ici à faire ſentir deux avanta-ges de la ſuppreſſion du Privilége de la Compagnie, qui ſeront les ſuites de la liberté du commerce de l'Inde en particulier ; l'accroiſſement du commerce d'Inde en Inde, & l'améliora-tion des deux Colonies de l'Iſle de France & de Bourbon ; ces deux motifs, & ſurtout le dernier, peuvent ſeuls faire la plus forte impreſſion.

Il ſe fait dans l'Inde deux ſortes de commerce, le commerce

merce d'Inde en Inde, & celui de l'Inde en Europe.

Toutes les Compagnies ont éprouvé que le commerce d'Inde en Inde, qui demande de l'induftrie, de l'activité, qui éprouve des variations rapides, dans lequel il faut profiter & prévoir même les circonftances, devoit jouir de la plus grande liberté poffible ; en conféquence, il eft permis à tous les particuliers de commercer fur leurs propres vaiffeaux, tant dans les comptoirs de leurs Nations que dans ceux des Etrangers, ou dans les places qui font fous la domination des Princes du pays ; on a même cherché à favorifer ce commerce, parce qu'il produit des droits de Douane dans les comptoirs au profit des différentes Compagnies ; qu'il contribue à étendre le crédit de la Nation, & qu'enfin les Compagnies elles-mêmes trouvent fouvent de grandes reffources dans la fortune & dans le crédit de ces Commerçans.

Les Anglois font de tous les Européens ceux qui ont donné le plus d'étendue au commerce d'Inde en Inde, parce qu'ils paffent dans ces pays avec des fonds confidérables, qu'ils groffiffent bientôt par les grands profits qu'ils y font.

Les François avoient commencé fous l'adminiftration de M. Dupleix à s'y livrer avec beaucoup de fuccès : les malheurs de la guerre l'ont prefque totalement ruiné. On voit, par des Lettres récentes de Chandernagor, que malgré les obftacles que la Nation Angloife ne ceffe de nous oppofer, le commerce d'Inde en Inde a repris avec affez de vigueur ; & qu'à la fin de l'année 1767, il y avoit douze vaiffeaux du port de 800 à 200 tonneaux qui y étoient employés.

Dans l'état actuel des chofes, fous le joug du Privilége de la Compagnie, le commerce d'Inde en Inde éprouve une infinité de gênes & d'oppofitions ; la Compagnie a feule le droit de porter des marchandifes de l'Europe dans l'Inde, & d'en rapporter des retours ; ainfi les particuliers font totalement dans la dépendance de la Compagnie ; leur commerce eft néceffairement reftraint à de certaines efpéces de marchandifes, & ils ne peuvent fe charger de celles qui font propres pour la confommation d'Europe, ou ils ne peuvent s'en défaire qu'en les vendant aux Agens de la Compagnie qui leur font la loi.

D d   D'ailleurs,

D'ailleurs, ce n'eſt que dans les Magaſins de la Compagnie que les particuliers peuvent trouver une partie des marchandiſes qui leur ſont néceſſaires pour aſſortir leurs cargaiſons, ſuivant les différentes places où ils veulent aller trafiquer, & ils ſont obligés de les acheter 100 p.^ç: au deſſus de leur valeur en Europe ; enfin, ils dépendent de la Compagnie pour tous les effets néceſſaires à l'armement de leurs vaiſſeaux, & ſouvent ils éprouvent de la part des Chefs des comptoirs des contradictions qui déconcertent tous leurs projets & leurs ſpéculations, ſoit par des retards dans le départ de leurs vaiſſeaux, ou par des changemens de deſtination auxquels ils ſont forcés par des intérêts particuliers.

Malgré tous ces obſtacles, ce commerce procure encore de très-grands bénéfices : Il eſt aiſé de ſentir combien il s'accroîtroit en peu de tems, & combien il deviendroit floriſſant, ſi ceux qui l'exercent pouvoient faire leurs retours en France. C'eſt alors que l'induſtrie, qui ne ſeroit plus ſous le joug d'une Compagnie excluſive, donneroit à ce commerce, toute l'étendue dont il eſt ſuſceptible, ouvriroit de nouvelles branches, chercheroit de nouveaux débouchés pour nos manufactures ; & multiplieroit les eſſais de toute eſpece. Les Négociants François auroient un avantage décidé ſur ceux des autres Nations Européennes ; parce qu'au bénéfice que leur donne le commerce d'Inde en Inde, ils joindroient celui qu'ils feroient ſur les retours en France. Cette liberté leur ouvriroit de plus les moyens de faire paſſer dans leur patrie, & d'y mettre en ſûreté ſucceſſivement, une partie de leurs bénéfices. Dans l'état actuel, ils n'ont d'autre reſſources, que de charger des marchandiſes ſur les propres vaiſſeaux de la Compagnie, en fraude de ſon privilége, & au riſque de la confiſcation ; ou de remettre leurs fonds à la caiſſe de la Compagnie dans l'Inde, & de les convertir en lettres de change payables à 6 mois de vue ; ainſi, ou ils courent des riſques, ou ils perdent pendant 18 mois l'intérêt de leurs fonds.

Des lettres particulieres de l'Iſle de France, aſſurent qu'au départ des derniers vaiſſeaux, il y avoit dans cette Colonie, près de deux cargaiſons de marchandiſes de l'Inde qui y reſtoient ſans débouché. On ſoupçonne qu'un vaiſſeau particulier expédié

pédié pour le Cap, fous prétexte d'en tirer des vins, n'a eu réellement pour objet, que de tranfporter dans cette Colonie Hollandoife, une partie de ces marchandifes; ces voyages détournés entraînent toujours des frais, & multiplient les rifques; quel avantage, les Négocians auxquels appartiennent ces marchandifes n'en auroient-ils pas tirés, s'ils avoient pu les envoyer en France, & quel encouragement ne feroit-ce pas pour ce commerce particulier?

Nous nous en tiendrons à ce petit détail, & nous en appellons au témoignage de toutes les perfonnes qui connoiffent l'Inde, pour répondre aux queftions fuivantes.

Le commerce d'Inde en Inde, ne peut-il pas donner de très-grands bénéfices? n'eft-il pas fufceptible d'une étendue infiniment plus confidérable? Le Privilége de la Compagnie ne s'oppofe-t-il pas à fon accroiffement? Enfin, fi le Privilége étoit fupprimé, le feul commerce d'Inde en Inde prenant l'étendue dont il eft fupceptible, ne feroit-il pas un objet plus important, plus avantageux, ou au moins, auffi avantageux que tout le commerce de la Compagnie?

Nous ne croyons pas que des réponfes à ces queftions, faites par des perfonnes éclairées & impartiales, puiffent être en faveur de la Compagnie & de fon Privilége exclufif.

Je paffe au 2e avantage qui fuivra de la liberté rendue au commerce de l'Inde.

Pour fe convaincre de tout ce que les Ifles de France & de Bourbon peuvent gagner au rétabliffement de la liberté, il ne faut que jetter les yeux fur ce qu'elles ont fouffert du Privilége, & fur la maniere dont elles ont été adminiftrées.

Nous ne prétendons défigner ni bleffer perfonne: nous regardons même la plus grande partie des vices de l'adminiftration de ces Colonies, comme des fuites néceffaires de l'exploitation du Privilége & comme venant des chofes bien plus que des hommes. Ce n'eft point une Satyre que nous faifons, mais un Tableau des maux qu'on caufe, quand on perd de vue cette devife de toute bonne adminiftration, *liberté*.

Les habitans de l'Ifle de France ont long-tems gémi fous le gouvernement le plus defpotique, & le plus capable d'étouffer toute émulation; leur fort dépendoit entiérement du Gou-

D d 2   verneur,

verneur, feul vendeur & feul acheteur pour la Compagnie.

Ce n'étoit que dans les magafins de la Compagnie, que l'habitant pouvoit trouver les objets de fes befoins, & l'accès ne lui en étoit permis que du confentement du Gouverneur, qui pouvoit ainfi le priver des chofes les plus néceffaires à la vie. De-là ces monopoles qui procuroient aux Gardes-magafins & aux amis du Gouverneur, des fortunes auffi rapides qu'indécentes. Ils connoiffoient la confommation de l'Ifle; ils étoient des premiers inftruits des envois faits par la Compagnie, qui jamais n'étoient proportionnés aux befoins; d'après un calcul affuré, ils achetoient, fous des noms empruntés, toute une partie de marchandifes qu'ils revendoient enfuite à cent & deux cents pour cent de bénéfice.

C'étoit auffi aux magafins de la Compagnie, que l'habitant devoit porter tout le produit de fes cultures. On fent combien le plus ou le moins de faveur pouvoit influer fur la réception de ces denrées; on voit que l'habitant étoit bien plus intéreffé à ménager l'amitie du Garde-magafin & du Gouverneur, qu'à s'attacher à la bonne qualité de fes fournitures.

Le Colon dégouté par ces vexations & par cette dépendance abfolue, n'avoit d'autre reffource que de vivre aux dépens de la Compagnie, s'il pouvoit en trouver les moyens; finon dès qu'il avoit amaffé quelque fortune, il fe hâtoit de repaffer en France, & il ne reftoit dans la Colonie que l'indigent ou le favorifé.

La liberté fera reprendre une face nouvelle à la Colonie, & l'induftrie renaîtra dès qu'elle aura fecoué le joug de l'exclufif.

Les vivres qui fe recueillent à l'Ifle de France, fervent pour la confommation des habitans & pour la relâche des vaiffeaux; ainfi ils auront à cet égard les mêmes débouchés qui fubfiftent aujourd'hui. Les habitants ne s'attacheront à faire des vivres qu'en proportion de la confommation. Cette balance s'établira d'elle-même; comme elle exifte par tout, après avoir éprouvé différentes variations; on doit bien s'attendre que dans les premieres années, il y aura trop, ou trop peu de vivres; mais il fera aifé d'y remédier par une bonne adminiftration; s'il y en a trop, le Gouverneur pourra en
acheter

acheter pour le compte du Roi au prix qui lui fera fixé, &
les mettre en magafin, en effayant des différens moyens pour
les conferver aux moindres frais poffibles. Cette dépenfe, quand
elle feroit en pure perte, fera modique. Si la recolte ne paroît pas affez abondante, le Gouverneur excitera les Particuliers à faire des armemens pour Madagafcar, pour le Cap,
& pour les autres parties de l'Inde, où les vivres font ordinairement à très-bas prix.

Il favorifera fur-tout la multiplication des beftiaux, & il
fuffira que les particuliers y trouvent leur avantage pour s'y
livrer, leur propre befoin les y forcera. Jufqu'ici la Compagnie a toujours eu pour fon compte un troupeau deftiné aux
befoins de fes vaiffeaux, & qui fervoit à la nourriture de
fes Employés, & des habitans les plus aifés, parce que ce font
toujours les plus favorifés. Depuis l'établiffement de l'Ifle de
France, on s'eft plaint continuellement des abus énormes qui
fe commettoient fur cet objet. Lorfque les habitans les plus
riches, Confeillers & autres, n'auront plus cette reffource, ils
feront obligés de s'en pourvoir, par eux-mêmes, & il ne pourront pas en confommer pour leur ufage, qu'ils n'en vendent
une partie; parce qu'un habitant qui fait tuer un bœuf,
ne peut le confommer tout entier dans fa famille; de-là
naîtra néceffairement l'établiffement des boucheries publiques,
qui n'ont pu être encore formées jufqu'ici.

Alors, au lieu d'aller mendier des vivres au Cap, les vaiffeaux François qui feroient le commerce d'Europe dans l'Inde,
ou en Chine, en trouveroient en abondance, dans un établiffement national.

La culture des terres dépend fur-tout de la quantité de Noirs
qui font introduits dans l'Ifle. La Compagnie s'étoit réfervé
ce commerce, qui a été accompagné des plus grands abus. Le
prix d'achat étoit très-médiocre, & devoit donner un très-
grand bénéfice; mais il étoit abforbé par la quantité prodigieufe
de Noirs qui s'introduifoient en fraude, & ces Noirs de pacotille,
qui ne meurent jamais dans la traverfée, étoient tranfportés,
nourris, & fouvent même achetés aux dépens de la Compagnie. Les Noirs de la Compagnie fe vendoient le plus ordinairement à crédit à ceux que l'on vouloit favorifer; les autres
                                                    habitans

habitans n'avoient de reſſource que dans les Noirs de pacotille, qui ſe vendoient à un très-haut prix, parce que jamais les beſoins n'étoient ſuffiſamment remplis. Les Colons feront euxmêmes ces traites. Ils ſe formera des ſociétés qui multiplieront les Noirs, & ils s'enrichiront du bénéfice que la Compagnie auroit dû y faire. On doit bien s'attendre que la concurrence fera augmenter les prix d'achat; mais ils ne ſortiront jamais d'une certaine proportion, parce que du moment que ce commerce deviendroit moins favorable, l'empreſſement pour la traite diminueroit, & le prix lui-même reprendroit ſon niveau. C'eſt un principe général que l'on ne doit jamais perdre de vue. Toute eſpece de commerce peut être forcé; mais l'intérêt de l'acheteur & du vendeur, le ramene bientôt à ſon vrai taux.

Il faut eſpérer que les Adminiſtrateurs de la Colonie, n'abuſeront pas de l'autorité qui leur eſt confiée, pour s'emparer de ce commerce au nom du Roi, & l'interdire aux habitans. L'abus eſt trop important, pour que le Miniſtere ne le prévienne pas dans la ſuite.

Le commerce de l'Inde, ainſi que celui de la Chine, ſe faiſant principalement avec des matieres d'argent, qui ne ſont point d'encombrement, tous les vaiſſeaux qui partiront d'Europe deſtineront la plus grande partie de leurs cargaiſons en effets de conſommation pour les Colonies & les comptoirs de l'Inde; la concurrence & la néceſſité de completter leurs chargemens les obligeront de ſe contenter d'un gain modique.

La Colonie ſera abondamment pourvue de tous ſes beſoins par les vaiſſeaux particuliers, & elle deviendra le dépôt de toutes les marchandiſes d'Europe que l'on deſtinera pour le commerce de l'Inde.

Enfin, les habitans s'adonneront à toutes ſortes de culture, & leur induſtrie ſera excitée par les différentes ſpéculations qu'ils pourront faire ſur le produit de leurs terres. Le ſucre, l'indigo, la canelle, le coton, le poivre peuvent également y réuſſir, & les variations même ſur le plus ou le moins de faveur qu'éprouvent ces différentes denrées hâteront les ſuccès, qui ne dépendront plus de la volonté & ſouvent du caprice d'un Gouverneur. Les bénéfices que donneront ces différentes

entes cultures augmenteront néceffairement les capitaux.
Du moment que la liberté fera rendue à ce commerce, plu-
urs Négocians pourront fe fixer à l'Ifle de France, ou au
ins des Facteurs de Négocians françois, qui, de-là, diri-
ront leurs différentes opérations dans les autres parties de
nde. Ces Négocians encourageront encore la culture, ils
ireront des ouvriers & accroîtront d'autant la population.
Alors l'Ifle de France deviendra l'entrepôt du commerce
la France, & de l'Europe même avec l'Afie. Si on y
blit un port franc, bientôt toutes les Nations s'empref-
ont d'y relâcher, ce qui y augmentera en peu de tems
ctivité de la culture & du commerce.
M. de la Bourdonnaye avoit eu ce projet en partie. Il vou-
t faire de l'Ifle de France l'entrepôt du commerce de la
mpagnie. Ce fyftême avoit même été approuvé en France ;
is comme une Compagnie ne peut jamais agir qu'à grands
is, il parut néceffaire de faire des magafins & des établif-
nens qui auroient jetté dans des dépenfes confidérables, &
i peut-être auroient été inutiles, parce que beaucoup de
ns étoient intéreffés à s'oppofer à cet arrangement qui leur
oit les moyens de faire la pacotille.
Auffi-tôt que cet établiffement aura pris quelque confiftance,
t peu de vaiffeaux iront directement de France dans l'In-
; ils dépoferont leurs effets & leurs Marchandifes à l'Ifle
France, & ils y prendront les cargaifons qui leur auront
préparées, ou qu'ils compoferont des marchandifes que le
mmerce particulier y aura apportées, enforte que les vaif-
ux reviendront en France très-aifément dans la même an-
e. Il s'établira une navigation de l'Ifle de France dans l'Inde
i fe fera avec une très-grande économie d'hommes & d'ar-
nt, parce que l'on n'y employera que des Lafcards très-
ns matelots du pays, qui ne fe nourriffent que de Ris &
nt la folde eft infiniment au-deffous de celle du matelot
ançois. Plufieurs de ces Lafcards pourront même s'établir
ns la Colonie, fi on leur laiffe le libre exercice de leur Religion.
L'Ifle de Bourbon établie bien plus anciennement que l'Ifle
France eft en proportion plus peuplée & mieux cultivée.
ifqu'ici elle s'eft adonnée entiérement au caffé, qui eft d'une
qualité

qualité inférieure à celui de Moka, quoique le fol & le cli
mat paroiffe auffi favorable à cette production que celui d
Moka d'où on a tiré les premiers plans. Il eft très-probab
que ce défaut de qualité ne vient que du peu de foin qu
les habitans prennent pour la culture de cette plante, pou
en recueillir la graine à un dégré de maturité convénable
& pour la faire fécher avec les précautions néceffaires. Leu
foins, à cet égard, feroient purement gratuits, puifque bo
ou médiocre ils en reçoivent toujours le même prix aux ma
gafins de la Compagnie. Lorfqu'ils les vendront aux Négo
cians particuliers, ils s'établira différens prix en proportio
des qualités, & alors les habitans s'appliqueront à mériter l
préférence, & employeront tous les moyens que leur dicter
leur intérêt pour améliorer cette denrée, & pour en cultive
beaucoup d'autres qui y réuffiroient très-bien, & fur-tout l
Coton qui y eft d'une qualité prefqu'égale à celui de l'Inde.

On éprouvera encore une fois ce que peut la liberté pou
l'amélioration d'une Colonie, comme on l'a éprouvé pou
les Ifles de l'Amérique, qui ayant langui pendant près d'u
fiecle fous le joug des Priviléges exclufifs, & notamment fou
celui de la Compagnie des Indes, ont tout-à-coup quadrupl
leur richeffe, leur commerce, leur population en vingt an
de liberté & encore d'une liberté limitée. Enfin, il nous e
impoffible de prévoir & d'énoncer tous les avantages qui peu
vent réfulter de l'amélioration de ces deux Colonies : nou
dirons feulement que s'il pouvoit arriver que la liberté nou
fit perdre le commerce de l'Inde & qu'elle ne lui donnât pa
au contraire un accroiffement confidérable, ces Ifles recevan
par cette même liberté le degré de culture, de population &
d'induftrie, dont elles font fufceptibles, feront encore pou
nous une fource de richeffe & de force plus réelle & plu
folide que tout le commerce de l'Inde.

Tel eft l'avenir que j'ofe annoncer ou plutôt celui que le
raifonnement & l'expérience promettent de concert,

RÉSUMÉ.

RÉSUMÉ.

J'AI réduit toutes les queftions relatives à la fituation actuel- *Pag.*
le de la Compagnie des Indes aux trois fuivantes. 1º Eſt-il 9
de l'ntérêt des Actionnaires de conferver leur Privilége exclufif ? 2º Peuvent-ils l'exploiter ? 3º La confervation de ce Privilége eſt-elle utile pour l'Etat ?

Avant d'entrer dans l'examen de ces trois queftions, j'ai 10.
fait une hiſtoire fuccincte du commerce de l'Inde, depuis 1704
jufqu'en 1725, époque où la Compagnie actuelle commence
à avoir toute fa confiftance, & où l'on peut connoître fon
capital de commerce dégagé des fuites du fyftême. Ce récit
me fuggére quelques réflexions contre les Priviléges en général ; & la chûte fucceffive des anciennes Compagnies, m'au-
torife à juger peu favorablement de celle-ci.

Je décide la premiere queftion à la négative, en prouvant 25.
1º que le capital du commerce de la Compagnie & fon revenu
libre ont conftamment diminué depuis 1725 jufqu'à préfent,
& qu'il y a toutes fortes de raifons de croire qu'ils diminueront encore. 2º Que les Actionnaires ne peuvent efpérer de
rétablir & de conferver mieux leur capital en continuant le
commerce, attendu la diminution actuelle & graduelle de leurs
bénéfices.

Avant d'établir la premiere affertion, je remarque qu'on ne *ibid.*
doit pas s'étonner de la néceffité où je me trouve d'inftruire les
Actionnaires d'une diminution de leur capital & de leur revenu
libre, qu'ils ne paroiffent pas avoir pu ignorer. Je montre que 26.
les Actionnaires eux-mêmes n'ont jamais bien connu leur véritable fituation. J'affigne les caufes de cette ignorance dans la *ibid*
forme de leurs bilans, & dans la fixation arbitraire du dividende
attaché à l'action. Je fais voir que la forme des bilans a toujours
été vicieufe, en ce qu'on y a préfenté comme capitaux de commerce les *fonds morts*, & qu'on n'en a pas diftrait le *principal
des rentes viageres* : ce vice dans la forme des bilans eſt prou- 28.
E e   vé

31. vé par deux exemples ; la comparaifon des Bilans de 1743 & de 1756, avec celui de 1725. Je prouve auffi la fixation du dividende arbitraire & non déterminée d'après le revenu libre de la Compagnie, par l'exemple des Dividendes de 1722 & de

35. 1736. Enfin, je cite un fait important, relatif aux honoraires des Syndics & Directeurs, qui confirme ce que j'ai avancé, que les Actionnaires n'ont jamais bien connu les véritables bénéfices de leur commerce.

36. Je partage enfuite l'intervalle de 1725 à 1769 en quatre époques : la premiere de 1725 à 1736 ; la feconde de 1736 à 1743 ; la troifiéme de 1743 à 1756 ; la quatriéme de 1756 à 1764, & je montre dans ces quatre époques, par des États tirés des regiftres de la Compagnie, la dégradation fuccef-five de fon capital de commerce & de fon revenu libre.

37. Pour cela je commence par reconnoître fon capital libre en 1725 que je trouve être . . . . . 137,201,547 l.

38. & fon revenu libre à la même époque de . . . 8,290,538

39. La fituation de la Compagnie au 30 Juin 1736 ne me préfente plus en capital libre que . 128,163,303

40. & en revenu libre que 6,973,112

41. Au 30 Juin 1743, je ne trouve plus en capital libre que 123,241,698

42. & en revenu libre que 6,785,451

44. Au 30 Juin 1756, en capital 138,215,725

45. & en revenu . . . . , ... 4,274,611

46. Je remarque que quoique le capital de 1756 furpâffe celui de 1725 de . . . . 1,014,178 la détérioration du capital de la Compagnie eft cependant plus forte dans cette époque que dans toutes les autres, parce qu'on trouve que dans l'intervalle de 1747 à 1756, le Roi a donné à la Compagnie . . . . 90,390,305 l. qui fe trouvent confommés à la différence énoncée ci-deffus.

48. Pour trouver enfuite la détérioration du capital & du revenu de la Compagnie à l'époque actuelle, comparée à celles de 1725 & de 1756, je produis l'état de fituation de la Compagnie

au premier Avril 1769 , fait & dreſſé par les   *Pag.*
Députés & Adminiſtrateurs , en conſéquence
des ordres de M. le Contrôleur Général.

Pour me mettre en état de comparer la   66.
ſituation actuelle de la Compagnie avec celle des
époques précédentes, je rétablis l'ordre qui a
été ſuivi dans les bilans, & je fais voir par des
obſervations ſur cet Etat, que l'actif doit monter à . . . . 258,251,009 l. 80.
     Le paſſif & les fonds morts à 191,465,186

Ce qui ne laiſſe à la Compagnie que . . 66,785,823
     D'où il réſulte une diminution ſur le capi-
tal de la Compagnie.
De 1725 à 1769 de . . . . 70,415,724 82.
De 1756 à 1769 de 71,429,902
     Et en y ajoutant le montant de l'appel fourni
par les Actionnaires,ci 13,772,800 la diminution
de 1725 à 1769 eſt de 84,188,524
De 1756 à 1769 de 85,202,702
     Je fais voir auſſi que le revenu libre de
1769 ſe trouve réduit de . . . . 8,290,538 *ibid.*
à 3,150,435

Je remarque enſuite que toutes les cauſes, qui ont produit 83.
cette dégradation ſucceſſive de capital & de revenu entre les
mains de la Compagnie, vices d'adminiſtration, frais d'établiſſemens, dépenſes exceſſives, guerres en Europe, ou dans
l'Inde, ſubſiſtent encore, quelques-unes avec plus de force,
& qu'elles ameneront toujours les mêmes effets.

Après cela, pour tarir la ſource des eſpérances que les 84.
Défenſeurs de la Compagnie pourroient former d'un état
plus avantageux dans la ſuite, j'entreprends de faire voir que
les Actionnaires ne peuvent compter ſur les bénéfices de leur
commerce : ce que je prouve, 1º En conſidérant les bénéfices
de l'achat à la vente. 2º Les bénéfices nets.

Quant aux premiers je montre d'abord leur diminution ſuc- 85,
ceſſive depuis 1725 juſqu'en 1756 par des états tirés des regiſtres de la Compagnie, où l'on voit les bénéfices du commer-
     E e 2   ce

Pag. ce de l'Inde proprement dite, après avoir été de 96 $\frac{1}{8}$ p. $\frac{0}{0}$
87· n'être plus que de 58 $\frac{1}{18}$ p. $\frac{0}{0}$, & ceux du commerce de Chine,
portés en 1736 jufqu'à 141 $\frac{1}{4}$ p. $\frac{0}{0}$, fe réduire en 1768 à 67 $\frac{2}{3}$ p. $\frac{0}{0}$

89. J'ajoute, & je prouve par des faits publics & par des lettres
nouvellement reçues de l'Inde, que les troubles de ce pays &
la puiffance que les Anglois y ont acquife, font des caufes qui
empêcheront encore les bénéfices de l'achat à la vente de
remonter.

93·   Paffant enfuite à confidérer les bénéfices nets, je produis
huit états fournis par la Compagnie des dépenfes & des produits d'une expédition de douze vaiffeaux: états fervant à
l'eftimation des bénéfices nets & d'après lefquels la Compagnie
arbitre fes dépenfes pour une expédition à   28,445,000 l.
Son produit total de vente à   30,205,000
Et fon profit net à   1,760,000

99·   Je combats cette eftimation & les preuves
fur lefquelles elle eft appuyée, par des obfervations qui montrent que la dépenfe réelle d'une
expédition doit être portée à   30,210,200

Que le produit réel des retours, même y compris la gratification par tonneau & l'indemnité
pour les caffés, deux articles étrangers au commerce & qui n'en font pas le produit, ne fe
monte qu'à   28,830,000

D'où réfulte une perte fur chaque expédition de   1,380,200

A quoi j'ajoute dans une derniere obfervation
que fi l'on défalque des produits, comme on
doit le faire, la gratification par tonneau &
l'indemnité fur les caffés; faifant 1,050,000 liv.
& en calculant comme la Compagnie le bénéfice
fur les envois à 35 p. $\frac{0}{0}$ & celui fur les retours
à 75, il ne lui refte de profit net que . .   710,000

Et en les fixant à 25 & à 70 p. $\frac{0}{0}$, calcul dont
nous prouvons la légitimité, la perte s'éleve à   2,430,200

114   Je termine cette difcuffion par un tableau de la fituation politique de l'Inde, tiré des lettres écrites des comptoirs de Pondichery & de Chandernagor, qui détruifent pour l'avenir, ou
au

au moins pour long-tems, l'efpérance de voir augmenter les bénéfices nets du commerce. A quoi j'ajoute la poffibilité d'une guerre, & la confidération des fuites funeftes qu'elle auroit pour la Compagnie : ce qui termine l'examen de la premiere queftion.

Arrivé à la feconde queftion ; je remarque en commençant,   120. que s'il eft raifonnable de juger de l'avenir par le paffé ; la dégradation qu'ont toujours effuyée le capital & le revenu libre de la Compagnie, eft une raifon fuffifante pour empêcher les gens fages & le Gouvernement d'efpérer déformais un meilleur avenir.

J'entreprens enfuite de prouver que les Actionnaires font dans l'impuiffance de continuer l'exploitation de leur privilége exclufif.

J'avance, 1° que la Compagnie a befoin pour cela d'un fonds nouveau de 60 millions. 2° Qu'elle ne peut fe procurer une pareille fomme, ni même la fomme beaucoup moins confidérable, à laquelle elle porte elle-même fes befoins.

Je prouve la 1re propofition, en mettant fous les yeux le ré-   121. fumé de l'état des dépenfes auxquelles la Compagnie reconnoît qu'il faut qu'elle fourniffe d'ici au 31 Décembre 1772, & qui fait monter l'objet du befoin de la Compagnie à   33,598,032 l. fur quoi j'obferve', que la fomme des befoins fe trouve ainfi réduite, 1° parce qu'on a   *ibid.* compté . . . .   45,240,000 pour le produit des deux ventes prochaines, qui doit être réduit d'après des obfervations précédentes, par la déduction de . . . . 1,920,000, à 43,320,000 2° par ce qu'on a compté, comme à recevoir en entier d'ici à Décembre 1772, dans le cas de continuation du commerce, une fomme de 28,012,861, qui provenant des créances fur le Roi & fur les Ifles ne peut rentrer, ni de la maniere néceffaire, ni affez-tôt pour fatisfaire aux befoins de la Compagnie, ce qui la laiffe à découvert de . . . . 30,164,797 l.

à

Pag. à ajouter au montant des befoins, préfentés
dans l'état des députés, qui eft de . . . 33,598,032
    Deux fommes qui forment enfemble un total
de befoin pour la Compagnie, de 63,762,829
que la Compagnie eft manifeftement dans l'impoffibilité de
fe procurer.

124.   Après ces calculs, je ne crains pas d'avancer que même
en calculant les befoins de la Compagnie comme elle-même,
elle eft encore dans l'impuiffance d'y pourvoir fans compromettre la fortune de fes Actionnaires & les droits de fes Créanciers.

    Je le prouve, 1º En faifant remarquer la perte qu'effuient
fur la Place les effets de la Compagnie, & la néceffité où
elle fe trouveroit par-là de payer un intérêt exorbitant &
incompatible avec le foutien d'une entreprife de commerce,
des nouveaux fonds qu'elle emprunteroit.

    2º Par l'impoffibilité où elle eft de donner aucune hypo-
théque à de nouveaux Prêteurs, le principal de 180 millions
fur le Roi étant abforbé par les anciennes dettes, & par l'hypothéque accordée aux Actionnaires par l'Edit de 1764, &
qu'eux-mêmes ont déja refufé de céder à de nouveaux Prêteurs : & l'extinction future des rentes viageres ne pouvant pas
fournir une hypothéque meilleure.

129.   Pour diffiper l'illufion que pourroient fe faire plufieurs
Actionnaires fur la facilité avec laquelle le dernier emprunt
a été rempli, j'indique les caufes auxquelles il faut attribuer
ce fuccès ; qui font, la forme de Loterie, la fûreté du rembourfement, la briéveté du délai, la modicité de la fomme,
le haut prix de l'intérêt; caufes qui ne peuvent avoir lieu
pour un emprunt plus confidérable, perpétuel & tel qu'il faudroit qu'il fût, pour fournir aux befoins de la Compagnie.

    Enfin, je fais voir l'abfurdité du projet de donner pour
hypothéque les fonds mêmes du commerce, & les profits
qu'il apportera.

131.   Je finis par combatre les prétentions des Défenfeurs du
Privilége aux fecours du Roi & de l'Etat, dans la fituation
critique où fe trouve la Compagnie pour relever fon commerce, & j'y oppofe trois réflexions.   La

La premiere eſt qu'une entreprise de commerce, qui ne *Pag.*
ſe ſoutient pas par elle-même, doit être abandonnée.

La ſeconde eſt qu'il y a une infinité d'uſages à faire du
Revenu Public, plus légitimes, plus importans & plus utiles,
que d'aider la Compagnie à ſoutenir un commerce ruineux
par lui-même.

La troiſiéme a pour objet les demandes que la Compagnie fait aujourd'hui au Roi. J'y prouve qu'elles n'ont aucun
fondement ſolide, & que ſi le Roi les accordoit ce ſecours ſeroit encore inſuffiſant.

J'ENTRE dans la troiſieme queſtion en faiſant remarquer 136.
qu'elle eſt inutile à traiter après les ſolutions que j'ai données
aux deux premieres.

Que s'il n'eſt pas de l'intérêt des Actionnaires de continuer le commerce, réſultat où nous ſommes arrivés en traitant la premiere queſtion, on ne pourroit rien conclure, pour
la conſervation de la Compagnie, de ce qu'on reconnoîtroit
qu'il eſt de l'intérêt de l'Etat de conſerver le Privilége excluſif; parce que l'intérêt de l'Etat n'eſt pas une raiſon ſuffiſante
pour que des Négocians continuent de faire un commerce
ruineux. Je m'éleve à ce ſujet contre le patriotiſme vrai ou *ibid.*
prétendu, mais toujours déplacé, qui doit, dit-on, engager les
Actionnaires à continuer le commerce de l'Inde, dut-il leur
donner des pertes. Je trouve que beaucoup de gens qui s'en 137.
parent n'en ont pas le droit. A quoi j'ajoute que cette pré- *ibid.*
tention eſt fondée ſur une idée fauſſe de la conſtitution de la
ſociété, dans laquelle le mal conſtant d'un ordre de Citoyens ne
peut jamais être la route au bien général.

Je remarque encore qu'après avoir prouvé que les Action- 138.
naires ne peuvent pas continuer le commerce par eux-mêmes, & qu'ils ne peuvent pas eſpérer que l'Etat leur donne
des ſecours pour le continuer, il eſt inutile de ſavoir ſi l'intérêt de l'Etat demande qu'on conſerve le Privilége excluſif. Car en vain cette conſervation ſeroit-elle intéreſſante
ſi elle n'étoit pas poſſible. Il faudroit laiſſer la Compagnie
ſe détruire & s'en conſoler comme d'un malheur auquel il n'y
a point de remede.

Cependant

MÉMOIRE

Cependant, pour ne laisser aucune défense aux partisans du Privilége, j'entreprends de faire voir.

1º Que les dépenses que le Gouvernement a faites pour le commerce exclusif de l'Inde ont été infiniment plus onéreuses à l'état que ce Privilége ne lui a apporté d'avantages.

2º Que ces avantages & même de plus grands, auroient pu & peuvent être procurés à l'Etat, sans l'intervention d'une Compagnie exclusive & par la liberté du commerce.

ibid. Pour prouver la premiere Proposition, j'évite d'entrer dans des calculs trop détaillés de ce que rend le commerce de l'Inde en bénéfice net; comme aussi de ce qu'auroient pu rendre à l'Etat de bénéfice les mêmes capitaux employés au commerce de l'Inde, si on les eût versés dans d'autres en-140. treprises. Je me contente d'énoncer d'une part, ce que l'Etat a dépensé pour le Privilége exclusif depuis 1725, & de l'autre le produit total des retours en marchandises de l'Inde depuis la même époque. Deux résultats en grand, dont la comparaison doit faire décider au premier coup-d'œil si l'Etat a plus perdu que gagné à soutenir le Privilége exclusif.

ibid. En remontant à l'établissement de la Compagnie en 1717, & passant de-là à l'époque de 1723, je trouve le fonds capital originaire de la Compagnie, de cent millions placés sur le Roi 114. à 3 p.º: d'où je conclus que tout ce que la Compagnie a reçu du Roi, depuis cette époque, par-delà 3 millions de rente, a été une dépense gratuite de l'Etat, faite uniquement pour 147. le maintien du privilége exclusif. Or je fais voir que par-delà ces trois millions de rente, la Compagnie a reçu du Roi, indépendamment de 85 millions employés à la guerre de l'Inde, la somme de . . . . 376 millions.

149. D'un autre côté, je montre par des états tirés des livres de la Compagnie, que le produit total des ventes des marchandises de l'Inde proprement dite (le seul commerce dont il soit ici question, parce que c'est le seul pour lequel le Privilége exclusif a été regardé comme utile.) Je montre, dis-je, que le produit total du commerce de l'Inde est de 305,246,852 l. d'où il suit que l'année commune du produit du commerce de l'Inde, depuis 1725, jusqu'en

1756

1756, eft de . . . . 9,846,672 l. 150.
andis que l'année commune de la dépenfe de
l'Etat pour le commerce eft de 8,586,420
    Que fi on ajoutoit les frais de la guerre de l'Inde, qu'il faut
egarder au moins en partie, comme faits pour le foutien du
Privilége exclufif, on auroit une année commune de dépenfes
le l'état de plus de 10 millions, pour un commerce qui rapporte en retours moins de 10 millions.
    Je finis en remarquant que cent autres emplois annuels d'une 151.
partie fi confidérable du revenu public, auroient apporté à
l'État des avantages infiniment plus grands que tous ceux qu'on
ttribue au commerce exclufif de l'Inde. Que nous avons une
nfinité de branches de commerce plus importantes, qui fe fou-
iennent toutes feules, & non pas aux dépends du revenu public.
    Que ce commerce de l'Inde qui n'apporte pas dix millions 152.
le retours, & qui occupe à peine 12 vaiffeaux, doit paroître en-
ore bien moins confidérable, eu égard à l'immenfité des pays
u'il embraffe & par comparaifon avec le commerce de quelques
fles de l'Amérique & S. Domingue, dont les retours font
valués près de 100 millions, & qui occupent 500 vaiffeaux
le différent *Port*.
    Je conclus enfin, qu'il n'y a point de fubtilité qui puiffe faire *ibid.*
omprendre que l'Etat ait bien fait de facrifier en 40 ans,
lus de 400 millions, pour foutenir un commerce qui a rappor-
é en France environ 300 millions.
    J'entreprens enfuite de prouver la poffibilité du commerce 163.
bre & particulier dans l'Inde; difcuffion que je fais précé-
er par quelques obfervations générales.
    La premiere eft que l'habitude & l'intérêt peuvent influer
eaucoup fur l'opinion de ceux qui conteftent cette poffibilité;
r ces deux motifs ne peuvent agir fur l'efprit des Défenfeurs
le la Liberté.
    Dans la deuxiéme, j'avance que quand le commerce parti- 154.
ulier feroit abandonné à lui-même, fans protection & fans fe-
ours du Gouvernement, il s'établiroit peut-être encore mal-
ré tous les obftacles.
    J'en donne pour garants la force de l'intérêt particulier & 155.
    F f   l'expérience

Chine par des faits connus fur l'état, le Gouvernement
a forme du commerce de ce pays. Je paffe enfuite à
udre les objections qu'on y oppofe. La néceffité d'un
nptoir fédentaire ; la grandeur des fonds dont ce com-
ce a befoin, les effets funeftes de la concurrence à
nat des marchandifes de Chine.

e me fers encore d'un aveu fait par les Partifans du Pri- 175.
ge, pour prouver que le commerce eft poffible fans Pri-
ge.

e traite avec plus d'étendue l'objet du commerce de Ben- 176.
e & de la Côte de Coromandel, en commençant par quel-
s réflexions générales.

La premiere eft qu'il feroit déraifonnable d'exiger que le 177.
nmerce de l'Inde s'établît, dans les premieres années, fur le
ne pied fur lequel il eft aujourd'hui, & injufte de ne
laiffer faire à la liberté, pendant quelque tems, les effais
ont faits pendant plus d'un fiécle les Compagnies privi-
ées.

La feconde eft que les Défenfeurs de la liberté du com-
rce de l'Inde ne font point du tout obligés de prouver
itivement leur affertion, il leur fuffit de répondre aux
ections qu'on leur fait.

La troifiéme que toutes les objections contre la liberté, 178.
t d'après la fuppofition que le commerce libre ne peut
faire que par les mêmes pratiques qu'emploie la Compagnie, & qu'on connoît tous les moyens qu'il pourra em-
oyer. Suppofition fauffe & qu'on ne peut pas admettre.

J'expofe enfuite, dans les propres termes des ennemis de la
erté, une premiere objection contre le commerce libre de
nde, les inconvéniens de la concurrence.

J'y répons : 1º en citant des exemples de commerces au- 179.
fois exclufifs, & reftraints, aujourd'hui libres & floriffans,
ntre lefquels on a oppofé auffi les inconvéniens de la con-
rrence.

2º En remarquant que les Négocians des différens ports
Royaume connoîtroient auffi les dangers de la concurren-
, & qu'ils ne s'y expoferont pas s'il y en a à craindre. Que
ur opinion fur cela eft d'une toute autre autorité que celle
F 2 des

Pag. des défenfeurs du Privilége attachés à la Compagnie ou même abfolument neutres. Enfin que la crainte des envois inconfidérés, fondée fur le caractere de la Nation françoife, eft une objection frivole.

183. 3° Je nie que le commerce libre doive achetter plus cherement que le commerce exclufif, plus cherement, dis-je, en comptant, comme il faut faire, dans le prix de la marchandife de l'Inde, tout ce qu'on aura dépenfe des deux parts pour exécuter l'achat.

184. 4° Je fais voir, par une petite digreffion fur les caufes qui déterminent la valeur vénale au marché, que la concurrence des achetteurs, à raifon de leur plus grand nombre feulement, ne pourra influer que foiblement fur le prix des marchandifes de l'Inde pour le hauffer.

186. Je répons à une objection, fur les effets de la concurrence, tirée de la nature du commerce de l'Inde, Je fais voir que ce n'eft qu'un paralogifme, & que d'ailleurs elle combat auffi fortement contre le Privilége que contre la liberté.

188. Je paffe au fecond obftacle qu'éprouvera, dit-on, le commerce libre, l'impoffibilité de trouver des cargaifons pré-

189. parées. J'indique deux moyens qui pourront fournir cette reffource au commerce libre. Et je répons aux difficultés & en

190. particulier à celle qu'on tire du génie & du caractere des Indiens.

194. Je renverfe auffi le troifiéme obftacle au commerce libre, la néceffité de faire auner, vifiter, blanchir & emballer les

196. toiles, en remarquant que ces précautions coutent peut-être

197. plus qu'elles ne rapportent; que peut-être font elles auffi inutiles pour la confervation du commerce de l'Inde, que les formes d'adminiftration de certaines Manufactures privilégiées qui veulent prouver par-là la néceffité de leur Privilége, &c. & enfin que toutes ces chofes fe feront par le commerce libre, auffi bien que par le commerce exclufif.

198. Je répons en quatriéme lieu à la difficulté tirée de la néceffité des affortimens.

199. Je prouve en cinquiéme lieu que le commerce libre pourra avoir autant de capitaux qu'en occupe aujourd'hui le commerce de l'Inde & de plus grands encore.

Enfin,

Enfin, je réfous fort au long l'objection contre le com- *Pag.*
merce libre, tirée de la puiſſance des Anglois dans l'Inde. 200.

Je remarque d'abord que ceux qui la propoſent s'écartent de
la queſtion qui eſt générale & indépendante de la ſituation
actuelle & momentanée des puiſſances Européennes dans l'Inde, ſituation qui peut changer à tout moment.

J'obſerve enſuite que cette objection ſuppoſe que le com- 202.
merce de la Compagnie Angloiſe a tout à craindre du commerce devenu libre, & que cette ſuppoſition, avouée d'ailleurs & énoncée par les Défenſeurs mêmes du Privilége, ne
peut être raiſonnable qu'autant que le commerce libre eſt
poſſible, même en concurrence avec les Compagnies.

Je remarque que la puiſſance des Anglois dans l'Inde eſt 203.
un obſtacle qui n'arrêtera pas le commerce particulier, parce
que le commerce particulier achetera des Anglois eux-mêmes
& des Employés de la Compagnie les marchandiſes dont il
aura beſoin, ce que je prouve par un fait récent & connu.

J'ajoûte que c'eſt ce que fait aujourd'hui la Compagnie elle-
même, & qu'elle ne peut pas oppoſer au commerce particulier, 204.
un état de dépendance, dans lequel ſon Privilége excluſif ne
l'a pas empêché de tomber.

Mais je ne m'en tiens pas là, & je prouve que notre com- 205.
merce libre, ne ſera pas réduit à ces petits expédiens, qu'il ſera
protégé par le Roi, & que la Compagnie Angloiſe reſpectera
les traités des deux Nations. Que le Gouvernement aura les 206.
mêmes motifs pour protéger les Commerçans particuliers,
& de plus puiſſans encore.

Enfin, je termine cette diſcuſſion, ſur la poſſibilité du com- 207.
merce de l'Inde, en remarquant qu'il eſt impoſſible de prévoir & de calculer toutes les reſſources de l'induſtrie & de la
liberté.

Vient enſuite un expoſé des avantages que retirera la Na- 208.
tion de la liberté. Je néglige d'énoncer tous ceux qui ſont généraux, & je me borne à en indiquer deux particuliers au commerce de l'Inde; l'accroiſſement du commerce d'Inde en Inde,
& l'amélioration des Iſles de France & de Bourbon.

Tel eſt le précis du Mémoire que je viens de mettre ſous les
yeux du public. Quoique je puiſſe dire que j'y ai raſſemblé une
aſſez

aſſez grande quantité de vérités ſur cette matiere importante ; je dois prévenir que je ne me flatte pas de les avoir toutes recueillies. J'ai réſolu la plus grande partie des difficultés ; mais je n'ai pas employé la moitié des preuves que je pouvois donner de mon opinion ou plutôt de celle de toutes les perſonnes qui ont apporté quelque attention à l'étude des matieres économiques.

Je finirai en proteſtant que dans la diſcuſſion qu'on vient de lire, je n'ai été guidé que par l'amour de la vérité & de la liberté, deux ſentimens que je nourrirai toute ma vie, & qui me rendent ennemi des Priviléges excluſifs & des fauſſes ſubtilités par leſquels on prétend les juſtifier. Ce n'eſt point la Compagnie des Indes que j'attaque, c'eſt la liberté que je défens. Je n'ai pas le doute le plus léger ſur la bonté de ma cauſe ; cependant ſi quelqu'un croyoit avoir des objections *nouvelles* à ce ſujet, je me ferois un plaiſir de les réſoudre, & je ne refuſerai pas de me livrer encore à une diſcuſſion ſi intéreſſante pour le commerce du Royaume, & pour un grand nombre de Citoyens.

FIN.

Note relative aux pag. 79 & 80.

On peut être étonné de voir le capital libre de la Compagnie porté, *page* 79,
à . . . . 39,223,534 liv.
Et à la *page* 80, *derniere ligne*, à celle de 66,783,823

Cette différence ne provient que de la néceffité de préfenter la fituation de la Compagnie fous deux points de vues différents.

Le premier d'après la forme de l'État de 1769, & le fecond d'après la forme des anciens bilans.

Dans l'État de 1769, on a fouftrait de l'Actif *le capital des Actions*, ainfi que les autres rentes hypothécaires, & on y a compris le produit des ventes & les fonds morts.

Dans l'eftimation du capital libre énoncé à la *page* 80, pour fuivre la forme des anciens bilans, on n'en n'a point retranché le capital des Actions ; en forte que, en ajoutant au capital libre de l'autre part, montant à . . . . 39,223,534 liv.
Le capital des Actions montant à 59,074,800

Le Total fe trouve être de . . . . 98,298,334 liv.

Mais il en faut déduire, toujours pour fe conformer aux anciens bilans.
1° Le bénéfice fur les ventes futures évalué ci . . . . 18,840,000 liv.⎫
2° Les fonds morts. . . . . 12,672,513 ⎬ 31,512,513 liv.
⎭

Refte capital égal à celui énoncé *page* 80. . . . . . . 66,785,821 liv.

ERRATA.

Pag. 51, *lign.* 6; 70 : *lifez* 700.
P. 80, *lign.* 20 ; y compris : *lifez* non compris.
P. 111, *lign.* 25 ; V : *lifez* III.
P. 113, *lign.* 14; de 1,050,000 liv. : *effacez* de.
P. 133, *lign.* 7; de 25 l. par tonneau : *lifez* de 30 l.
P. 179, *lign.* 32; La première : *lifez* I. La première.
P. 191, *lign.* 4; nature : *lifez* naturel.

SUPPLÉMENT.

MÉMOIRE

Contenant les Demandes de la Compagnie des Indes au ROI, qui ont servi de fondement à l'Édit donné en faveur de ladite Compagnie, au mois de Juin 1747.

ARTICLE PREMIER.

Le Roi accordera toujours protection & faveur à la Compagnie; mais, dans le cas où la Marine ne seroit pas en état de lui fournir des escortes, S. M. n'entend pas qu'il en puisse résulter aucune demande en indemnité contre Elle.

Représentant que, par les Edits de 1664, 1717 & autres, S. M. a promis de protéger & défendre envers & contre tous, le commerce de la Compagnie, & de faire escorter ses envois & retours à ses frais & dépens jusques dans les Indes, par tel nombre de vaisseaux dont elle aura besoin, & que le defaut de protection lui a occasionné des pertes immenses, tant par les prises qui ont été faites, que par les dépenses qu'elle a été obligée de faire pour armer en guerre les Vaisseaux destinés à porter les approvisionnemens de ses Comptoirs; pourquoi elle ose avoir recours à la bonté du Roi.

ARTICLE II.

NÉANT.

Que la sûreté de ses établissemens dans l'Inde a exigé dans ces tems orageux des dépenses considérables, tant en fortifications qu'en augmentation de troupes, & munitions de guerre & de bouche, qui n'ont eu pour objet que la sûreté desdits

a ij

defdits établiffemens que S. M. a promis, par les Edits ci-deffus, de protéger & défendre envers & contre tous; pour-quoi elle a encore recours à la bonté du Roi.

ARTICLE III.

NÉANT.

Que la ceffation du commerce de la Compagnie, pendant deux ans, l'a pri-vée d'un profit de huit millions au-moins par an, pendant lequel tems elle n'en eft pas moins reftée expofée à toutes les dépenfes ordinaires; & que, comme la guerre a été la feule caufe de cette ceffation, elle ofe en-core, fur cet article, avoir recours à la bonté du Roi.

ARTICLE IV.

Vu l'Arrêt du 10 Septembre. 1720. Bon pour la fomme de 6,047,952 l. 9 f. 2 d. dont fera tenu compte à ladite Compagnie.

Que par Arrêt du 10 Septembre 1720, la Compagnie des Indes fut fu-brogée aux droits de l'ancienne Com-pagnie de Saint-Domingue, moyennant la fomme de 6,047,952 liv. 9 f. 2 den. qu'elle a été dépoffédée de ce com-merce par l'Edit de Juin 1725; pour-quoi elle efpere que le Roi voudra bien l'indemnifer de la fomme qu'il lui en avoit coûté pour l'acqui-fition de cette partie.

ARTICLE V.

La Compagnie con-firmée dans la jouif-fance du droit par Ton-neau, & vu l'Etat des arrérages dudit droit, depuis l'année 1731 jufqu'au premier Jan-vier 1747, certifié par les Syndics & Direc-teurs en la forme portée

Que la Compagnie des Indes, en vertu des titres les plus autentiques & qui intéreffent autant le bien de l'Etat que celui de la Compagnie, a perpé-tuellement joui, depuis 1664 jufqu'en 1731, des arrérages du droit de 50 liv. par tonneau d'exportation, & de 75 l. par tonneau d'importation; que cepen-dant le paiement de ces arrérages a été fufpendu depuis 1731 jufqu'à ce jour,

par

par l'Edit de 1664, bon pour la fomme de 6,596,576 l. dont fera pareillement tenu compte à laditeCompagnie.

pourquoi la Compagnie ofe demander au Roi le paiement des arrérages échus jufqu'au premier Janvier 1747, & la confirmation de ce droit pour l'avenir.

ARTICLE VI.

NÉANT.

Que lorfque S. M. a bien voulu accepter la retroceffion que la Compagnie des Indes lui a faite du commerce de la Louifianne, la Compagnie paya au Roi une fomme de 1,450,000 l. quoique, dans tous les cas où il y a eu de pareilles retroceffions faites, il n'ait jamais été payé aucune indemnité à Sa Majefté, pourquoi la Compagnie, qui avoit perdu des fommes immenfes dans ce commerce, ofe demander au Roi le remplacement de ladite fomme de 1,450,000 liv.

ARTICLE VII.

Bon pour la fomme de 5,826,472 l. contenue en l'Etat joint, certifié par les Syndics & Directeurs fans tirer à conféquence, & fauf à la Compagnie à pourfuivre pour & au profit du Roi le recouvrement des fommes contenues audit Etat, duquel recouvrement elle fera tenue de compter, tous les ans, au fieur Contrôleur-Général des Finances; fe réfervant S. M. de faire bon, fi elle le juge à propos, à ladite Com-

Que la Compagnie chargée du commerce du Sénégal & de la Côte de Guinée s'en eft acquitée avec tant de zèle que, par le tranfport des Negres dans nos Colonie Françoifes de l'Amérique, le commerce de ces Ifles a monté à des fommes très-confidérables; que cependant, comme la Compagnie eft mal payée des Negres qu'elle y a tranfportés, & qu'elle fe trouveroit dans l'impoffibilité de continuer ce commerce, fi Sa Majefté n'avoit la bonté de l'aider pour fe faire payer de plus de 5,800,000 l. qui lui font dues pour cet objet, Elle fupplie très-humblement Sa Majefté, attendu l'importance de ce commerce & les profits immenfes qui en réfultent, de lui procurer le paiement de cette fomme.

pagnie des fommes provenantes defdits recouvremens, par des Ordonnances de comptant fur le Garde du Tréfor Royal en exercice.

ARTICLE

vj

ARTICLE VIII.

Néant, & cependant sera donné des Ordres précis aux Gouverneurs & Intendans pour le Roi dans les Colonies & Isles Françoises de l'Amérique, pour accorder toute protection à la Compagnie, à l'effet de la faire payer des têtes de Negres qu'elle y transportera par la suite.

Que l'objet du commerce étant totalement éloigné de celui de la traite des Negres, & la Compagnie ayant mis ce dernier commerce en état d'être utilement exploité par les Négocians du Royaume, elle ose demander au Roi de vouloir bien accepter la retrocession du commerce du Sénégal & de la Côte de Guinée, ou du moins de vouloir bien accorder sa protection à la Compagnie pour le paiement des Negres qu'elle transportera à l'Amérique, & de donner pour cela les ordres les plus précis aux Gouverneurs & Intendans desdites Isles, ainsi que S. M. a bien voulu le promettre par l'Arrêt du 10 Septembre 1720.

ARTICLE IX.

Néant.

Que la Compagnie ayant porté, par ordre du Roi, 3,140 Actions pour remplacer celles qui manquoient au dépôt de Nicolas, n'a été remboursée de cette avance par S. M. que sur le pied de 1,200 l. par Action, pendant que le Roi les remboursoit lui-même par la voie des Loteries sur un pied plus considérable; pourquoi S. M. est très-humblement suppliée de vouloir bien indemniser la Compagnie, tant en principal que des arrérages de ce qu'elle a perdu par le bas prix auquel elle a été remboursée desdites 3,140 Actions.

ARTICLE X.

Néant.

Que par le préambule de l'Edit de 1725, aussi bien que par le relevé des livres & des registres de la Compagnie, il paroît que S. M. s'est reconnue pour lors Débitrice de 1,470 millions,

1,470 millions, & que les Ordonnances de comptant avec le bénéfice des réductions du *visa*, que S. M. céda pour lors à la Compagnie, la laisserent encore Débitrice d'une somme considérable; pourquoi elle ose demander encore au Roi le remplacement de cette somme, du-moins sur la réduction du *visa*.

ARTICLE XI.

Bon pour la somme de 31 millions 529 mille liv. que Sa Majesté veut bien accorder à lad. Compagnie pour les causes énoncées au Texte.

Que par l'aliénation à titre d'engagement de la Ferme du Tabac, faite au profit de la Compagnie en l'année 1723, Elle a joui de ce Privilége exclusif jusqu'en 1730, qu'Elle l'a affermé à l'Adjudicataire des cinq grosses Fermes, & que le Bail a toujours depuis été continué au même Adjudicataire & au même prix, ainsi qu'il convenoit à l'arrangement des Fermes & des Finances de S. M. Si la Compagnie ne se fût point prêtée à cet arrangement, & qu'Elle eût exploité par Elle-même son Privilége, Elle en eût tiré un profit bien plus considérable; que Sa Majesté en est parfaitement instruite, & très humblement suppliée de vouloir bien ordonner qu'il soit fait fonds à la Compagnie de telle somme qu'Elle jugera à propos pour cet objet.

ARTICLE XII.

Bon pour la somme de 30 millions, que S. M., rentrant dans la propriété & possession de la Ferme du Tabac, veut bien accorder à la Compagnie pour raison des améliorations & dépenses qu'elle a faites dans l'exploitation de ladite Ferme.

Que s'il convient à l'arrangement des Fermes & des Finances du Roi que S. M. rentre dans la propriété, possession & jouissance du Privilége exclusif de la vente du Tabac, la Compagnie est assez attachée au bien de l'Etat pour se livrer à cet arrangement, & ne pas insister sur les promesses qui lui avoient été faites de la laisser à perpétuité en possession de ce Privilége; Elle ose seulement représenter à Sa Majesté que cette Ferme n'étoit portée qu'à deux millions, lorsque

lorſque la Compagnie s'en rendit Adjudicataire en 1718, qu'elle ne paſſoit pas trois millions lorſqu'elle fut aliénée à la Compagnie à titre d'engagement en 1723, moyennant la ſomme de 90 millions; qu'après la régie que la Compagnie en fit juſqu'en l'année 1730, elle fut portée tout d'un coup à huit millions, & qu'elle peut être pouſſée aujourd'hui à des ſommes beaucoup plus fortes; que ces améliorations conſidérables ne proviennent que de la bonne régie que la Compagnie a faite avec des frais immenſes, & des dépenſes qu'elle s'eſt vue obligée de faire pour mettre cette ferme en valeur. Cependant Sa Majeſté eſt la maîtreſſe d'y rentrer, moyennant les quatre-vingt-dix millions qui forment le prix de l'engagement; mais la Compagnie eſpere de la juſtice & de la bonté du Roi, qu'il voudra bien lui accorder une ſomme proportionnée aux améliorations qu'elle a faites, & elle recevra à titre de grace les fonds que Sa Majeſté ordonnera être faits pour raiſons deſdites améliorations.

A R R Ê T É le préſent Etat, ſuivant les apoſtilles miſes en marge de chacun des articles d'icelui, à la ſomme de quatre-vingt millions, dont ſera fait fonds en notre Tréſor Royal, au profit de la Compagnie dans la forme que nous ordonnerons. F A I T en mon Conſeil Royal de Commerce, tenu à Verſailles le 9 Mai 1747. *Signé*, L O U I S.

La

LA pièce qui fuit, eft fi analogue à la queftion qu'on vient de traiter, que j'ai cru faire plaifir à mes Lecteurs en la rendant publique. Elle eft de feu M. de Gournay, Intendant du Commerce, & a été écrite en 1755. La Compagnie fe trouvoit alors dans la même fituation qu'aujourd'hui. Comme aujourd'hui quelques uns de fes Adminiftrateurs foutenoient qu'elle pouvoit rétablir fon Commerce, & qu'elle n'avoit befoin pour cela que de 30 millions, d'autres convenant qu'il lui en falloit 55. Comme aujourd'hui un certain nombre de perfonnes, à la tête defquelles il faut placer l'Auteur même de ce Mémoire, penfoient que la Compagnie faifoit un commerce ruineux; que les moyens qu'on prendroit pour la foutenir, ne feroient que retarder fa chûte de quelques années, pour la rendre plus éclatante & fuivie de plus d'inconvéniens, & qu'il n'étoit pas de l'intérêt de l'État d'employer une partie du revenu public à foutenir ce Privilége excluff. L'événement a prouvé depuis & la grandeur des befoins qu'avoit alors la Compagnie, & la légitimité des craintes qu'on avoit de les voir renaître bientôt. Le plan que propofe M. de Gournay eft, à peu de chofe près, le même que celui qu'on vient d'expofer; c'eft-à-dire, de rendre le commerce libre, en laiffant fubfifter les Comptoirs de l'Inde, &c. L'autorité d'un Magiftrat éclairé, qui avoit paffé fa vie dans l'étude de l'économie politique, & qui rempliffoit une place importante d'adminiftration, doit donner un grand poids aux principes que nous venons d'expofer. C'eft l'effet que nous attendons du Mémoire qu'on va lire.

OBSE*VATIONS

OBSERVATIONS

fur le rapport fait à M. le Contrôleur - Général,

par M. de S * * * le 26 Juin 1755 ;

fur l'État de la Compagnie des Indes;

Par feu **M. DE GOURNAY**, Intendant du Commerce.

QUELQU'AFFLIGEANT que foit le tableau de la fituation de la Compagnie des Indes, que préfente M. de S *** dans le Mémoire que M. le Contrôleur-Général m'a fait l'honneur de me confier, j'ofe dire que je n'en ai point été furpris, & qu'il n'y a point de particulier, à qui les matieres de commerce foient un peu familieres, & qui ait voulu fuivre avec un peu de réflexion les opérations de la Compagnie, qui n'ait jugé, il y a long-tems, que fes affaires ne devoient pas être bonnes. En effet, fans parler des dépenfes que la guerre qu'elle a foutenue aux Indes, lui a occafionnées depuis quelques années, il a toujours été évident que fa régie eft bien peu analogue à l'efprit du commerce, qu'elle a fait beaucoup de dépenfes très-étrangeres à fon objet ; fes opérations ont fait connoître qu'il y a plus de 25 ans qu'elle ne travaille pas fur fes propres fonds, & il y a eu des tems, où ceux qu'elle a voulu fe procurer fur fon crédit en Europe même, ont dû lui coûter plus de 12 à 15 pour cent par an ; en forte qu'ayant toujours de gros intérêts à payer, ces intérêts ont confommé tous les profits qu'elle a pu faire, & les pertes font reftées à fa charge.

Les perfonnes les moins curieufes & les moins initiées dans l'intérieur de la Compagnie des Indes, n'ont pu ignorer que quelques membres de la direction ont trouvé un avantage plus préfent & plus immédiat à faire des affaires particulieres avec la Compagnie des Indes, qu'à s'occuper uniquement du bien de fes affaires générales : il eft vrai que cet inconvénient n'eft pas plus particulier à la **Compagnie de France**, qu'aux autres
tres

très Compagnies établies en Europe : les Compagnies d'Angleterre & de Hollande n'en ont pas été & n'en font pas plus exemptes que la nôtre, & ce vice eſt ſi général dans l'adminiſtration des Compagnies, qu'on peut le regarder, pour ainſi dire, comme inhérent à leur conſtitution ; on peut y joindre la négligence & le peu d'intérêt que prennent les Régiſſeurs à conduire une affaire qui n'eſt proprement celle de perſonne : les effets de cette négligence ne ſont que trop conſtatés par le Mémoire de M. de S ***, & ce n'eſt qu'à elle qu'on peut attribuer la diverſité d'avis qui ſe trouve entre les Directeurs mêmes, ſur ce qui fait actuellement l'objet des beſoins de la Compagnie : Meſſieurs G ** & de V *** n'arbitrent qu'à 32 ou 33 millions, la ſomme dont la Compagnie a beſoin pour faire face à ſes opérations, tant en Europe que dans l'Inde, & la mettre en état de continuer ſon commerce.

Suivant les Mémoires de MM. C *** & M **, la Compagnie au contraire auroit beſoin de 55 à 60 millions, & la diſcuſſion où M. de S *** entre à cet égard, ne laiſſe pas lieu de préſumer qu'on puiſſe avoir beſoin de moins de 55 millions. Ce ſont donc les moyens de trouver cette ſomme, qu'il faut enviſager, & ce qui pourra en réſulter, tant à l'égard de la Compagnie, qu'à l'égard de l'Etat, dont le crédit ſe trouve malheureuſement beaucoup trop lié avec les affaires de la Compagnie, enſorte que celui que le Miniſtere a ſu procurer au Roi, dépend en quelque façon aujourd'hui de l'adminiſtration de quelques particuliers, & d'une affaire qui devroit être étrangere au crédit du Roi, ou tout au moins très-ſubordonnée. En établiſſant donc que la Compagnie ne peut ſe paſſer de moins de 55 millions, ſans faire une opération qui ne répondroit point au but que l'on ſe propoſe, paſſons à l'examen des moyens propoſés.

La voie d'emprunt à rentes conſtituées, indiquée par M. G **, ne ſauroit être tentée pour une ſomme auſſi forte, ſans compromettre le crédit de la Compagnie & celui du Roi même, ſans faire remonter l'intérêt de l'argent, & ſans laiſſer la Compagnie (quand même elle réuſſiroit, ce qui eſt fort douteux) dans une ſituation toujours funeſte aux négociants particuliers, & aux Compagnies mêmes, qui eſt de faire leur commerce, quelqu'avantageux qu'il paroiffe, perpétuellement fur le fonds d'autrui pris à intérêt : il n'y a point de commerce qui puiffe foutenir long-tems une pareille charge, quelque légere qu'elle paroiffe dans les commencements. L'expérience du paffé devroit interdire pour jamais aux Directeurs de la Compagnie, l'ufage d'un pareil expédient.

La voie de l'appel, celle d'une création de rentes viageres, de rentes foncieres, d'une loterie propofée par M. de V***, ne me paroiffent pas moins dangereufes pour la Compagnie même, & ne font pas plus admiffibles.

Il ne refte donc plus à examiner, des moyens propofés dans le Mémoire de M. de S**, que le doublement du nombre des actions également indiqué par MM. C*** & M**. L'éloignement que témoignent pour cet expédient MM. G** & de V***, ne feroit par une raifon pour le rejetter & lui en préférer d'autres : Il eft fondé fur les meilleurs principes du commerce, & il eft évident que c'eft fortifier la Compagnie, que d'en étendre la bafe, en intéreffant un plus grand nombre de perfonnes à fon foutien : les Compagnies d'Angleterre y ont eu recours, & s'en font bien trouvées : leurs conftitution s'eft trouvée raffermie pour un tems : mais cet expédient tout bon qu'il eft dans les fociétés particulieres, n'eft pas fuffifant pour procurer aux compagnies une fanté durable.

Cependant, s'il n'étoit queftion que de procurer à la Compagnie un fecours de 20 à 25 millions, je penferois qu'il ne faudroit pas balancer un inftant à l'accepter, car alors les anciens actionnaires paroiffant faire grace en quelque façon à ceux qu'ils veulent bien affocier à leur privilége, il y a tout lieu de croire qu'elles feroient enlevées avec empreffement : mais en doublant les actions, on fait voir que l'on a befoin d'un fonds prefqu'auffi confidérable que celui qui compofe actuellement le capital de la Compagnie, & même plus confidérable que celui qui lui refteroit, déduction faite de fes dettes; le Public voyant le befoin extraordinaire de la Compagnie, pourroit bien refufer tout-à-fait de s'affocier à un commerce auffi obéré, ou ne vouloir le faire qu'à des conditions très-onéreufes pour la Compagnie, c'eft-à-dire, en n'achetant les nouvelles actions qu'avec une perte confidérable, qui in-
flueroit

flueroit auſſi ſur la valeur des anciennes; c'eſt une choſe certaine, que toute marchandiſe offerte dans le commerce, s'a-
vilit par l'offre même : MM. C *** & M ** ont bien ſenti cet
inconvénient, & c'eſt ſans doute pour y parer, qu'il ont pro-
poſé d'aſſurer une rente ou dividende fixe à l'action : ſauf à
l'augmenter du produit des profits du commerce : mais malgré
cet appel, je ne répondrois pas qu'un auſſi grand nombre d'actions fut enlevé, ou fut enlevé au pair de la rente; le beſoin
d'un auſſi grand nombre d'actions feroit connoître le vice qu'il
y a eu dans l'adminiſtration de la Compagnie, & comme on
ne pourroit donner aucune ſûreté phyſique que l'adminiſtration à venir feroit meilleure, la Compagnie n'ayant pas fait
de profit juſqu'à préſent, le Public n'auroit gueres lieu de ſe
flatter qu'elle en feroit à l'avenir : on ne pourroit même donner
aucune bonne raiſon pour le lui faire eſpérer : or, toutes les
fois qu'on ne gagne pas dans le commerce, on eſt bien près
de perdre; l'actionnaire auroit donc lieu de craindre en ne
ſe conſidérant même que comme rentier, que ſon capital ou
ſa rente ne diminuaſſent quelque jour, dans le cas où la Compagnie eſſuyeroit encore des pertes, ou une mauvaiſe régie :
&, comme il n'y a pas le même riſque à courir dans les rentes
ordinaires, je doute qu'on leur préférât les actions, & je crain-
drois fort qu'elles ne fuſſent pas enlevées. Or, dans ce cas,
non-ſeulement le crédit de la Compagnie recevroit un échec
conſidérable, qui pourroit l'expoſer à une cataſtrophe; mais
même le crédit du Roi aujourd'hui ſi bien établi, en ſeroit infailliblement affecté, & cela, parce que malheureuſement juſqu'ici le
gouvernement a trop paru faire ſon affaire propre, des affaires de la Compagnie : car ſans cela la hauſſe ou la baiſſe
des actions, & le crédit ou le diſcrédit de la Compagnie, ne
devroient pas plus influer ſur le crédit du Roi, que le diſcrédit
ou tombe le papier d'un homme dérangé, n'affecte le crédit
d'un négociant ſolide & qui conduit bien ſes affaires.

Mais quand même l'opération réuſſiroit, ce que je ne crois pas,
le Miniſtere ne devroit pas en être moins timide à l'adopter,
par l'inconvénient d'ajouter au grand nombre d'effets circulans
& de valeurs repréſentatives qu'il y a déja ſur la place, une valeur auſſi conſidérable que celle de 150 millions : une pareille
augmentation

augmentation de papier ne pourroit qu'augmenter la valeur
de nos denrées & de toutes chofes, & affecter confidérablement la maffe & la balance de notre commerce, & cela uniquement pour foutenir une Compagnie, dont je ne crois pas
que l'État puiffe jamais retirer aucun avantage, tandis qu'elle
fera fur le pied où elle eft aujourd'hui, & qui fera toujours au
contraire un fardeau pour lui : je ne crois donc pas que l'opération du doublement des actions, quoique plus analogue aux
bons principes, foit, dans les circonftances où on la propofe,
plus admiffible, ni moins dangereufe que les autres. Mais
comme en rejettant tous les expédients, il eft néceffaire d'en
propofer quelqu'un ; c'eft auffi ce que l'on va faire, après que l'on
aura examiné le défavantage qu'il y a pour l'État à s'obftiner,
à foutenir, & à perpétuer la Compagnie des Indes fur le pied
où elle eft aujourd'hui, & les avantages qu'il y auroit à liquider fes dettes & fon commerce pour permettre un commerce
libre & ouvert à tous les fujets du Roi, dans tous les établiffements qu'elle poffède exclufivement aujourd'hui, tant aux
Indes qu'à la Chine, à la côte d'Afrique & en Canada.

On ne pourroit fe flatter de foutenir la Compagnie des Indes, quand même on feroit parvenu au moyen des expédients
propofés, ou d'autres auxquels on pourroit avoir recours, à
faire face aux befoins préfens, fans une bonne adminiftration,
& quoique je ne penfe pas qu'il foit tout-à-fait impoffible de
l'établir pour un tems dans la régie des affaires de la Compagnie, je crois qu'il feroit imprudent de fe flatter qu'elle pût
être longue & durable. En effet, l'efprit d'économie néceffaire
pour réuffir dans les affaires du commerce, ne peut fe perpétuer
que chez les particuliers : ceux d'entr'eux qui l'ont le plus pour
leurs affaires propres, le perdent bientôt quand il eft queftion
d'agir pour des Compagnies. Cet efprit fubfiftera encore plus
difficilement dans une Compagnie qui fera régie à Paris que
par-tout ailleurs, fur-tout fi le Roi y eft intéreffé ; il eft bien
difficile que la brigue ou la faveur n'influe un peu plutôt ou
un peu plus tard fur le choix des Directeurs. D'ailleurs une
façon de voir ou de penfer différente dans ceux qui fe fuccé-
deront pour veiller à la régie, fuffira toujours pour déranger
le fyftême d'adminiftration le mieux établi. Dans les pays
même

même où l'esprit de commerce eft plus commun, qu'il ne l'eft encore parmi nous, les Compagnies les mieux établies n'ont pu réfifter long-tems aux dépenfes immenfes, & aux vices, qui font, pour ainfi-dire, inféparables de leur conftitution : on connoît les viciffitudes & les changements qu'a effuyé la Compagnie d'Angleterre, qui n'ont pas empêché que fes affaires ne foient aujourd'hui dans un état encore plus fâcheux que celui où eft la nôtre. La Compagnie de Hollande elle-même, quoique la plus ancienne & la mieux établie de toutes, n'auroit pas pu fe foutenir contre les faux frais, les dépenfes, & même les dépredations de fes Directeurs & de fes Employés, fans les profits immenfes qu'elle fait, tant en Europe, que dans l'Inde, par le moyen des productions qu'elle poffède exclufivement.

Enfin, l'impoffibilité qu'il y a que le commerce des Compagnies puiffe fupporter les frais & les négligences dont leur régie eft accompagnée, eft fi évidente, qu'elle n'a pas échappé à M. Dupleix, à qui l'intérieur de l'adminiftration des Compagnies doit être beaucoup plus connu qu'à moi. Il a avancé dans un Mémoire que j'ai vu, qu'aucunes Compagnies ne pouvoient fe foutenir par le commerce feul, & fans le fecours de poffeffions qui leur procurât un revenu fixe, pour fubvenir aux dépenfes inféparables de leur régie. Il allégue, pour exemple, les poffeffions de la Compagnie de Hollande dans l'Inde, & les efforts que celle d'Angleterre fait depuis long-tems pour s'en procurer. Sans vouloir réfuter ici M. Dupleix, j'obferverai que ce font moins les poffeffions de la Compagnie de Hollande qui la foutiennent, que la nature de leurs productions qui étant uniques, & telles qu'il ne s'en trouve nulle part ailleurs de pareilles, fait qu'ils peuvent y mettre le prix qu'ils veulent; à quoi il faut ajouter encore, l'avantage qu'ils ont que ces productions fe trouvent dans des Ifles ; au lieu que les poffeffions que les Compagnies de France ou d'Angleterre viennent d'acquérir, étant fituées dans le Continent, & ne leur fourniffant aucune denrée ou marchandife qu'elles puiffent s'attribuer exclufivement, elles ne pourront qu'exciter la jaloufie des nations de l'Inde, & expofer les Compagnies pour la confervation de ces poffeffions, à des dépenfes & à des

guerres

guerres qui abforberont au-delà de ce qu'elles en peuvent retirer , qui coûteront un grand nombre d'hommes à l'État, &
qui finiront par la ruine totale de ces Compagnies. Mais quoique je ne penfe pas comme M. Dupleix fur l'utilité des poffeffions que les Compagnies pourroient fe procurer dans le
Continent, fon aveu n'en a pas moins de force, contre les
Compagnies. Dire qu'aucune Compagnie ne peut fe foutenir
par le commerce feul, c'eft reconnoître de la façon la plus
formelle , qu'aucun commerce quelqu'avantageux qu'il foit ,
ne peut foutenir l'adminiftration des Compagnies. Il faut donc
tôt ou tard que le commerce abandonne les Compagnies, ou
que les Compagnies abandonnent le commerce, & c'eft, je
penfe, le parti le plus fûr pour elles, & le plus avantageux
pour l'État que la nôtre puiffe prendre.

Lorfqu'on s'eft déterminé à faire le commerce de l'Inde par
des Compagnies, on a fans doute cru que cette méthode feroit avantageufe à la Nation, dans laquelle fe formeroit la
Compagnie , & à la Compagnie même à qui l'on tranfpor-
teroit le privilége d'y négocier : mais il eft prouvé, par le témoignage de M. Dupleix, que le commerce n'eft point avantageux aux Compagnies , puifqu'il prétend que le Commerce
feul ne peut pas les foutenir ; il eft encore mieux prouvé par
les faits que celui qu'à fait notre Compagnie des Indes ne lui
a pas été utile, puifqu'elle eft aujourd'hui confidérablement
endettée : notre Compagnie n'a donc pas rempli l'objet pour
lequel elle avoit été établie par rapport à elle-même ; je penfe qu'elle a encore moins rempli celui que l'on pouvoit avoir
en vue en la créant pour l'utilité générale de la Nation.

C'eft une chofe reconnue que les frais de Régie d'une Compagnie étant fort chers & furchargés de beaucoup de dépenfes étrangeres au commerce, elle ne peut faire que les commerces qui donnent de grands profits , tels que 100 p$\frac{o}{o}$ ou
80 p$\frac{o}{o}$: tous les commerces qui rapportent moins font perdus
pour les Compagnies, & elles ne fauroient les entreprendre :
or, comme rien ne refferre plus le commerce que les grands
profits , il n'eft pas étonnant que des pays auffi vaftes que
la Chine & les Indes Orientales, fuffifent à peine pour occuper vingt vaiffeaux de la Compagnie des Indes par an. Les
marchandifes

marchandifes qu'ils apportent font fi cheres, qu'excepté les thés dont nous confommons peu, cela n'empêche pas que les Etrangers ne nous verfent des quantités confidérables des mêmes efpéces de marchandifes que la Compagnie apporte; l'effet de la Compagnie n'a donc été autre que de refferrer notre commerce, & de nous faire acheter beaucoup plus cher les mêmes marchandifes que nous aurions pu acheter à beaucoup meilleur marché, s'il eût été permis aux fujets du Roi d'aller négocier aux Indes : fi ce commerce devenoit libre aujourd'hui, bien loin que les Etrangers fuffent en état de verfer chez nous des marchandifes de l'Inde, nous les établirions à fi bon marché, qu'ils préféreroient de les acheter de nous plutôt que de leurs Compagnies même : en effet, les particuliers pouvant mettre beaucoup plus d'économie dans leurs armemens, fe contenteroient bientôt de gagner 15 à 30 p.º dans les voyages de l'Inde ; & comme rien n'eft plus vrai que les petits profits étendent le commerce, cent vaiffeaux particuliers trouveroient bientôt de l'occupation & très-abondamment dans les pays qui ne fuffifent pas aujourd'hui pour occuper vingt vaiffeaux de la Compagnie. Ils procureroient le débouché d'un plus grand nombre de marchandifes, & nous feroient connoître une infinité de branches de commerce que le bon marché découvre, & qui ne feront jamais connues, tandis que la faculté de commercer aux Indes fera l'appanage exclufif d'une Compagnie, pour qui tout l'intervalle qui fe trouve entre 15 & 80 p.º de profit, eft un pays perdu, & où elle ne peut pas mettre le pied. La Compagnie n'a donc fait que refferrer notre navigation & notre induftrie au lieu de l'étendre, & cela en pure perte pour elle & pour l'Etat, puifqu'elle eft confidérablement endettée. Elle n'a donc rempli aucune des vues que l'on avoit eues en l'établiffant, foit pour fon utilité propre, foit pour celle de la Nation en général.

On peut même remarquer, & ceci eft très-effentiel, que les branches de commerce les plus confidérables que la Nation ait acquifes depuis 1720, & qui font aujourd'hui les plus floriffantes, elle ne les a acquifes que par l'infraction des Priviléges de la Compagnie : en effet, les Ifles de S. Domin-

gue

gue & de la Martinique seroient encore presque sans Négres, & par conséquent sans culture, si la Compagnie s'étoit réservé le Privilége de les approvisionner exclusivement, & n'eut pas transporté aux particuliers la permission de traiter à la Côte de Guinée moyennant 10 liv. par tête de Négres. Nous ne consommerions encore que du caffé de Moka, & ces Isles seroient aujourd'hui privées de cette production, si l'on n'en avoit pas permis la culture, malgré les oppositions & les représentations de la Compagnie, & malgré les mouvemens qu'elle se donna pour empêcher le Roi d'accorder la faculté d'introduire & de vendre dans le Royaume le caffé des Colonies. L'étendue que ces branches de commerce ont acquise depuis qu'elles ont été abandonnées aux particuliers, & les avantages que l'Etat en a retirés, sont une preuve de ceux qui lui reviendroient, en engageant la Compagnie à se défaire des autres parties de son privilége, en faveur des particuliers.

On n'ôteroit pas de l'esprit de beaucoup de gens, que la Compagnie a été établie pour l'utilité particuliere du gouvernement, & pour trouver des ressources par son móyen, dans un tems où le crédit du Roi seroit épuisé. Je ne crois pas que l'on ait jamais eu cette idée en formant la Compagnie; mais dans le cas où on l'auroit eue, l'expérience a fait voir combien la Compagnie eut été peu en état de la remplir : elle, qui bien loin d'aider le Roi, a toujours été dans le cas de lui demander des secours, & qui auroit déja succombé plusieurs fois sous le poids de ses pertes & de sa mauvaise régie, pour peu qu'on eut différé de les lui accorder.

Je crois avoir assez prouvé par tout ce qui a été dit ci-dessus, que la Compagnie n'ayant été utile, ni à elle-même, ni au Roi, & n'ayant pas rempli non-plus les vues que l'on pouvoit avoir eues en l'établissant, pour l'utilité générale de la Nation, il y auroit du danger pour les Actionnaires eux-mêmes, ainsi que pour le Gouvernement, à la perpétuer sur les mêmes erremens. Mais pour procéder avec plus d'ordre à ce qu'on veut proposer, il faut se représenter d'abord le tableau actuel de la Compagnie : le voici tel que j'ai pu me le figurer d'après ce que j'en ai trouvé de tracé dans le Mémoire de M. de S ***. Je me représente donc la Compagnie

gnie comme compofée de 50000 Actions, portant chacune 80 liv. de rente, ce qui fait, chaque année, à payer une fomme de 4 millions.

La Compagnie poffede un fonds de neuf millions de rente fur la Ferme du Tabac, repréfentant un capital de 180 millions.

Sur quoi la Compagnie doit 2,500,000 liv. de rentes viageres, repréfentant un capital de 25 millions.

35 Millions de rentes conftituées, pour lefquelles elle a hypotéqué 1,750,000 liv. de rente fur la Ferme du Tabac.

On évalue à 55 millions, tant ce qu'elle doit en dettes exigibles, que fes dettes dans l'Inde, & fes befoins pour continuer fon commerce.

La Compagnie poffède, outre cela, plufieurs effets, tant à l'Orient, qu'aux Indes; & elle eft affujettie, tant aux Indes, qu'en Europe, à une régie & des frais qu'il eft plus aifé de conftater, qu'à moi de les évaluer; mais qui ne peuvent manquer de confumer chaque année plufieurs millions.

Voilà ce que j'ai pu connoître de la fituation de la Compagnie des Indes, d'après le Mémoire de M. de S***, n'ayant d'ailleurs aucune connoiffance de fon intérieur.

D'après ce tableau, je propoferois de réduire la Compagnie à un état abfolument paffif, qui lui feroit très-utile, au lieu de l'état actif, où elle eft aujourd'hui, qui la ruine.

Je voudrois donc qu'après avoir fait connoître aux Actionnaires leur état, fuivant la connoiffance que l'on a pu en acquérir, le peu d'utilité qu'ils ont retiré jufqu'à préfent de leur commerce, les frais de régie immenfes dont il eft furchargé, & qui ont abforbé & abforberont toujours les profits du commerce *, on leur propofât que la Compagnie reftât uniquement chargée de l'entretien & de la garde de fes Forts & de fes poffeffions, tant aux Indes qu'à la Còte d'Afrique; qu'elle ouvrit le commerce dans fes poffeffions aux Indes, tant à tous les gens du pays qu'aux fujets du Roi qui voudroient y aller négocier; qu'elle y établit des Douanes où elle percevroit 5 p. ½ tout au plus fur toutes les marchandifes

---

* Ce feroit la premiere fois qu'on auroit parlé vrai aux Actionnaires fur leur fituation. *Note de l'Auteur même de ce Mémoire.*

c ij

qui

qui y feroient apportées des divers endroits de l'Inde.

Qu'elle permît à tous les Sujets du Roi d'envoyer des vaif-feaux tant dans l'Inde que dans la Chine & aux Ifles de France & de Bourbon, à la charge de payer avant leur dé-part des Ports de France une fomme de 30 liv. par tonneau au profit de la Compagnie, & de porter par chaque vaiffeau de 300 tonneaux, 15 à 20 tonneaux en poudre, canons, fu-fils, habillemens & autres chofes dont elle auroit befoin pour l'entretien de fes Forts, Garnifons & munitions de guerre; moyennant quoi la Compagnie auroit l'avantage de faire ap-provifionner fes Forts fans qu'il lui en coutât rien pour les frais du tranfport, avantage dont aucune Compagnie du monde ne jouit.

La Compagnie percevroit en outre en Europe, fur tous les retours qui feroient apportés de l'Inde en France 5 p.$\frac{0}{0}$. de droits, 10 p.$\frac{0}{0}$. fur ceux venans de la Chine, & 3 $\frac{1}{2}$ p.$\frac{0}{0}$. feule-ment fur les productions de l'ifle de France, afin que cette Colonie ne fut pas de pire condition que Saint-Domingue & la Martinique.

Il feroit permis de faire partir des vaiffeaux pour les pof-feffions de la Compagnie de tous les ports du Royaume; mais les retours devroient fe faire à l'Orient, à Dunkerque & à Marfeille, où les droits de la Compagnie feroient perçus fans préjudice du port franc.

La permiffion de faire des retours à Marfeille, eft de la plus grande importance: elle pourroit nous ouvrir une bran-che de commerce immenfe pour le Levant, que la Compa-gnie n'a point connue. Les Turcs confomment une très-grande quantité de denrées & de marchandifes des Indes, qu'ils re-çoivent par la mer Rouge & les caravanes, avec des frais im-menfes, & que nos Négocians leur porteroient bientôt à meilleur marché, ce qui donneroit lieu à un nouveau com-merce d'une très-grande étendue, & rendroit les Turcs nos tributaires pour les marchandifes de l'Inde, comme ils le font déja en partie pour le caffé, les draps & plufieurs autres objets.

En adoptant ce plan, on pourroit dès à préfent faire ven-dre tous les vaiffeaux, marchandifes & agrets qui font dans le

port

ort de l'Orient, aux particuliers qui voudroient les acheter, e fervir du produit pour rembourfer une partie des dettes xigibles, & appliquer au même ufage, les 18 millions, que on eftime que doit produire la prochaine vente. Ce fonds oint à celui que l'on pourroit retirer des vaiffeaux & magafins e l'Orient, que l'on eftime pouvoir produire 3 à 4 millions, eroit un objet d'environ 22 millions, qui déduits de 55 aux-uels on évalue les dettes exigibles & befoins actuels de la Com-agnie, les réduiroient à une fomme de 33 millions, qu'elle ourroit rembourfer, en aliénant encore 1,320,000 liv. de rente ur la Ferme du Tabac, au denier 25, & alors voici quel feroit n état.

9,000,000 l. de rente fur la Ferme du Tabac, ci. 9,000,000 l.

Sur lefquels il faut prélever pour e paiement du dividende de 50 ille actions. . . . . 4,000,000 l.

Pour le paiement des intérêts des entes conftituées, montant à 35 illions. 1,750,000

Pour le paiement des intérêts des ouvelles rentes pour éteindre les efoins actuels, que l'on fuppofe éduits à 33 millions par la vente es effets à l'Orient, & les produits e la prochaine vente. 1,320,000

7,070,000 l.

Il refteroit 1,930,000 liv. de rente libre fur la Ferme du abac, qu'on pourroit appliquer en partie au paiement des entes viageres à . . . . 2,500,000 l.

Sur quoi déduifant 1,930,000

Il ne refteroit à payer par an que . . . 570,000 l.

Or, il n'eft pas douteux que les dix écus par tonneau, que a Compagnie percevroit fur les vaiffeaux particuliers, avant eur départ, les 5 p.°. de droits qu'elle percevroit à leur etour fur les marchandifes de l'Inde, les 10 p.°. fur les retours e la Chine, & les 3 ½ p.°. fur ceux de l'Ifle de France, excé-
deroient

deroient de beaucoup cette fomme dès la premiere année, & feroient beaucoup plus que doubler dans les fuivantes; en forte qu'en très-peu d'années, la Compagnie fe trouveroit en état de rembourfer tous les ans une partie des capitaux empruntés, avec hypothéque fur la Ferme du Tabac, & d'en répartir la rente aux Actionnaires, en augmentation de dividende.

La Compagnie ne pouvant plus déformais gagner que par l'augmentation du commerce des particuliers, fes Gouverneurs dans l'Inde; auroient des ordres exprès d'attirer les gens du pays dans fes établiffements : le droit de 5 p.°/°. qu'elle percevroit fur le grand commerce qui s'y feroit, feroit plus que fuffifant pour l'entretien de fes forts & de fes garnifons dans l'Inde, &, pour fubvenir aux frais de fes établiffements, il eft notoire que la Douane de Madras fourniffoit aux Anglois de quoi défrayer tous les frais de leur comptoir, & encore de quoi faire quelque cargaifon en pur profit pour la Compagnie.

Alors la Compagnie n'envoyant plus de fonds dans l'Inde, ne feroit plus expofée à les voir divertis & employés à des chofes étrangeres à fon objet : fa régie, tant en Afie, qu'en Europe, deviendroit très-fimple & très-peu coûteufe : elle fe trouveroit tout d'un coup débarraffée d'un nombre infini d'Employés qu'il faut payer toujours, foit que l'on gagne ou que l'on perde : les frais de régie à Pondichery fe réduiroient aux appointements du Gouverneur, à ceux du Confeil Souverain, au paiement de la garnifon, & aux appointemens d'un Directeur de la Douane & de quelques Commis; dans les autres Comptoirs, ces frais feroient encore moindres : en Europe, on pourroit réduire à fix, le nombre des Directeurs, avec deux députés des Actionnaires; toutes les dépenfes du port de l'Orient fe trouveroient fupprimées, ainfi que la plus grande partie des bureaux que l'on entretient à Paris : un compte avec chaque Comptoir fuffiroit, & les Directeurs feroient en état chaque année de rendre compte aux Actionnaires : la Compagnie ne faifant plus de commerce, ne pourroit plus s'endetter, ni aux Indes, ni en Europe; par conféquent, elle n'auroit plus befoin de crédit, & dès-lors, elle en acquerroit un, d'autant plus folide, qu'elle ne feroit jamais expofée à effuyer des

pertes;

ertes; d'un autre côté, le fort des Actionnaires qui a été fi
ncertain depuis l'établissement de la Compagnie, deviendroit
ixe : la Compagnie ne pouvant pas perdre, ils pourroient
ompter sûrement sur des augmentations de dividende, chose
qu'ils ne peuvent jamais espérer, tandis que la Compagnie
oudra continuer à commercer pour son compte.

Les établissemens au Sénégal auroient le même sort que
eux de l'Inde; c'est-à-dire, que la Compagnie resteroit uniquement chargée de l'entretien des forts, & abandonneroit
ux particuliers la faculté de commercer dans toute l'Afrique,
& même le commerce de la gomme, en se réservant un droit
e 5 p.°. sur toute celle qui viendroit dans le Royaume, &
o liv. par tête de Negre, sur tous ceux qui seront transportés
ans les colonies, & même aux Isles de France & de Bourbon :
a traite des Negres une fois livrée aux particuliers, & la Compagnie ne faisant plus de commerce à la côte d'Afrique, le
droit de 10 liv. par tête, que payeront les particuliers, & celui
e 13 liv. qu'elle reçoit du Roi pour le même objet, seront
lus que suffisans pour entretenir les forts & les garnisons
ans ses établissemens, & même pour en établir de nouveaux
ans les lieux où ils pourroient favoriser l'augmentation de
a traite & du commerce.

La traite du Castor, tant en Canada, qu'à la Louysiane,
evra aussi être rendue au public : la concurrence qu'il y aura
ntre nos Négocians, en attirera chez nous une plus grande
uantité, que ne faisoient les employés de la Compagnie, &
d'une façon plus agréable aux Sauvages; elle pourra se réser-
er un droit de 3 ½ p.°., sur tout celui qui viendra dans le
Royaume.

Tout le commerce de la Compagnie étant ainsi transporté
ux particuliers, on pourra les assujettir à ne porter aux Indes,
ue des marchandises du cru du Royaume, au lieu que la
Compagnie en portoit souvent d'étrangeres : le commerce des
articuliers sera donc plus analogue au bien de l'État, que celui
ue faisoit la Compagnie; d'ailleurs l'économie & la concur-
ence, qui seront la suite nécessaire de ces expéditions nom-
reuses que feront les particuliers, multiplieront chaque jour
s branches de notre commerce, qui sera porté à un point
d'étendue

d'étendue & d'activité, qui nous eſt encore inconnu; la Compagnie, ſans peine & ſans inquiétude, verra augmenter ſes revenus avec les richeſſes des ſujets du Roi : ſon avantage ſe trouvera dans l'avantage de la Nation, au lieu que juſqu'à préſent, elle a eu un intérêt particulier toujours en oppoſition au bien général.

Le Miniſtere aura la ſatisfaction d'avoir fait le bien de l'État, en ſimplifiant une affaire, que l'obſcurité avoit accompagnée juſqu'ici, & d'aſſurer aux Actionnaires, un état beaucoup plus certain, & plus avantageux qu'il n'avoit lieu de ſe le promettre, vu la ſituation actuelle de la Compagnie, & les dangers de ſon adminiſtration.

Les évenemens auxquels la Compagnie eſt expoſée en tems de guerre, ne donneront plus d'inquiétude au Gouvernement; ne faiſant point de commerce, elle ne donnera aucune priſe à la Marine de l'ennemi; les particuliers, tant de l'Inde, que de l'Europe, feront les premiers intéreſſés à ſoutenir & fortifier ſes établiſſemens, attendu qu'étant les entrepots de leur commerce, ils lui deviendront auſſi chers qu'à elle-même.

Enfin, la propoſition que l'on fait de rendre le commerce libre & ouvert à toute la Nation, dans toutes les poſſeſſions de la Compagnie, augmentera conſidérablement notre navigation, nos manufactures, & la culture de nos terres : toutes ces choſes ſont la ſource des richeſſes; elles ſe tiennent entre-elles, & découlent naturellement d'un commerce libre; on ne peut jamais ſe les promettre des commerces excluſifs: cette propoſition eſt d'ailleurs fondée ſur les bons principes du commerce, ſur l'intérêt de la Nation, & ſur celui des Actionnaires; auxquels, tandis que la Compagnie fera le commerce, on ne ſauroit promettre une bonne adminiſtration qui ſoit permanente, & qui puiſſe être exempte de la cenſure du public, & de leurs propres murmures; cette vérité n'eſt que trop juſtifiée chez nous, par l'exemple du paſſé, & chez les étrangers, par ce qui ſe paſſe dans la régie des Compagnies d'Angleterre & de Hollande.

urs *des Actions de la Compagnie des Indes négociés en Bourse, depuis le premier Janvier* 1725 *jusqu'au premier Janvier* 1746.

Dividende étant dans tout le cours de cette Époque à 150 l.

ANNÉES.	DIVI-DENDE.	PRIX COMMUN DE CHAQUE ANNÉE.		
1725.	150 livres.	680 liv.	10 f.	6 d.
1726.		711	17	6
1727.		1032	8	0
1728.		1329	7	6
1729.		1420	6	3
1730.		1330	2	1
1731.		1548	18	4
1732.		1776	5	0
1733.		1517	7	11
1734.		1199	11	8
1735.		1521	11	3
1736.		2085	2	2
1737.		2110	8	4
1738.		2056	11	3
1739.		2268	6	8
1740.		2316	15	5
1741.		1986	2	11
1742.		2024	1	3
1743.		2101	19	7
1744.		1978	19	2
1745.		1173	6	3
ANNÉE COMMUNE.		1627 liv.	2 f.	9 d.

d.

Cours des Actions, depuis le 1ᵉʳ Janvier 1746 jusqu'au 1ᵉʳ Janvier
1769, avec les variations du Dividende

ANNÉES.	DIVI-DENDES.	PRIX COMMUN DE CHAQUE ANNÉE.		
1746.	70 livres.	1262 liv.	18 f.	4 d.
1747.		1310	13	4
1748.		1348	4	2
1749.		1658	2	6
1750.	80	1821	19	7
1751.		1885	6	8
1752.		1845	14	7
1753.		1765	0	0
1754.		1781	2	11
1755.		1623	12	11
1756.		1500	0	0
1757.		1493	19	2
1758.		1407	7	11
1759.	40	1275	2	1
1760.		792	10	0
1761.		751	5	0
1762.		725	3	4
1763.		838	17	1
1764.	20	932	16	3
1765.	80	1367	3	9
1766.		1317	14	2
1767.		1263	12	11
1768.		1227	3	9

Année commune de cette seconde Époque. . . . . . 1356 liv. 6 f. 6 d.

Prix commun de 44 années. 1485 liv. 11 f. 6 d.

www.ingramcontent.com/pod-product-compliance
Lightning Source LLC
Chambersburg PA
CBHW060344200326
41519CB00011BA/2027